国家自然科学基金委员会资助项目
(41471120)(51778357)

景观叙事
LANDSCAPE NARRATIVES

陆邵明 著

解码海派古典园林
EXPLORING THE CULTURAL CODES OF SHANGHAI CLASSICAL GARDENS

中国建筑工业出版社

图书在版编目（CIP）数据

景观叙事　解码海派古典园林 / 陆邵明著 . — 北京：中国建筑工业出版社，2018.6
ISBN 978-7-112-22223-0

Ⅰ. ①景… Ⅱ. ①陆… Ⅲ. ①古典园林—介绍—上海 Ⅳ. ① K928.72

中国版本图书馆 CIP 数据核字（2018）第 101948 号

责任编辑：孙书妍
责任校对：芦欣甜

景观叙事　解码海派古典园林
陆邵明　著

*

中国建筑工业出版社出版、发行（北京海淀三里河路9号）
各地新华书店、建筑书店经销
北京点击世代文化传媒有限公司制版
北京中科印刷有限公司印刷

*

开本：787×1092 毫米　1/16　印张：16½　字数：329 千字
2018 年 6 月第一版　2018 年 6 月第一次印刷
定价：68.00 元
ISBN 978-7-112-22223-0
（32105）

版权所有　翻印必究
如有印装质量问题，可寄本社退换
（邮政编码 100037）

序　探寻海派文化的基因

如果一座城市失去它的文化基因与其城市精神，那么在国际竞争中或许会迷失方向，也难以赢得国内外人士的认同。因此，多角度地深度探寻、诠释与传承海派文化基因势在必行。

通常，海派文化意指在中国江南传统文化的基础上，融合开埠后传入的欧美近现代工业文明而逐步形成的上海特有的文化现象。然而，海派文化不是抽象的存在，而是以各种具体的形态呈现出来。毫无疑问，海派建筑、海上画派、海派京剧、海派电影等是海派文化的重要标志。仅仅这些还不够，还需要挖掘更多、更丰富的海派文化基因。事实上，海派园林，特别是海派古典园林是海派文化的重要组成部分，但以往却有所忽略。如果说外滩万国博览建筑是外来文化在上海的地方转译的话，那么海派古典园林则是本土吴越文化的现代性转型。因此在我看来，海派古典园林中的文化基因更具植根性、地域性。同时，海派古典园林不仅传承了优秀的江南传统文化，而且不断与时俱进，依然焕发着活力；已经融入都市的日常生活空间，为市民所使用，颇受各地游客欢迎，而不是为精英或者少数人群所独享。这充分体现了海派文化雅俗共赏、公共性与商业性共生的特质。

海派古典园林也是我国江南地区传统人居空间的典范，它能唤起扎根于上海地方记忆深处的文化自豪感与认同感。海派古典园林中的文化语义及其内在规律并非一目了然。尽管以往关于海派古典园林的研究不乏名家名作，但多聚焦在建造技艺与文学意境的研究上，而整体理性解析园林造园组构机制的研究较少。

邵明教授是我多年的朋友，他殚精竭虑，花了近20年的时间，从人居环境、人文艺术、空间信息与认知等角度，借鉴了西方理性的思维与方法，归纳总结了一套"叙事"系统，来揭示海派古典园林中文学意境与物质空间之间的关联模式及其组合特点，规避了以往研究中的宏观与微观二元分离现象。本书同时展示了他与他的团队近年来的最新研究成果：综合应用空间句法与眼动实验，理性认知与评测园林叙事的效果，使得园林中的隐性信息可视化。这些基于前沿方法论的研究在国内外具有重要的创新价值，不仅对有效挖掘、传承海派古典园林文化基因具有积极的理论与应用价值，而且为面向地域文脉的中国人居环境设计提供了新思路、新方法与新工具。

中国工程院院士、东南大学教授

2018年3月10日于南京

目　录

序　探寻海派文化的基因 / 王建国

绪论　从意会言传转向叙事解码 ··· 001

  0.1　海派古典园林的魅力 ··· 001
    0.1.1　可意会 ··· 002
    0.1.2　可言传 ··· 005
  0.2　关于景观叙事 ··· 006
    0.2.1　景观叙事的内涵 ··· 007
    0.2.2　景观叙事相关理论 ··· 009
    0.2.3　景观叙事的应用与价值 ·· 017

第 1 章　海派古典园林的认知 ··· 021

  1.1　海派古典园林的界定 ·· 021
  1.2　五大海派古典园林概述 ·· 023
    1.2.1　豫园 ··· 023
    1.2.2　醉白池 ··· 027
    1.2.3　曲水园 ··· 029
    1.2.4　秋霞圃 ··· 032
    1.2.5　古猗园 ··· 035

第 2 章　海派古典园林景观叙事的要素 ··· 039

  2.1　景观叙事的载体 ··· 039
    2.1.1　景观叙事载体一：建筑 ·· 040
    2.1.2　景观叙事载体二：花木 ·· 045
    2.1.3　景观叙事载体三：山石 ·· 048
    2.1.4　景观叙事载体四：水景 ·· 050

  2.1.5 景观叙事载体五：地景 ·················· 052

  2.1.6 景观叙事载体六：天景 ·················· 054

 2.2 景观叙事的空间组构 ························· 054

  2.2.1 从要素到场景 ························· 055

  2.2.2 庭园空间的组合 ······················· 059

  2.2.3 全园整体空间的构成 ···················· 063

 2.3 景观叙事的线索 ····························· 071

  2.3.1 基于主题的线索 ······················· 071

  2.3.2 基于要素的线索 ······················· 073

  2.3.3 基于时间的线索 ······················· 074

  2.3.4 多线索或无线索 ······················· 074

第 3 章 海派古典园林景观叙事的结构特征 ················ 077

 3.1 分形叙事特征：以醉白池为例 ··················· 077

  3.1.1 花园中的花园：园林空间中的分形结构 ········ 078

  3.1.2 故事中的故事：园林空间中的叙事体系 ········ 082

 3.2 网络特征：以曲水园为例 ······················ 086

  3.2.1 结点及其结构 ························· 088

  3.2.2 错综复杂的联结系统：步行系统、水系和叙事语言 ······ 089

 3.3 空间情节特征：以豫园为例 ···················· 091

  3.3.1 空间结构的复杂性 ····················· 092

  3.3.2 叙事系统的情节性 ····················· 097

 小结 ·· 105

第 4 章 海派古典园林景观叙事的美学特征 ················ 107

 4.1 生态美学特征：以秋霞圃为例 ··················· 107

  4.1.1 空间形态布局中的生态美学思想 ············ 107

4.1.2 空间结构要素建构中的生态美学策略 ·············· 110
　　4.1.3 空间主题内涵再现中的生态美学修辞 ·············· 114
4.2 诗性特征：以古猗园为例 ································ 116
　　4.2.1 诗意的双重含义 ······································ 117
　　4.2.2 物质环境中的节奏格律 ······························ 117
　　4.2.3 文化语义中的寄情叙事 ······························ 120
　　4.2.4 面向使用者的园林诗意建构与体验 ················ 123
4.3 跨文化视野下的诗意生成机制比较：豫园与罗沙姆园 ···· 125
　　4.3.1 豫园和罗沙姆园 ······································ 125
　　4.3.2 诗意生成的相似性 ··································· 126
　　4.3.3 诗意生成的差异性 ··································· 131
小结 ··· 138

第 5 章　海派古典园林景观叙事的空间连接度评测 ·········· 141

5.1 分析原理：空间句法与其在平面认知中的应用 ·········· 141
5.2 连接度分析 ·· 142
　　5.2.1 各园连接度分析 ······································ 143
　　5.2.2 总体连接度分布规律 ································· 147
5.3 空间连接度与景观叙事的耦合关系 ···················· 153
　　5.3.1 连接度极值与叙事信息密度的相关性 ·············· 153
　　5.3.2 连接度极值与叙事主题的相关性 ···················· 155
　　5.3.3 连接度极值分布与叙事结构的关联性 ·············· 156
小结 ··· 157

第 6 章　海派古典园林景观叙事的视觉关注度评测 ·········· 161

6.1 分析原理：视线追踪技术与其在场景认知中的应用 ······ 161
　　6.1.1 实验方案 ··· 163

  6.1.2 实验材料 ··· 166
 6.2 眼动实验结果 ··· 172
 6.3 视觉关注度与景观叙事的关联性分析 ·································· 176
  6.3.1 不同叙事要素的视觉关注度分析 ································· 176
  6.3.2 不同文化背景的视觉关注度分析 ································· 178

第 7 章 结语　多维认知与创新传承 ··· 185

 7.1 海派古典园林景观叙事的多维认知 ······································· 185
 7.2 海派古典园林文化的创新传承 ··· 191
  7.2.1 方塔园的故事 ··· 192
  7.2.2 上海商城的启示 ·· 197

附 1　From Syntax to Plot: the spatial language of a
　　　Chinese garden ··· 201
附 2　Poetry-configuring in Yuyuan and Rousham Garden ········· 212
附表 ··· 226
参考文献 ··· 232
后记 ··· 239

豫园中的窗花

绪论　从意会言传转向叙事解码

在伦敦大英博物馆中国馆曾有一个"微缩的自然世界"主题展区，选取了上海豫园中的一个庭院照片（图0.1）❶作为例证，而且陈列在该展橱比较醒目的地方。馆方试图借此照片来展现中国人的宇宙观与其小中见大的场所营造智慧。正如《园冶》所述："多方胜境，咫尺山林"，中国古典园林通常是自然山水的一种缩影景观。当然，上海古典园林在这方面表现得更加淋漓尽致。

0.1　海派古典园林的魅力

毋庸置疑，豫园是海派古典园林的典型代表。此外，还有醉白池、曲水园、秋霞圃、古猗园等。这些代表性的海派古典园林均拥有一种独特的魅力，它们不仅是上海人心目中的精神地标（尤其是春节）；也是国内外游客到访上海的重要景点之一。特别是对于外国游客来说，海派古典园林存在着一种神秘感。这种魅力或者神秘感，笔者认为，主要来自三个方面：第一，来自园林主题的文学性与故事性；第二，来自园林要素的艺术性与多样性；第三，来自园林结构的多重性与情节性。如果说第一个方面是宏观层面的立意问题，第二个方面是微观层面的文本问题，那么第三个方面就是中观层面的语法问题。三个层面的复杂性共同构成了园林的魅力、体验的神秘性与趣味性。就如同陈从周先生所言，游园如同读文或者看戏，"园有一定观赏路线，正如文章之有起承转合，手卷之有引首、卷本、拖尾，有其不可点到之整体。"[1]62

其实，自13世纪马可·波罗（Marco Polo）的中国旅行之后，中国园林等东方文化成了西方世界的神秘事物（mystery）。[2]

17世纪，中国古典园林再一次引起了西方学者的研究兴趣。英国文学家威廉·坦伯（William Temple）在其论著《关于伊壁鸠鲁花园》（Upon the the Gardens of Epicurus）中向英国学者介绍了中国古典园林艺术。[3] 他曾创造了"Sharawadgi"一词来形容中国园林不规则布局之诗性特征。[4] 18世纪，英国建筑师威廉·钱伯斯（William Chambers）亲身考察体验了岭南地区的中国园林，对中国园林布局、建筑与工艺美术非常感兴趣。他将中国园林的装饰艺术与西方哥特式建筑艺术相类比。他认为，"中国园林的实际设计原则，在于创造各种各样的景色，以适应理智或情感上享受的各种目的"。[4] 这直接点明了中国传统园林建造的目的——形而上的"抒情言志"。他还撰写了《东方造园》（A Dissertation on Oriental Gardening）一书。❷该书成为欧洲当时关于造园艺术的畅销书，兴起了"中英园林"的新模式。[5]

20世纪以来，西方园林史学家约翰·恩特（John Dixon Hunt）在跨文

图0.1　大英博物馆中的豫园照片

❶ 这个庭院位于三穗堂与卷雨楼之间，照片近景是花瓶状的门洞，底景是假山石与院墙。

❷ 威廉·钱伯斯，英国乔治时期的建筑师，曾主持皇家园林伦敦丘园（Kew Garden）的设计，其中模仿了一个中国塔。对于这个塔的造型，国内学者有不同的观点。

化视野下追述了欧洲园林与东方园林之间的交汇点，同时探讨了欧洲风景画式的园林与中国诗画园林的区别。[6]美国建筑理论家詹克斯（Charles Jencks）的夫人凯瑟克（Maggie Keswick）用哲学性、艺术性和文学性的语言解读了中国古典园林的文化特征，她还用不少篇幅专题介绍了上海豫园的布局特点及其艺术。她开启了海派古典园林走向西方学术界的一扇窗口。[7]

近年来，英国翻译家兼诗人莱恩特（Shelly Bryant）则完整地将5个海派古典园林作为研究对象，不仅呈现了海派古典园林中的艺术、诗歌和文学形式，而且超越了通常的静态思维，从历史、文脉等角度，探讨了园林主体的个人、家庭、社会、文化语境与园林客体的土地、空间、艺术的历史沿革变迁之间的动态关系。[8]难能可贵的是，作者认为海派古典园林会在未来城市发展中起到新的、更大的作用；当代中国人居环境的塑造要寻求这些优秀传统文化中的密码，传承过去的智慧。

如果说莱恩特阐述的是海派古典园林形而上的情志——文学内涵及其语境，那么凯瑟克介绍的是海派古典园林中形而下的艺术——具体的造园方略。

但是，海派古典园林究竟如何抒情言志？其园林中隐含了怎样的景观要素与独特的布局特征？其园林中的物质空间结构与文化意境是如何相互关联耦合的？海派古典园林究竟隐藏着怎样的文化基因？这一文化基因不同于苏州园林的密码是什么？如何传承下去？这些问题的解答需要我们从不同的角度去探索。

0.1.1 可意会

不妨先从中国古典园林的研究中探寻一下可能的答案。

"凡结林园，无分村郭，地偏为胜，开林择剪蓬蒿；景到随机，在涧共修兰芷。径缘三益，业拟千秋，围墙隐约於萝间，架屋蜿蜒於木末。山楼远，纵目皆然；竹坞寻幽，醉心既是。轩楹高爽，窗户虚邻；纳千顷汪洋，收四时之烂缦。梧阴匝地，槐荫当庭；插柳沿堤，栽梅绕屋；结茅竹里，浚一派之长源；障锦山屏，列千寻耸翠，虽由人作，宛自天开。"[9]51

"市井不可园也；如园之，必向幽偏可筑，邻虽近俗，门掩无哗。开径逶迤，竹木遥飞叠雉；临濠蜒蜿，柴荆横引长虹，院广堪梧，提湾宜柳，别难成野，兹易为林。架屋随基，浚水坚之石麓；安亭得景，莳花以春风。虚阁荫桐，清池涵月；洗出千家烟雨，移将四壁图书。素人镜中飞练；青来郭外环屏。芍药宜栏，蔷薇未架；不妨凭石，最厌编屏；束久重修，安垂不朽？片山多致，寸石生情；窗虚蕉影玲珑，岩曲松根盘礴。足微市隐犹胜巢居，能为闹处寻幽，胡舍即诣随兴携游。"[9]60

这是中国古代造园理论巨著《园冶》中明代造园家计成总结的关于相地布局中的一段话，其营造的基本原则是"巧于因借，精在体宜"。[9]该书从相地、立基、屋宇、列架、装折等各个造园阶段详述了相关的"道"与"术"。这一名著成了江南一带（包括上海地区）园林设计、营建技艺的导则与手册（图0.2）。20世纪30年代，近现代建筑学家童寯先生站在东西融贯的视角，从传统造园思想入手，借助绘画、文学、历史、园艺学科，对园林建筑、家具、叠石、花木配置等营造原则和手法进行了清晰的梳理。❶ 如果说计成先生从造园的主体出发解析了造园技艺的原则，而童寯先生则是从跨文化的语境出发阐述了一些典型园林的时空美学特征。两位无论是在技艺上还是在机制上，都为连接造园技艺与文化做出了贡献。20世纪80年代，彭一刚先生借助建筑构图与空间理论，不拘于单个园林建筑或景物的研究，运用视觉造景手法较为理性地分析了中国传统园林空间组织的艺术规律，开创了中国园林中观层面方法论研究的先河。[10]

近年来，随着国家对传统文化的重视以及人居环境建设方面的持续投入，中国古典园林再一次引起了国内外学术界的广泛关注。相关研究涉及建筑科学与工程、园艺、林业、美学、旅游、中国文学等领域，其中建筑科学与工程占绝对主导。这些研究的内容侧重在：结合个案阐述了造园思想、艺术审美、空间布局、形态构成、营造手法、细部材料、视觉体验等方面的经验，或者不断完善补充前辈关于中国园林的理论框架，其中不乏思辨性的研究成果。❷ 冯仕达、鲁安东等以留园、拙政园等个案为例，阐明了园林场景的视觉美学特点及其叙事性。[11][12] 还有一些学者阐述了文学诗歌与园林的多种关系，或在立意方面，通过预设文学主题来建构造园的框架；或在组构方面，借助画境诗意来刻画特定场景及其要素；或在微观方面，通过题匾、楹联、诗句、绘画等文本来点缀场景或者点题，用来象征、联想文学意境。❸

❶ 其中涉及一些上海园林，但没有资料证明他曾指出上海园林与苏州园林的异同。

❷ 在数据库CNKI中以主题词"传统园林"进行所有年份检索，检索结果共2383篇文章。在数据库中以主题词"传统园林"并含"视觉"进行所有年份检索，检索结果共90篇文章。

❸ 例如，潘谷西1990年发表在《中国园林》6卷4期的《中国园林的意境构成》(p2-9)阐述了楹联与意境的关系，丁峻清1991年发表在《同济大学学报》2卷1期的《中国古典园林与古诗词》(p41-49)归纳了诗词在园林中的不同作用。赵鸣团队探讨了唐宋诗词与园林的景情意之间的关系，发表论文《唐宋园林诗词文化和园林意境研究》在《建筑与文化》2016年10期(p214-215)。

图 0.2 造园示意图
这是陈从周先生收藏的一张造园图。与以往的山水中国画不一样：并不追求构图与笔法的写意，而是重在写实，意在将园林的空间结构表达清楚：园林的外围墙建在哪里，如何划分园子，如何布局组织亭廊、水面、山石与花木，对具体的花窗形式、建筑装饰材料等细节均没有描绘，进行了简化与概括。因此，可以说这是一张用于指导造园组构空间的设计图。
图片来源：陈从周.说园[M].上海：同济大学出版社，2002：122。

总体来看，关于中国园林的研究，从研究的层面来看，主要聚焦在微观层面的建造技艺❶、宏观层面的文化意境及其哲学理论的研究较多，较丰富。❷

从研究的角度来看，主要偏重于工程技术或者人文艺术领域，而对于文理交叉学科视野下中观层面的空间组构机制研究相对较少。对中国园林中的景观叙事有所涉猎，但并不系统。

下面进一步来考察海派古典园林的研究情况。海派古典园林，既拥有大传统的文化思想，又蕴含小传统的地域特色，也融入了造园者独特的营造理念、审美情趣以及经营模式，通常给人流连忘返的空间体验与耐人寻味的文化韵味。然而，海派古典园林在东西文化交汇语境下的复杂语义及其内在的组构规律也并非一目了然。❸本书强调的组构（configuration）是指存在于整体结构中相互依存的空间局部之间的关系，包括局部与局部之间的关系、局部与整体的关系等[13]，其中任一关系取决于与之相关的其他所有关系（参见图0.2）。

园林专家陈从周先生在20世纪五六十年代对海派古典园林进行了研究，他解读了海派古典园林区别于苏州园林的布局特点，从诗文、技艺上对上海的豫园与内园、嘉定秋霞圃进行了详细阐述。他这样评价秋霞圃：与江南许多文人园林相比，秋霞圃在建筑的借景、山石的片断、理水的狭长形态设计手法与空间布局上"仍属上选"，与苏州园林相比"便可分晓"。[14]180同时，他结合豫园的修缮与改扩建设计，进行了创新传承，但海派园林与苏州园林之间的具体分晓有待于观者去领悟。

与陈从周教授同时代的建筑专家冯纪忠先生则从空间组合与现象学的角度解构了海派古典园林的特征，并结合现代景观思想，一并融入方塔园的规划设计之中。[15]园林绿化背景的程绪珂、王焘先生等从历史沿革、工程建设角度，汇编了上海各类园林的景区布局、绿化种植等基本情况。[16]朱宇晖先生在这些前辈研究的基础上对海派古典园林历史演变、兴盛、变迁进行了分段梳理之后，较为系统地阐述了园林布局及其建筑、掇山理水的策略。[17]总体上看，这些研究侧重于海派古典园林的本体研究。

此外，上海文史专家编的《古园重光五十年——修复豫园的一段回忆》[18]和杨嘉祐先生的《上海园林志略》[19]等对海派古典园林的沿革、现状及变迁进行了论述。唐明生先生等主编的《海派园林》选取具有特色的上海园林，通过讲述其历史和现状，反映海派古典园林的变迁，展望将来的发展走向。[20]周向频等从西学东渐的社会文化背景下，具体探讨了晚清私家花园的风格与功能变化[21]。这些成果主要侧重于海派古典园林的语境研究，如文化、历史、社会等。❹

无论是关于本体还是关于背景，上述相关研究成果表明，海派古典园林的最典型特征之一是：将意境与高密度的物质空间巧妙结合，让各种各样

---

❶ 如嫩戗发戗、堆山叠石、理水、花木配置、园路铺装。

❷ 如儒家思想在园林布局中的体现等等，道家思想对园林布局的影响等。

❸ 童寯先生把海派古典园林视为江南园林中的一分子，并没有刻意将其单独罗列。他除了对海派古典园林概况、历史沿革等进行介绍之外，还运用东西比较学的方法，论述了江南古典园林内涵与空间特征，阐述了东西方园林在审美、布局等方面带给人感受上的异同。

❹ 《人文园林》2012年第8期集中介绍了海派园林的特征与分类。

异质性的景物混搭起来产生文学语义,并以特定的布局方式,将情感体验通过视觉载体传达出来。但由于城市语境的复杂性、场地条件的不规则性、园林要素的多元性、庭院空间的多重性及其相互之间关系的复杂性,因此关于海派古典园林的研究大多采用了定性研究❶,如借助"豁然开朗""潺潺低语""主从关系""虚实相生"等词汇对园林空间布局、语义体验进行描述性概括或者原则性的引导。

❶ 在CNKI数据库中的园林研究文献中,以"海派古典园林"为主题词进行检索,结果表明:采用定量化研究的文献所占比例仅为7.78%,其余为定性研究。

由此可见,以往关于海派古典园林的研究不乏名家名作,主要侧重园林语境、文学语义或者园林要素的技艺方面。这些研究告诉了读者园林中的故事,但是园林中的这些故事如何组构在一起,组构的特征怎样,效果又怎样,这些问题的解答尚不清楚。此外,以往的定性研究往往由于认知的局限性,再加上语境的复杂性、个案的特殊性,从整体上难以把握海派古典园林景观叙事的组构规律。而关于海派古典园林隐藏的文化基因只能意会不能言传。

0.1.2 可言传

对于古典园林组构的探索,除了"可意会"的研究之外,还有"可言传"的研究,大致有两种。

第一种,借用麻省理工学院乔治(Stiny George)的图形语法(shape grammer)等数理化方法来探究古典园林复杂性。[22] 乔治的图形语法可用来解释园林图形语言中的规律,例如用五个简单的原则概括园林窗花图案的组合规则,运用图形方法归纳了东方园林中的传统建筑、茶室布局。[23] 这种研究方法适用于建筑形态、空间类型研究,但是不能涵盖图形背后蕴含的文化语义与历史故事。类似的理性方法还有,运用扫描、数码技术分析与视觉信息模拟,对园林中假山石的形态加以识别、控制、保护与重构。[24] 这种理性方法可以将信息可视化后进行转译分析,其中的一些形态组合规律可以言传了,但还是存在定量分析与假山石最初的文学意境、美学体验之间缺乏关联的问题。

第二种,借助伦敦大学学院比尔·希利尔(Bill Hillier)的空间句法(space syntas)来分析海派古典园林的空间结构、动线网络、视觉认知及其空间属性。[25] 这方面的研究成果在逐渐增多,研究对象比较分散。王松、王伯伟等学者采用空间句法组构模型的图解方法分析中国传统园林组织特征和规律,通过拓扑深度等指标反映园中建筑位置中心化程度及生活空间的秩序。[26] 陈烨等以杭州郭庄为例运用深度叠图(depthmap)软件建模,对空间可行层和可视层分别作了连接度、整合度、深度值的空间结构分析,定量解析了园林空间特性,确定园林不同层面之间联系的重要作用。[27] 笔者也曾运用希利尔的空间视域来描述豫园中的空间连接度及其复杂性,其原理是将环境行为和空间的物质结构两者作为一个整体来研究,用图形语言和数值分析来建构两者之间的关系及空间的整合度,从而描述和分析园林空间之间的量化关系和属性。还有一些学者运用空间句法从可达性和可视性两个方面对不同时期园林空间视觉整合度进行了比较，发现园林传统空间的视觉整合度随着其改扩建方向发生微妙变化。[28] 不可否认，空间句法可以揭示园林空间的物质属性和组构特征。然而，这些量化的数据与造园者的意图、园林所传达的文化意义之间的关联难以"意会"。

如前文所言，江南园林大多是文人造的园子，与山水画、田园诗一脉相承，最大的特点是写意、言情与表志。童寯认为，

"对于一位文人来说，中国园林只不过是一种梦幻仙境的表现和臆造的小世界，因此堪称为一种虚拟艺术。……一弯适宜的水面，是任何园林所欲求的一种特征，尤其是当鸳鸯悠游在上，而鲤鱼潜行其下时。"[5] 106

海派古典园林也一样，尽管环境、形态各异，尺度、类型不尽相同，但它们营造出来的目的就是一个——言情表志。园林中所有的一切在表征物质客观属性及其文化信息的同时，让游园者体会到难以言表的意境之美。这需要综合运用人文和自然科学交叉研究，来考察园林中物质要素、空间结构与文学语义之间的耦合关系。言传一定要将意会的内容融进去，方能真正解析海派园林。

上述"可意会不可言传"的质性研究与"可言传不可意会"的量化研究❶，虽然未能全面地解析海派古典园林中的故事信息及其组构法式，但是为景观叙事的本体、空间结构与评测研究提供了思路与启示。

能否让其中的规则"既可意会也可言传"❷？这就需要创新方法。

0.2 关于景观叙事

海派古典园林造园者如何通过各种要素以特定组织方式来表达其意境？如何让人获得一种主题与意境体验？这需要一套语言系统与方法来解读。

就如同欣赏《琵琶行》，首先要认知理解每一个词或者每一句话的意义，然后剖析它的前后关系与写作技巧，最后还要了解白居易创作这首叙事诗的个人背景和时代背景，才能较为准确地把握诗词所要表达的思想。如果孤立地理解一个个单词或者句子，或者由计算机自动、机械地组合这些句子，进行诗词创作，都难以形成特定的文学意义、主题思想，难以感人肺腑。这里面隐含了叙事的三个基本要素——"文本"、"结构"与"语义"，而这三者应该是一个有机整体。

文本、结构与语义三者并非孤立存在，这也体现了艺术创作中形式与内容的辩证统一。俄罗斯结构主义艺术理论家弗拉基米尔·普洛普（Vladimir Propp）等在20世纪20—30年代指出，艺术的内容不能脱离艺术的形式而独立存在。而园林与人文艺术有着异曲同工之处。对于园林，既要强调园林中的物质要素，也要强调园林的组构技巧，最终要表现文化意境。[28] 其中，组构性命题则是目前研究的短板。

---

❶ 通过在 web of science 数据库中以主题词"traditional garden"进行所有年份检索，结果共有3710篇文章。主要研究领域包括科学技术、社会科学和艺术人文等。研究内容包括设计原则、传统文化、历史价值、营造技艺、空间分布、园林意境、植物配置、药用植物、视觉特征等。在数据库中以主题词"traditional garden"且并含"visual"进行所有年份检索，结果共有81篇文章。对数据进行分析可知，目前国外对传统园林的研究中，关于视觉研究的比例很小，仅为2.18%，而在这些视觉研究的文献中，采用定量化研究的文献所占比例仅为8%。

❷ 源自《庄子·天道》："意之所随者，不可以言传也"。

因此，本书试图以叙事理论与方法来进行专题性的探讨。国内外的研究与相关实践表明，景观叙事对于场所中非物质文化的认知体验、认同建构与传播传承具有积极的意义。

0.2.1 景观叙事的内涵

0.2.1.1 什么是叙事？

关于叙事的讨论可以追溯到古希腊亚里士多德的《诗学》。[29] 叙事主要来自语言学与文学。所谓叙事，是一种文学体裁，在时空中有序编排故事、活动、场景、人物、道具的形式，从而使得读者获得一种意义与主题效果。叙事不同于故事，故事是内容（content），而叙事（narrative）不只是故事内容，还是一种呈现故事的表达方法与结构（express and structure）。一个完整的叙事需要有作者（信息发送者）、文本内的叙述者、受述者以及读者（信息接受者）；对于园林来说，叙事则需要有设计师（信息发送者）、使用者（指定的和不指定的）和参观者（信息接受者）。通常，叙事意义的生成需要功能、行为与文本三个层面。❶

叙事不只是一个学术名词，也是一门学科。1969年法国当代文艺理论家茨维坦·托多罗夫（Tzvetan Todorov）在《〈十日谈〉的语法》（Grammaire du Decameron）中首次使用了叙事学（Narratology）一词[30]。有学者认为这标志着叙事学作为一门独立学科的开始。事实上，叙事学成熟于19世纪末至20世纪初，并深深地影响着人文社科领域，包括景观学、建筑学、设计学、历史学、地理学、社会学、人类学、剧作学等。由于叙事学拥有独特的价值，最终被认为是20世纪的三大理论支柱之一。❷

❶ 广义的叙事包括描述、叙述等，但狭义的叙事不同于叙述、描述，叙述只是一种行动，描述往往侧重在人与物，叙事是一个动宾结构，有对象，侧重在行为与事件。亚里士多德强调模仿，模仿实际上是叙事的一种方式，是记载、传承的路径。详见祝克懿.叙事概念的现代意义[J].复旦学报（社会科学版），2007（04）：96-103。

❷ 另外两个是：自然科学领域的"相对论"与艺术领域的"立体主义"。

0.2.1.2 什么是景观叙事？

景观叙事，简而言之，就是让景观要素讲述一个故事。美国学者马修·波泰格（Matthew Potteiger）认为，景观叙事就是景观设计师依托社区口述史、历史事件或者神话传说等叙事文本，通过命名（Naming）、序列（Sequencing）、揭示（Revealing）、集聚（Gathering）等多种叙事策略，让景观讲述历史故事，唤醒集体记忆。[31]

通常，景观叙事可以这样定义：基于叙事学的相关理论与方法，来分析、理解、审视景观的基本要素、空间结构、文化语义及其建构策略，进而有效建构主题性或在地性的景观及其认同。景观叙事是一种认知、表达、塑造、评价景观及其文化意义的方法。这种模式可以促进创作者、使用者美学体验的升华，来建构主客体之间的场所依恋关系。

所谓的景观叙事主体，就是谁在编制故事，谁在讲述故事。通常包括开发商/经营者、设计师、使用者以及游客，还有故事中隐含的主人公。经典叙事学比较关注管理者、设计师等精英的角色与作用。后现代叙事学比较关注日常使用者（社区居民等）的话语权，即"我者"，而不是由外来的投资者、开发商、设计师等"他者"来主导。

景观叙事的客体一般包含两个方面，一方面是物质性载体，如建筑、花木、山石、水体、园路等；另一方面辅之以非物质性的叙事媒介，如图像、声音、文字等。这些共同构成了景观叙事的载体。相比文学性的叙事载体，景观叙事载体更加丰富多样，更加直观。其中最大的区别在于：景观叙事载体可以进行真实的沉浸式体验、可触摸的体验、可互动的体验。[31]

一系列的载体汇集组合在一起，通常需要借助一定的题材与主题。景观叙事题材的来源主要有以下几个方面：历史片段、社区记忆/家族史/名人简历、仪式活动或习惯性行为、风景名胜故事/民间传说、自然事物演变/工艺流程等等。相比文学叙事来说，景观叙事主题有一定的局限性，一般要受到开发主体、功能需求、经济条件、社会习俗、文化伦理、地理气候等条件的制约。

景观载体单元之间的组合需要一定的规则来构建，相应地，景观场景（单元空间）之间同样需要一定的编排规则与次序来组构起来。这些规则称为景观叙事的组构语法——叙事结构与编排策略。景观叙事结构揭示彼此景观空间与其系列故事之间的关系。所谓编排，即运用一些情节编排手法，如多线索、蒙太奇、插叙等手段来组织一系列景观要素与场景空间，使之成为一个有序、有意义的整体，进而超越传统构图的组织方式。这方面与文学叙事有许多相似之处，或者说，景观叙事可以恰当借鉴文学作品中的结构模式、编排与修辞策略，来增强景观体验的趣味性与艺术性。

景观叙事的结构通常还与时间关联在一起。这里的时间一般包括四种类型：再现的历史时间、真实的客观时间、个体的体验时间以及虚拟的未来时间。景观叙事结构可以根据不同时间线索进行编排组构，形成景观空间的前后次序与体验路径。

叙事引入景观领域的重要作用之一是有助于文化意义的表达传承与传播，而不拘泥于自身的物质功能。也就是说，叙事的维度为赋予每一个景观载体（要素场景）以文化意义与意境提供了重要途径。景观载体的文化意义就相当于文学叙事文本的语义。一般来看，景观叙事的语义包括本意、喻义、引申义等；其中本意是表层的语义，隐喻、引申义为深层的语义。例如"沧浪亭"本意是站在亭中"可凭可憩"，观赏"全园景色"与"田野风光"。"沧浪亭"同时蕴含了情景交融的风月山水——"绿杨白鹭俱自得，近水远山皆有情"的文学意境（图0.3）。"沧浪亭"最初源自屈原《楚辞渔夫》中的一句诗歌，"沧浪之水清兮，可以濯吾缨；沧浪之水浊兮，可以濯吾足"。[32]这里引申为"刚柔并济"、"随遇而安"、"顺应自然"的处世态度。

如果说，景观叙事的语义是告诉人们"讲述的故事是什么"，景观叙事的主体告诉参观者"谁在讲故事，讲谁的故事"，那么景观叙事的结构则告诉使用者"怎样讲好故事"[33]。

然而，景观叙事的效果如何，是否有效地达到预期的目的？这需要一个评测机制。对于文学叙事的效果评测比较熟悉的是通过书的创销量、电影的

图0.3 沧浪亭场景局部
来源：童寯.江南园林志[M].北京：中国建筑工业出版社，1984：129

票房数及其口碑。对于景观叙事效果的评测相对比较复杂。一般地，笔者认为可分为设计阶段的预评估与使用后的评测两种。评测的因子与指标，可以针对景观叙事载体的语义与结构、主体的认知与认同两个角度，从不同层面进行。具体采用的方法可借鉴环境行为学、旅游心理学等相关评测方法，如空间连接度、场景热点图、心理认知地图、行为模拟分析、依恋度问卷调查、文化情景分析等多维评价。目前关于一个维度或者某几个指标评测的研究可以借鉴，但是综合性的评价研究在国内外尚未发现成果。

0.2.2 景观叙事相关理论

0.2.2.1 理论的形成

关于"景观叙事"的提法较早出现在20世纪初。塞特斯怀特（Jan Satterthwaite）在1904年结合项目研究时发现：通过讲故事的方式来进行景观设计，可以再现场地历史、唤起人们对相关事物的记忆。❶ 这种将记忆信息视为景观故事进而作为设计线索的方法一直影响到20世纪七八十年代。

❶1904年，塞特斯怀特（在杰克逊设计提案《Jackson Street: Engaging the Narrative Landscape》中使用了"叙事景观"一词，来表达景观的三层意义：记忆、视觉参考与体验。

查尔斯·摩尔（Charles Willard Moore）在《花园的诗意》（the Poetics of Garden）一书中，在阐述花园的场所品质、次序与诗性精神时，更广泛、更基础性地揭示、暗示了景观叙事的方法与路径。通过大量的历史案例，作者认为：无论是花园设计还是景观规划，最重要的是挖掘其中的关系（relation）、思想（idea）等，而不仅仅是为了愉悦（pleasure）。在历史场地的景观设计中，要让记忆说话（let memory speak），并注入观者的心中，最大程度地感动观者；在自然场地的景观设计中，要将收集到的名字、图像、纪念物、日常行为的轨迹编织到地形塑造、空间组织、路径设计之中。设计师要努力挖掘花园中的各种暗示：花园中有哪些类型与思想，怎样因地制宜地重新解释与转型。不管怎样，从该书的内容之中，可以获得这样的启示：诗意的景观叙事会使得花园更好（something better），或者至少使其不一样（something different）。[34]

直至20世纪90年代，景观叙事在美国形成了一种较为系统的理论与方法，其中比较有代表性的有巴苏（Paul Basu）的《景观中的叙事》（Narratives in a Landscape）❷以及波泰格的《景观叙事——讲故事的设计实践》（Landscape Narratives: Design Practices for Telling Stories）。[31] 而且，这种方法被应用在大到一个区域、一条道路或一个公园，小到一个标志、路牌或一块铺装等。

❷来自英国伦敦大学学院（UCL）人类学系1997年的内部资料：Paul Basu. Narrative in a Landscape: Monuments and Memories of the Sutherland Clearances。

波泰格和普灵顿（Matthew Potteiger & Jamie Purinton）为了更好地解释景观叙事的复杂性与价值，结合设计实践完成了《景观叙事——讲故事的设计实践》[31]一书。该书认为景观与叙事密不可分：景观不仅是场地故事产生发展的背景与条件，也是推动故事不断变化的叙事过程；故事赋予景观空间更多的内涵和意义。但是，叙事与美学风格没有关系。该书为景观叙事的文化题材与设计生成提供一系列可操作的策略。从地方历史与传统、典型民间神话、口述历史、集体记忆中发现故事，通过文字描述、新的形态转译、情节编排、邀请当地人讲述故事来营造景观。

该书主要分为三部分内容。首先，从跨学科的角度建构了关于景观叙事的内涵、要素、过程、形式等理论框架。然后，从地域文脉的不同尺度与项目中图解了景观叙事的一系列策略与实践，从遗产保护规划、公共艺术一直到可持续的绿色设计。最后，结合三个故事阐述了景观叙事对建构文化与自然、传统与现代、差异性与统一性之间辩证关系的启示。该书的价值是：不仅为景观设计提供了一种独特方法，而且为相关从业人员倡导了一种价值导向——要通过可持续设计维系保护场地中的历史信息构建文化与景观的关系。[31] (pVII-XII)

此外，马克·弗兰西斯（Mark Francis）与伦道夫·海斯特（Randolph T. Hester）编著的《花园的意义：思想、场所与行动》[35]中虽然没有专门探讨景观叙事，但是该书从跨尺度、跨学科的角度清晰地阐述了花园的意义，即揭示文化与自然之间的关系，不仅展现在营造花园的行为与理念中，还体现在花园的感知、使用与评价之中。这为景观叙事奠定了理论基础与价值导向。不管是花园自身的思想或文化意义，还是花园中的圣经、神学、文学作品、绘画作品、戏剧以及日常生活与情感故事，均为景观叙事的主题与题材提供了丰富的叙事内容以及表征载体。与此同时，花园的次序与结构肌理也为叙事花园的文化意义提供了表征路径。[35] (pV-IX)

0.2.2.2 代表性理论

目前，国际上已经被应用到实践中的景观叙事理论主要有两种：结构主义与解构主义叙事理论。这也是从语言学、符号学以及文学叙事学转译发展起来的。[36]

以结构主义为主的景观叙事强调：立足共时性角度，从构成整体的各要素间的相互关系中来理性考察与把握景观作品的叙事特征，进而寻找景观作品的结构模式与意义生成机制。以解构主义为主的景观叙事则强调：立足历时性角度，从文脉语境中考察碎片化景观语言与不同使用者之间的交互对话，认为景观意义不是固定的，是不确定的或无止境的。前者结构主义被称为经典叙事学；后者解构主义是后经典叙事学的代表，诞生于20世纪90年代，是在前者的基础上进行提炼、拓展而来的，并非全盘否定。[37]

（1）结构主义对景观叙事的启示

第一，景观叙事是一个整体系统。要从整体上把握各种叙事要素之间的关系。景观要素之间的内在关系是共时性的，可加以分析。

具体来说，可以从表层结构与深层结构两个方面进行分析。表层结构通常是指景观文本、载体的组合；深层结构通常是指景观文本、载体的意义的内在逻辑。这种观点可以在瑞士语言学家索绪尔（Ferdinand de Saussure）的结构主义符号学中得到印证。他清晰地阐述了文化符号的两个功能：能指（siginie）与所指（signifier）。[38][39] 能指，即概念（concept），众所周知的认知、认同的意义；所指，即物象（physiacl form），可以感知到的存在载体。❶

---

❶ 例如"树"作为一个抽象的概念，即为"能指"，如指向自然环境中的实体"树"则为"所指"。

两者是一个对立统一的整体。事实上，格雷马斯在《结构主义语义学》中也指出文本是一个意义的整体。[40] 叙事文本是由能指和所指组成的整体。

也就是说，景观叙事不能停留在抽象的概念上，需要与客观存在的活生生的物质载体融合在一起。景观叙事仅作为"能指"的概念或者符号而存在，而没有"所指"的可感知的载体为依托，那将是空洞抽象的，难以生成景观意义的整体，难以被人记忆。结构主义叙事学的另一位代表人物罗兰·巴特（Roland Barthes）❶，将文字、图像与音乐等均纳入叙事文本的范畴之中。[41] 这为景观叙事研究提供了丰富多样的表征语言。

❶ 他后期转向后结构主义叙事的研究，作品包括《写作的零度》、《作者的死亡》等等。

第二，景观叙事由景观结构、景观语义两者组成。参照格雷马斯的理论[40]，景观语义是指故事内容、景观要素组合成的特定含义，景观语法构成故事内容、景观要素间的组合规则。结构主义景观叙事注重探索表层与深层结构之间内在的逻辑关系与机制。这种内在的逻辑关系包括两个方面：景观要素之间结构性的横向关联关系（grammar）；景观符号表层联想到深层信息之间的纵向关联关系（semantic）。前者是语法性的，后者是语义性的。

结构主义景观叙事最根本的是在探寻景观故事下面的故事[42]——景观文本间的组合结构（structural）。通过对景观空间情节与线索的编排研究，来指导怎么将故事信息融入一系列景观空间之中等等。在横向组合上，可借鉴文学叙事结构的一些策略，如多条线索的同时并进、非线性的组合、蒙太奇的组合设置等等；在纵向关联上，可以应用回忆、联想、象征、隐喻等策略。[31] 这些景观叙事组构策略为场地文化、记忆的保留、再现、重构传承提供了路径。[33]

第三，景观叙事的生成系统根植于景观功能、行动与文本叙述。随着结构主义叙事学不断发展，形成了一整套构造方法论。其中最为经典的是罗兰·巴特早期的观点与理论。[41] 从巴特的理论中可以得到启示，除了从景观叙事的载体、组构（语法）、意义（语义）来探索景观叙事的分层信息之外，从讯息载体的功能、使用者主体的行动、景观语境的表征三个层面来构建设计者、景观载体、使用者之间的互动关系。任何景观符号及其信息可以融入任一层面之中，产生景观的文化意义。

不妨从罗斯福纪念公园与戴安娜王妃纪念园两个公园去考察结构主义叙事在景观中的表征特点。

20世纪70年代，为了纪念美国第32任总统富兰克林·罗斯福（Franklin Delano Roosevelt）及他任期中的功绩，在华盛顿的杰斐逊纪念堂和林肯纪念堂之间建立了罗斯福纪念公园（图0.4）。1974年委托加利福尼亚州风景园林设计师劳伦·哈普林（Lawrence Halprin）设计。[43]

在罗斯福纪念公园的设计中，哈普林抛弃了传统纪念碑式的构筑物设计手法，采用了传记式景观叙事的编排方式，陈展了罗斯福总统的人生历程与功绩（图0.5）。如设计师所说：

"希望把罗斯福总统纪念公园设计成一处完整的体验空间,而不是一个孤立的、抽象的建筑体。这种空间强调参观者通过亲身体验所体味到的独特感受。我们希望创造出这样的一个纪念园:它给人的环境空间感受主要是依靠参观者与参观对象的对话与交流,而不是靠纯粹的视觉艺术效果。它是生动活泼的,鼓励参与并适合所有年龄层次的人。"[43]

这一纪念公园基本采用了两类叙事载体。首先,通过徽章、雕像、浮雕柱、载着棺柩的马车、水池、树木等主题性物质要素来展现罗斯福一生中的标志性事件、场地与人。其次,通过将"我看到一个民族三分之一的人民居无定所,衣衫褴褛,食不果腹"、"我憎恨战争"[44]等罗斯福代表性的名言刻在石头墙上,来再现总统的观点与思想。这些载体语义的表征策略大多是通过再现来实现的,其中以具象的雕塑为主,包括乡村夫妇、排队等待面包的群雕、就职雕塑、火炉旁的雕像、社会改革浮雕、送葬队伍浅浮雕、第一夫人埃莉诺·罗斯福雕像、总统与他的爱犬等;同时,通过隐喻的手法来表征语义,如隐喻战争的乱石块、隐喻自由的叠石瀑布等等。[43][44]

这一系列叙事载体与信息通过一条时间线索及其4个主题空间的编排有序地整合串联在一起。4个主题空间分别展示:罗斯福第一任期(1933—1936年)、第二任期(1937—1940年)、第三任期(1941—1944年)以及第四任期(1945年)(图0.6—图0.9)。这4个主题空间共同塑造了从开端、发展、高潮到尾声一个连续的、典型的情节结构;同时,通过一条水系将这些主题空间串联在一起:小叠水池、就职瀑布、信任之泉、象征水利工程的叠水瀑

图0.4 罗斯福纪念园平面图
(1 第一任期;2 第二任期;
3 第三任期;4 第四任期)

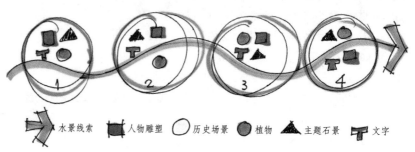

图0.5 叙事结构示意

布、民主自由之泉、战争叠水瀑布、倒影池等。最终的目的是让观者仿佛在读一本三维的小说。[43][44]

罗斯福纪念公园呈现了结构主义景观叙事的特征。它并没有将罗斯福神化、抽象化，而是物化到一系列历史阶段的空间场景及其相关具体的载体（人物雕塑、植物、主题石景与文字信息）之中，叙事主题与结构也非常清晰完整，让人可感知、可体验，而且可以进行交互式的模拟体验。

相对比的是，凯瑟琳·古斯塔夫森（Thryn Gustafson）设计的戴安娜王妃（Diana Spencer）纪念园则呈现出更加简约、浪漫、隐含的结构主义倾向。

该纪念园坐落在伦敦海德公园蛇形湖畔南侧，是为纪念英国王妃戴安娜而建造的。叙事的要素非常简约：由椭圆水渠、小径以及几棵绿树组成。这个项链状的水渠是主题道具，正是这个与传统喷泉不一样的闭环流泉打动了评委，非常恰当地顺应场地坡度，非常巧妙地展现了戴安娜王妃的性格与人生：是横向的亲民，而不是竖向的权威；不是张扬的，而是内敛的；不是严肃的，而是欢乐的。

凯瑟琳的设计概念是"伸出援手 - 环抱"（Reaching out-let in），以此来体现戴安娜的包容博爱、为有所需要的人提供帮助的品质。[45] 这是设计师通过阅读诸多戴安娜的生平故事，凝练为一个高度概括的叙事符号（图 0.10）。

这一独特的水渠其实包涵了水源、台阶、摇滚、涡动、筛选、气泡等多个精彩场景。流泉时而宽时而窄，时而倾泻时而平静，时而急时而缓，时而深时而浅；包围水渠的花岗石时而粗糙时而光滑，时而凹时而凸。泉流

图 0.6　主题场景 1：第一任期

图 0.7　主题场景 2：艰难时期

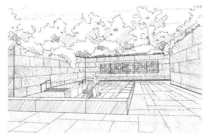

图 0.8　主题场景 3：第三任期

图 0.9　主题场景 4：第四任期

图 0.10 戴安娜王妃纪念园概念图

❶ http://www.gooood.hk/diana-memorial-fountain.htm 2017-12-2。

经历跌水、小瀑布、涡流、静止等等各种状态，并塑造了不同的水声、水形与水速。最终形成了叙事的结构——"一串项链"，"温柔地佩戴在原有的景观之上"。[45] 这生动地映射了戴安娜多样的个性与起伏的一生。设计师如是说，"一方面，可以将水流看作是一条自由流动的溪流，她不停地冒着泡泡，充满了生机和活力；而另一方面，水流又可以从那边到这边来回流动，充满了感性"。❶

这一椭圆形的水渠既是道具、场景，也是故事的线索，更是激发观者参与行为的艺术装置。水渠蜿蜒起伏在草坪上，塑造了一个非常有魅力、亲和力的公共空间，游客在水流中嬉戏，也可在石块上休息，还可以在草坪上野餐聚会。或坐或躺，或站或看，或回忆或联想（图 0.11—图 0.14）。

这一椭圆形的水渠同时充满着理性的逻辑。设计师利用两个极坐标及其对偶原理，让泉水从最高处分两个方向汇到最低处，然后回到最高点，形成了一个完美的闭合。水渠的石材是通过与专业公司合作，借助汽车模具软件进行三维设计完成的。210 米长的水渠一共由 545 块花岗石砌筑而成，每一块形状不同。石料用计算机技术切割，加上出色的石匠工艺加工而成；喷泉的水压也是通过多次精心设计才达到预期效果。整个建造经历了 5 年，期间充满着故事。

不管怎样，戴安娜王妃纪念园是一个充满理性与浪漫故事的结构主义叙事作品。

（2）解构主义对景观叙事的影响

20 世纪 80 年代，叙事及叙事理论研究已超越了对作品本身及其叙事策略的研究，而是从跨学科、跨文化的角度对作品的外延语境进行历时性的研究。因此解构主义叙事更加开放。到 20 世纪末，叙事学在西方语言学家、文学家、哲学家、科学家的共同努力下突破了结构主义符号学这一范畴，已经延伸到地理学、环境认知、历史学、教育学、人类学、文化研究、艺术学、人工智能、旅游学等领域❷，使得叙事学变得更丰富、更广泛。[46]

❷ 根据 web of science 数据库以 landscape and narrative 为主题词的检索情况（2018 年 1 月 3 日）。

以解构主义叙事为主导的景观叙事关注景观的非正式结构特征与特定读者间的相互作用机制，关注景观作品意义与社会语境的作用关系。通俗

图 0.11 戴安娜王妃纪念园场景 1

图 0.12 戴安娜王妃纪念园场景 2

图 0.13 戴安娜王妃纪念园场景 3

图 0.14 戴安娜王妃纪念园场景 4

一点来看，景观叙事是一本通过物质形态、建造方法、空间布局、色彩材料、文字图像等编写的"书"，它可以告诉使用者场地或空间里面已经发生的故事。这是结构主义叙事关注的事情。而解构主义叙事关注局部文字与故事内容的差异性与多样性，而不是整体的统一性；不仅关注这些景观的形式，更关注故事发生的社会语境，关注使用者多样化群体的认知反应。[47]

解构主义对景观叙事的启示之一是对主体语境的关注。景观叙事不能机械地将故事信息引入特定的景观场地之中，不能阻断与特定使用者日常行为之间的互动；实际的景观语义超越了设计师的观点与意图。这个使用主体不是主体的全部，也不是个体，而是一个特定社群/集体，来自大致具有统一性的使用者（是"我们"，但不是"我"），如儿童、女性、移民等等。不同使用者的知识背景与行为能力会影响对景观叙事的理解、参与和认同程度。同时，使用者可以参与对景观叙事的信息编辑、嫁接等。因此，景观叙事不仅需要保留、恢复或重建记忆/故事的语境，而且要处理好景观使用主体与景观叙事客体之间的关系，把景观文本融入多样化的空间情节与时间线索之中，使之可感知（visual）、可参与体验（behavioral）、可理解认同（spirital），甚至允许多种理解方式的存在。

解构主义景观叙事关注文本的差异性主要有三层意义：关注景观的能指（概念）与所指（存在物象）之间的差异性，模糊多义的，而非同一性（一一对应）；关注景观要素自身的异质性，而不是强调同一性而抹杀掩饰景观载体的差异性；关注每一个场地、每一个景观语言的独特性，解读景观作品自身的特定文化意境与美学特征。就如同屈米（Bemard Tschumi）设计的拉维莱特公园，其中40个10m×10m的红色立方体装置（Folly）出现在120m×120m的方格网点上，每一个有其自身的形态、功能与寓意，如小卖店、信息中心、医疗站、茶室等，而且观者可以自己想象与定义，如临时托儿所、聚会点等等。[48]

图 0.15 "迷失脚步的花园"空间布局

解构主义景观叙事关注地方化、多样化的叙事——小叙事，而不是整体与宏大的元叙事（meta narration）。局部景观符号是真实存在的、相对独立的，不是抽象的。景观要素、局部之间的结构关系是复杂多样的、动态的，甚至可能是断裂的、对立的。景观作品与场地环境的关系、上下空间的关联是多元开放的。解构主义叙事塑造的景观秩序是"多声部的和谐"。[49]

图 0.16 "迷失脚步的花园"场景1

下面从维罗纳（Verona）城堡博物馆（Castel Vecchio）庭院、布里昂家族墓园两个花园中进一步直观地感知解构主义叙事对景观塑造的影响与特点。

在维罗纳城堡博物馆庭院中，彼得·埃森曼（Peter Eisenman）为2004年威尼斯双年展设计了一个临时性的景观艺术装置，这个装置的主题为"迷失脚步的花园"（The Garden of Lost Footsteps）[50]（图0.15）。

这个装置是解构主义叙事在景观设计中的典型应用。埃森曼采用的主要景观叙事语言为：红色的钢构栅格以及绿色的地形草坡（图0.16、图0.17）。参照埃森曼的解释，这两种不同肌理的个性化叙事分别模仿了维罗纳市

图 0.17 "迷失脚步的花园"场景2

中世纪的文脉肌理、城堡以及斯卡帕定义的秩序。建筑师期望与 40 年前卡洛·斯卡帕（Carlo Scarpa）的作品对话。两种肌理在三维平面中相互叠加交错，并局部延伸到博物馆内部空间，与城堡中世纪的肌理形成碰撞。期间设置了路径、展示平台与缓冲区域，其中的内涵与语义留给了观者去思考与遐想。

如果说埃森曼的作品强调的是表层结构的解构主义，那么斯卡帕设计的布里昂家族墓园（The Brion Family Sanctuary）则关注的是深层结构的语境解构。墓园的叙事主题是"生死交叠"，设计师主要通过隐喻、象征的手法来实现这一主题。

布里昂家族墓园位于意大利北部特里韦索附近小城圣维托（San Vito）。1968 年业主委托斯卡帕设计，1978 年建成。墓园平面布局呈 L 形，面积为 2200 平方米。墓园分为三个部分：东区为入口廊、沉思亭，北区为布里昂夫妇墓，西区为家族墓区以及小礼拜堂[50]（图 0.18）。

墓园的叙事载体主要包括布里昂夫妻墓、家族墓、转 45°的葬礼教堂、静思亭、方形圣水池、寓意生命的树木、倾斜的墙面、草坪等。每一个要素都极具特色，每一个肌理都充满异质性，每一个细部充满精彩故事。与此同时，设计师采用了各种宗教符号，如西方的十字架、伊斯兰的水渠、东方佛教的莲花、中国"喜"字以及日本的格扇门等等，都呈现在墓园之中。

这些符号与要素通过隐喻与象征传达了设计师卡洛·斯卡帕对生与死的思辨。有一个主题性的标志符号一直贯穿其中，就是双交错圆。而其寓意却是多义的，可以由观者定义——生与死、水与火、男与女、阴与阳等。整个墓园充满着绿色，草坪、常绿灌木、蔓延的垂直绿化、乔木、盆景植物、睡莲等，隐喻着"死亡并不恐怖"，死的另一个极端——生命，充满着希望与快乐。[50]

各种极具语义的叙事要素主要通过两条线索联结在一起：一条是仪式性的步道，另一条是水系（图 0.19—图 0.23）。前者是明的，后者是暗的。前者是由一条门廊、室外园路、甬道组成，沿着庭院的边界布置，与花园的景物时而对望，时而连接，时而隔断。而后者水系由水渠、圣水池、泉眼、沟槽、圣坛等一系列不同形态的水面组成，时而成为场景，时而成为边界，时而成为景点，时而成为仪式的道具等。水将坟墓、教堂、入口等主要纪念要素连接起来，也将雨水收集起来汇集到水池中。非常独特的是，水的流向与另一条游线前进的方向是逆向的，形成了一种对比与循环。所有这些片段式的叙事语言通过编排以中国式的"不经意"、不规则的组合方式，而不是西方轴线的对称方式组构起来。

这些对于观者来说，叙事体验是自由开放的。最终，试图让观者从每一个微观细部、每一处场景去体验、去探索生与死之间的复杂语境，一种诗意。斯卡帕如是说[50]：

"我想办法将诗意融入整个墓园之中——为逝者营造的场地是一个花

图 0.18 布里昂家族墓园平面

图 0.19 布里昂家族墓园场景 1

园。让花园中的每一个景园建筑述说一首诗……我要追求一个乡村情感，就像布里昂所期待的那样。每一个人都会很快乐地来到这里。小孩在此游玩，小狗跑来跑去。"❶

❶ 详见 Sergio Los. Guida All' Architectura Carlo Scarpa.San Giovanni: Arsenale Editrice, 1995: 92。

景观叙事的要素系统　　　　　　　　　　　表 0.1

叙事客体	表层	深层	叙事主体
文字、符号 Text	横向/结构关联 Constructional	纵向/语义关联 Semantic	视觉认知 visual
物体/道具 Object			行为参与 behavioral
空间/场景 Scene			语境体验 contextual
故事表征的显性载体	话语/句法/情节/象征/暗喻		景观意义生成的隐性维度

可见，解构主义对于景观叙事的基本启示可以概况为：景观文化基因的叙事传承不是静态的、单维度的，不只是基于符号、物像、空间等客体的再现，还需要将使用者多元主体的视线（visual）认知、行为（behavioral）参与以及语境（contextual）体验纳入其中。解构主义叙事思想在当代地理、艺术、社区设计中均有相应的应用。

上述现代两种主义的叙事理论如同一盏明灯，为地域景观文化、场地记忆传承提供了研究框架与思路（表 0.1）。这也是本书关于古典园林景观叙事研究的理论基础。

0.2.3　景观叙事的应用与价值

在西方学术体系中，景观叙事在地理学、环境与历史研究中运用得最广泛。❷ 塑造有意义（meaningful）、参与对话（engaging narrativity）的景观作品，就需要超越土地和自然的物质属性，注入文化信息，而景观叙事使之成为可能。特别是在地方知识、历史遗址、地方记忆档案、乡土文化的诠释、传播与共享，乡土景观、仪式性景观、文化景观的领域感建构方面发挥着独特作用。[51][52][53]

目前，国内在建筑科学与工程、戏剧电影、中国文学等学科领域对于景观叙事的研究越来越关注。叙事在景观中的应用主要表现在校园规划、旅游/游憩景观、历史/遗址景观、纪念性/文化景观、主题公园等。❸ 例如，王

❷ 根据 Web of Science 数据库中以"landscape, narrative"为关键词进行检索获得的结果（1985年之后）。

❸ 根据 1915—2018 年 CNKI 数据库中以"景观叙事"为主题词的检索情况。

图 0.20　布里昂家族墓园场景 2

图 0.21　布里昂家族墓园场景 3　　　图 0.22　布里昂家族墓园场景 4

图 0.23　布里昂家族墓园场景 5

澍巧妙地将中国传统山水绘画中的艺术故事、场地中的自然风景融入中国美院象山校区的景观叙事之中，营造了一种独特的文化意境。俞孔坚将"田"、"红领巾"等代表性符号通过夸张、变形、隐喻等手法应用于景观设计实践中，意在营造一种现代景观的诗性美学。[53] 冯炜（2008）[54]、杨茂川（2012）[55] 等从概念的辨析、叙事要素、修辞策略、表达手法等诠释了景观叙事的认知、方法及其意义。但国内对景观叙事本体理论还有待系统性深入研究。

综合国内外的研究情况，景观叙事在园林设计中应用主要体现在主题概念的甄选、空间结构的编排、活动功能设置以及景观内涵意义的塑造等方面，使得景观作品更具意味、更加生动、更有魅力（图 0.24）。相比各类风格的设计理论，景观叙事的核心价值主要体现在三个方面：

第一，景观叙事可将场地中关于时间、事件、经验、记忆等隐性信息诠释（interpret）呈现出来。在主题的甄选方面，通常将场地中的记忆、隐喻性的文化符号、社区标记、仪式性事件等叙事题材纳入其中，从而拓展景观主题的内涵与外延、活力与张力。这些相关叙事主题的应用研究，对遗产地的保护诠释[52]、乡愁记忆信息的呈现、社区领域与邻里关系、场地的可识别性、认同归属感、场地美学伦理的构建均有积极意义。[56]

第二，通过有意义的叙事线索可将菜单式的、碎片化的信息整合（integrate）起来，建构物质空间与语义语境。在叙事线索编排方面，通常将时间路线、非线性线索、特定历程融入空间之中，从而拓展景观体验的广度与深度。[57] 这样的整合有助于持久性的记忆，有助于地方文化的保留、传播与传承。[58]

第三，景观叙事有助于加强主体与客体之间的根植关系，强化场所感与依恋感（attach），促进主客体的交互对话，构建社会关系网络与文化认同（identity）。在主体与客体的动态交互中，探寻现代环境与传统文化碰撞的轨迹[59]，从而将场地记忆、人的情感故事更好地联系在一起。

下文将以豫园、醉白池、古猗园、秋霞圃、曲水园为例，借助叙事的理论与方法，通过跨学科的研究，换一个角度来认知海派古典园林，解析其中的文化密码，重点探讨以下问题：造园者是通过怎样的叙事方法来组构这些各式各样的物质要素、庭院、主题，如何成功地吸引人们的视线，有效地引导人们参与其中，唤起对文学语义的联想及其文化认同？

图 0.24　醉白池"山水画"

图 0.25 豫园空间结构示意（见彩图 4）

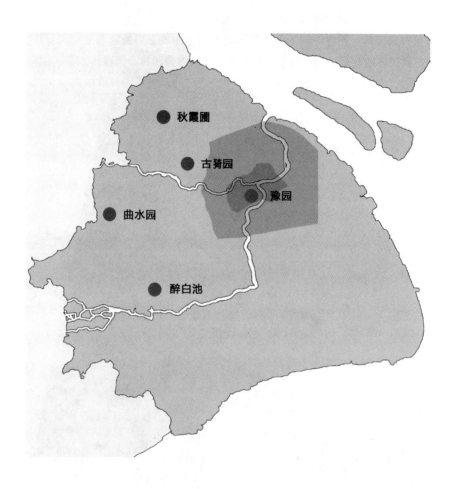

图 1.1 海派古典园林地理区位

第1章 海派古典园林的认知

1.1 海派古典园林的界定

如前文所述,上海老城厢的豫园、松江的醉白池、青浦的曲水园、嘉定的秋霞圃与古猗园,通常被称为海派古典园林(图1.1),是海派园林的重要组成部分。而海派园林是指位于上海地区的园林,由三部分组成:明清时期的海派古典园林、租界时期的西洋公园以及新中国成立后的新海派公园。海派古典园林通常是指鸦片战争之前的5个明清古典园林,即豫园、醉白池、曲水园、秋霞圃与古猗园(表1.1)。租界西洋公园是指鸦片战争之后的海派园林,包括黄埔公园、复兴公园、襄阳公园、中山公园以及虹口公园。新中国成立后,上海建造了长风公园、和平公园等城市公园,称为新海派园林。本书主要研究豫园等5个海派古典园林。❶ 这五大园林最初均建于明代。据史料文献记载,明嘉靖时期上海建筑城池,当时城内有园林20余座,其中包括这五大名园之一——豫园(图1.2)。豫园位于上海市中心城区,其余园林分布在上海各郊区。除曲水园属于城隍庙附属园林外,其余均为早期著名的江南私家园林。

❶ 海派园林的概念由来可参见程绪珂1996年《创建海派公园,迎接21世纪》。

海派古典园林作为江南传统园林(图1.3)的一个衍生派系,与苏州古典园林同处于吴文化圈、亚热带季风气候带以及长三角经济较发达地

图1.2 清代豫园场景版画
来源:童寯.江南园林志[M].北京:中国建筑工业出版社,1984:137

图1.3 清代拙政园场景版画
来源:童寯.江南园林志[M].北京:中国建筑工业出版社,1984:150

区，它们至少拥有三个共同特征：首先，造园的基本指导思想与营造原则一致，"虽由人作，宛自天开"，无论在海派古典园林还是苏州古典园林中均可得到印证。其次，造园艺术与江南的诗性文化均有着紧密的关联耦合关系，园林、文学、诗画交融在一起，共同塑造诗意栖居的文化意境。其三，园林建筑的庭院式布局、花木池鱼的选择受到同一气候区域的限制与影响，具有地域的同质性，如梅花、兰花、竹子等植物在这一地区的花园均较为常见。

海派古典园林根植于上海本土的海洋性气候特征与商埠文化，同时受到西方文化以及自身海派艺术的影响，在江南古典园林基础上发展演变，形成了自己独特的物质特征、丰富的文化内涵以及独特的艺术特征。

文献记载，明朝隆庆开海之后，海上贸易繁荣。中国的瓷器、丝绸、茶叶大批销往海外，而秘鲁、日本的白银则大量输入中国。[58] 随之，松江府地区"自是游船渐增，而夏秋间泛集龙潭，颇与虎丘河争盛矣"。❶ 逐渐，上海地区的发展呈现出自己独特的轨迹。由于社会群族、经济实力、文化背景不同，与苏州、杭州古典园林相比，海派古典园林的造园者往往是当地的望族与书画名家，既有士大夫的文化底蕴，又有较强的经济实力，不免存在夸耀门第、比富斗豪的潜在心理（参见图1.2），因此海派古典园林在明末、清代之后，逐渐超出了苏州园林淡泊归隐的旧模式（参见图1.3），经历了求新求变的发展轨迹。

在屋宇、叠石、花木池鱼等微观层面呈现出更加混合、奢华的形式。海派古典园林建筑体量求大、求壮观。如豫园的观涛楼等超越了苏州园林通常的二层，而为三层。一些皇家、道家、佛家的符号融进了园林之中。如龙的雕塑张牙舞爪地闪现在豫园的院墙上。在功能风格上充分体现了兼容、集约、现代的特征。一些园林建筑演变为商业性酒楼或行业性的会馆。如豫园的湖心亭造型夸张，在开埠之后逐渐成为市民商人游园品茶、小酌休憩之处。在庭院空间处理上，分割尺度越来越小，破碎度越来越高，展现出"螺蛳壳里做道场"的能事。如豫园三穗堂与卷雨楼之间约2米的狭缝处巧妙地设置了一个带花瓶门的小庭院。又如在秋霞圃桃花潭区域，围绕着狭长的池水设置了6个园林建筑，除了主体建筑碧梧轩之外，在南北两侧还设置了碧光亭、池上草堂与舟而不游轩；在东西侧布置了丛桂轩与屏山堂等。所有这些建筑左顾右盼、主次分明，相得益彰。在宏观创作理念上体现了"绘画指导造园"的创新思想——"画可园"，而摒弃了江南园林的"园可画"的传统理念。[60] 董其昌主导下的醉白池营建表现得最为淋漓尽致，这实际上是回归了园林绘画创作的本源。

后来，海派古典园林随着上海城市现代化的发展，自身也在进行着近代化、公共性、商业性的演化，将旧有的农耕文明与新的城市文明、市场经济与社会市民生活、私密性与公共性、形象性与经济性等有机融为一体。

❶ 范濂.云间据目抄.卷二"记风俗".《中华野史·明朝卷三》.

海派古典园林除了以往传统士大夫的以文会友、弹琴吹箫之外，盛行地方权贵、文人学士的雅集宴游（访寻题诗、吟风作画）、买卖古董、收购字画、拜佛、看戏，还有民间社团、行会公所间的聚会。开埠之后，海派古典园林进一步向普通市民开放。以豫园为例，在1月设有元宵节、梅花会；4月有兰花会；6月有晒袍会；9月有菊花会。每逢节日，重启门洞，众人游览。期间，不同阶层的市民均可到豫园参加游乐活动，甚至还可在园林中设摊买卖。[17]

在近现代上海发展中，海派古典园林在城市经济、政治导向、社会生活、文化艺术等领域积极发挥了公共空间的独特作用，生动具体地体现了海派文化的精神——"重功利、讲实效、求时尚"。[61]

因此，这些园林有浓厚的江南园林文化的渊源、特点乃至遗存，在后期呈现了兼收并蓄、博采众长、求新求变的海派文化特点[62]，在江南园林中独树一帜，形成了不同于苏州古典园林的不拘一格的园林风格。

		海派古典园林基本信息				表 1.1	
序号	园名	建造年代	现有面积	原园主	设计者	隶属类型	备注
1	豫园	1559	30亩	潘允端	张南阳	原为私家园林	
2	醉白池	不详	76亩	顾大申	不详	原为私家园林	1650年有记载
3	曲水园	1745	72亩	县城邑庙	不详	城隍庙附属园林	
4	秋霞圃	1522—1566	45.36亩	龚弘	不详	原为私家园林	
5	古猗园	1522—1620	27亩/150亩	闵士籍	朱三松	原为私家园林	

1.2 五大海派古典园林概述

1.2.1 豫园

豫园，位于上海老城厢东北部，北临福佑路，东临安仁街，西南侧与豫园商城及上海城隍庙接壤，占地约30余亩，有三穗堂、点春堂、万花楼、得月楼、得意楼、玉华堂、积玉水廊、听涛阁、涵碧楼等亭台楼阁以及假山、池塘等40余处古代建筑与景观。豫园规模恢宏，"楼台峰石，影浸

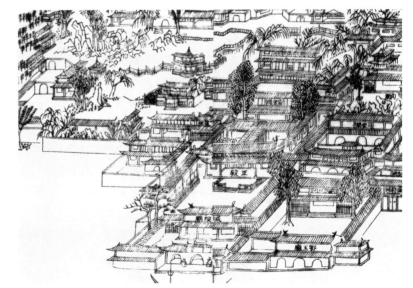

图 1.4 豫园局部鸟瞰
来源：童寯.江南园林志[M].
北京：中国建筑工业出版社，
1984：138

池塘，曲径相绕，奇峰兀立，花木掩映，景色旖旎"[63]892，素有"奇秀甲江南"之誉（图1.4）。

豫园是在两个园子的基础上组合而成，西园是明朝潘允端所建，为豫园旧址，旧时也称外园；内园附属于城隍庙，是在康熙年间建成的灵苑，也称小灵台。[63]912

豫园（西园）始建于明嘉靖三十八年（1559年）。建造之初为潘允端的私人花园，园主为明刑部尚书潘恩之子。嘉靖末年，潘氏因未考上春官，萌生了造园之意，在自家宅院世春堂以西"蔬圃数畦"上，堆石砌山，凿地筑池，构亭艺竹。[63]910 然而在此后的20年里，潘氏中进士，外出务官，造园也就"屡作屡止，未有成绩"。[63]910 万历五年（1577年），备受权贵排挤的潘允端在刚过知命之年不久便从蜀地退归故里，开始专心造园。[16]261 数年间，园林就渐成规模，潘氏期间供养其父在园中饮酒赋诗，豫园之名亦取"愉悦老亲"之意。[16]910 同时，潘允端还聘用了本地筑园大师张南阳叠山，兼做园林规划。在园林东南又兴建多座楼阁，以可隔"尘世之嚣"。至万历末年（1620年）竣工之时，豫园规模已达70余亩。同治上海县志中有云，"备极壮丽，为一邑园林之冠"。❶

潘允端晚年挥霍无度，在世时已靠变卖古董、土地勉强维生，死后园林便日渐荒芜，几经转手，园林也被外姓所分割。[63] 康熙初年，有好事乡绅将豫园中几个厅堂改为清和书院，此后由于松江知府被贬，书院之事也不了了之。[63] 豫园也进一步荒废，大部分亭台已经垮塌，野草丛生，不少地方成为菜畦，玉玲珑等三方名石是当时豫园中仅存的遗物。❷ 乃是"瞬眼繁华几变迁，湖光山色尚依然"。❸

清康熙四十八年（1709年），上海士绅为公共活动需要，购置了城隍庙东侧2亩土地建造庙园，又称东园、内园、灵苑、小灵台，此处兼供娱神及作道场之用。[63] 到乾隆二十五年（1760年），邑人又集资购得昔日豫园土地，重新建园，以报答神灵护佑，同时作为钱业南北市总公所之场地。[16]910 其时一墙之隔新建的东园已成规模，因此对应的用西园来命名。其工程耗资巨大，时间长达20余年之久，"百数十年名胜湮没之区，俨然复睹其盛"。[16]910 修复完，豫园的规模又重新达到70亩，其中除部分古木、石桥之外，建筑大多数在原址重建，可以说是重回巅峰，豫园也很快成为当时上海人一个重要的去处。有清代邑人李行南的《竹枝词》为证："东园亭榭依英关，更辟西园碧水湾。移石曹园重布置，邑人来此当游山"。❹

鸦片战争爆发后，豫园屡遭破坏。道光二十二年（1842年），英军由上海县城北门长驱直入，驻扎在豫园与城隍庙之中。[16] "由四牌坊至邑庙，一望凄然，繁华顿歇，出至园亭，风光如洗，泉石无色。"[64]130 咸丰三年（1853年），小刀会起义，在豫园内设指挥部作战，颁布命令的公署位于豫园点春堂内。小刀会坚守上海县城17个月有余。1855年，清军与法军联合攻打北门，

❶ 源自［清］应宝时、俞樾、方宗诚编，《同治上海县志》，第二十八卷，第16页。

❷《重修内园记》中提到"中更芜废，而玉玲珑三峰仅存者"。

❸ 参见［清］曹玬，《过豫园》，录自清乾隆上海县志。

❹［清］李行南，《竹枝词一首》，无名，录自《申江竹枝词》。

小刀会起义宣告失败，随后清军入城洗劫了包括豫园在内的整个县城。豫园两度经历战乱破坏，诸如得月楼等园内建筑在此期间"一炬仅余片石"。[16]914 但均很快得以修缮，并恢复外观。❶ 仅仅5年之后，太平军南下攻打上海县城，华尔洋枪队入城防守，在东园、西园屯兵逾四载，诸多建筑再次遭受损伤，其中东园修复后，仍归钱业公所使用。❷ 清代上海人秦荣光有《竹枝词》写道："引年归里老尚书，方伯娱亲拓故居。池石亭台今改变，豫园一记丰成虚"。❸ 这也反映了豫园明清期间的反复兴衰。

而在此期间，伴随着上海商业的高速发展，嘉庆、道光年间，大量行业组织借用西园厅堂做议事办公之用。[16]262 虽为庙产，但道士不愿打理。同治七年（1868年），上海知县一纸公文将37.5亩的地划分给21个行业，由行业分别承担赋税。诸多行业如豆米业、油饼豆业等分别分得300平方米至1.1万平方米不等的土地。[16]262 各行业各自为营，在此祀神、议事、聚会。与此同时，园内茶楼酒馆兴起，商贩云集，豫园开始从私家园林向庙市、商场演变。民国之后，豫园北侧的点春堂、得意楼与西侧建于1917年的小世界游乐场一同成为庙市，是当时城中最繁华的地段。而东园仍为钱业公所使用，相对安静。与此同时，每年农历正月、四月与九月都有梅花会、兰花会与菊花会在豫园中举行，公众可购票参观。[16]262

1937年，八·一三事变后，香雪堂（今天的玉华堂）被日军炸毁，大量难民又乘机涌入豫园，抢占空地，私搭棚户，使得西园整体景观遭到破坏。一直到新中国成立前夕，豫园始终缺乏维护，许多古建筑已经呈残破状，明代大假山部分倒塌，整体风貌面目全非。1956年，豫园经过5年的修缮，修复了大部分被毁古建筑，同时将荷花池、九曲桥与湖心亭划出园区后对外开放。1986年，豫园再次参照清乾隆年间的布局进行大修[16]262，此后基本形成了现在的园林格局与建筑风貌。

可见，明代建园以后，豫园在潘氏最初叠石凿池的基础上，逐渐加强了建筑与景观的营造。尽管屡遭磨难，豫园都能迅速得以修缮且进一步发展，至清初达到第一个高潮，可谓"屋角纵横林木盛，豫园风景胜前朝"。[63]909 新中国成立后，历经两次长时间的精心修缮，形成了目前的园林风貌。

总体来看，豫园"构思精巧，布局细腻，以清幽秀丽、玲珑别透见长，具有小中见大的特点，体现出明清两代南方园林建筑的艺术风格"。[63]892 清代留月主人有《竹枝词》云："龙墙绕曲假山高，老树横斜势最豪。参顶两行排石蹬，洋房雁叠指周遭。"[65]140 曲径环绕，假山高耸，古树英俊，建筑交错，豫园在今天依然有都市山林的气势。

现在，除湖心亭区开放之外，豫园可分为三穗堂区、万花楼区、点春堂区、得意楼区、玉华堂区与内园等景区（图1.5）。各个子园特色迥异，路径构

❶《重修内园记》提到"庙故轮奂整伤，道光壬寅，咸丰癸丑，两经兵燹，旋修葺，复旧观"。

❷《重修内园记》提到"庚申、辛酉间，发寇披猖，外兵助剿，屯两园逾四载，多所毁伤。东园修复，仍钱业任之"。

❸ [清]秦荣光，《竹枝词一首》，无名，录自《上海竹枝词》。

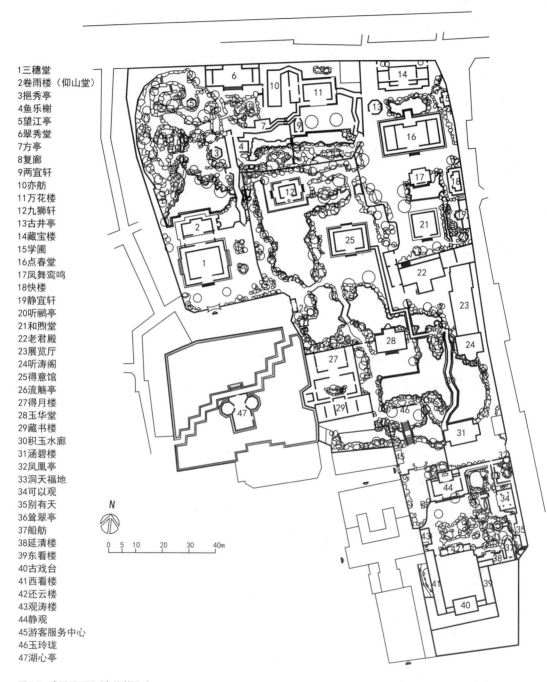

1 三穗堂
2 卷雨楼（仰山堂）
3 挹秀亭
4 鱼乐榭
5 望江亭
6 翠秀堂
7 方亭
8 复廊
9 两宜轩
10 亦舫
11 万花楼
12 九狮轩
13 古井亭
14 藏宝楼
15 学圃
16 点春堂
17 凤舞鸾鸣
18 快楼
19 静宜轩
20 听鹂亭
21 和煦堂
22 老君殿
23 展览厅
24 听涛阁
25 得意馆
26 流觞亭
27 得月楼
28 玉华堂
29 藏书楼
30 积玉水廊
31 涵碧楼
32 凤凰亭
33 洞天福地
34 可以观
35 别有天
36 耸翠亭
37 船舫
38 延清楼
39 东看楼
40 古戏台
41 西看楼
42 还云楼
43 观涛楼
44 静观
45 游客服务中心
46 玉玲珑
47 湖心亭

图 1.5　豫园平面图（参见彩图 1）

思巧妙，建筑布局精致，整体秀丽幽静，精巧玲珑，以小中见大见长，后期园林公共性强，功能混合度高，具有明显的海派园林特色。

1.2.2 醉白池

醉白池，位于上海松江区人民南路上，东至长桥南街，南濒人民河，西临人民南路，总占地约76公顷。醉白池可分为内园与外园，外园位于醉白池中西部，扩建于1958年，面积约60亩，占全园总面积的4/5。内园为昔日醉白池古园，景点丰富，建筑汇集。园中有醉白池、宝成楼、雪海堂、十鹿九回头等古建筑与古迹。[69]781 醉白池，特别是内园部分，建筑秀美，回廊曲折，布局精致，古色古香（图1.6）。

醉白池的前身为宋代松江进士朱之纯的私家宅园，名叫"谷阳园"。据嘉庆《松江府志》记载，建于宋元祐年间（1086—1094年）。[66]781 "谷阳"取自西晋松江名士陆机之句"仿佛谷水阳"。❶ 现在园林中乐天轩的位置据推测为宋代谷阳园的遗址。❷ 此后，该园几经转手，且有所扩建。明万历年间，礼部尚书、著名书画家董其昌曾在此园中建造了疑舫与四面厅等建筑，还召集文人雅士在此组织园林宴游，自己也时常在此处进行吟诗作画创作。❸ 后因"民抄董宦"事件的影响，原有住处多数被毁。

❶ 蔡肇有诗句："陆机异时宅，故物无复迹。幽幽谷水阳，野水凄馀碧。"[宋]蔡肇，诗一首，无题，录自嘉庆松江府志。

❷ 醉白池官方网站："朱之纯建'谷阳园'、'归老西湖'做隐士"，http://www.shzuibaichi.com/main/news_ts2i_90.html, 2015年12月。

❸《谷水旧闻》中有记载："醉白池尝为董思白觞咏处"。

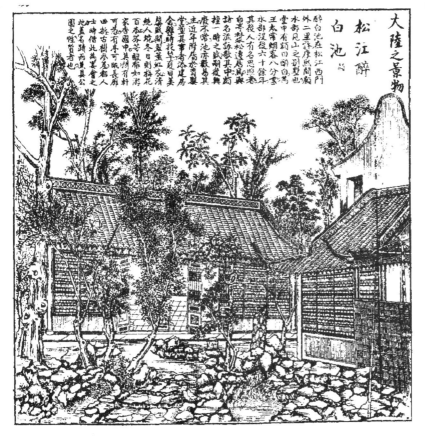

图1.6 醉白池场景
来源：图画日报.上海环球社，1910（248）：1

到清代，这里已经逐渐残破荒废。松江人顾大申在清初（1644—1661年）购得此地，修建别墅花园。[16]280 顾氏于顺治九年（1652年）中进士，官至工部郎中。[16]280 园主博雅喜欢写文章，擅长书法绘画，特别是山水画。后来顾氏在官场失意，便返回故乡松江，开始修园的计划。[16]262 该地位于顾大申住宅西边，全园以一泓池水为主。建造之初水池十分广袤，呈长方形，有3—4亩之大❶，为现存水池的三倍大小。最初池西无围墙，仅仅以篱笆相隔，池南有二三户农家。农家窗户环绕，妇幼洗衣取水，宛若图画。❷ 顾氏仰慕先人的风雅，见苏东坡的《醉白堂记》中提及白居易晚年筑堂于池上，以赏景咏诗歌舞宴游为乐。宋代名相韩琦仰慕白居易，因此在水池上筑堂为游宴之所，取名"醉白堂"；顾大申又效仿韩琦以"醉白池"命名此园。❸

醉白池此后几经易手。❹ 乾隆年间（1736—1795年），该园一度由贡生顾思照所拥有。[16] 清代丁宜福有《竹枝词》描写醉白池："咏波亭子忆思吴，环壁轩窗入画图。水槛虚明风月好，云间亦自有西湖。"❺ 此时醉白池中建筑秀美，景致依然别具一格。到嘉庆二年（1797年），醉白池成为松江善堂公产，设育婴堂于园中。"由于社会动荡，弃婴数量增加，育婴堂规模不断扩大。道光至咸丰年间（1821—1861年），育婴堂购下了河西醉白池的房屋，改建为仓房、仓厅和账房，并增建临街平房，作为办事之用，共计40余间"。❻ 在此期间还重修宝成楼、大湖亭、小湖亭、长廊等建筑。光绪二十三至二十五年（1897—1899年）、宣统元年至二年（1909—1910年），醉白池又进行了两次翻修，新建了部分建筑。1924—1931年，又新建卧树轩，改建乐天轩。[16]280 育婴堂在此处有200多年的历史，因为它身份的特殊性，使得醉白池免遭太平天国与清军交战战火的损毁。❼ 民国初期，这里还一度设有民众教育馆。

抗日战争爆发后，松江沦陷，醉白池中的建筑，大多被改为日式，甚至一度成为日本侵略军臭名昭著的慰安所。[16]280 新中国成立后，醉白池曾改为速成学校与文化馆。1959年，政府将园西60余亩农田划归醉白池，并在原有内园基础上凿池叠山，植树铺草坪，辟为公园。1980年，醉白池又进行了整体整修，形成了现在的风貌。目前，醉白池内园包括雪海堂区、池上草堂区、宝成楼区、碑刻廊子区与玉兰园区五大子园（图1.7）。❽

醉白池虽几经易手、变迁，但难得的是，它是海派古典园林中为数不多的在多次战乱中未受严重损伤的园林。同时，醉白池在早期长时间保留有私家园林的属性，使得其在造园、维护上的成本较低，保存较为完善。醉白池内园建筑密布，古树参天，路径曲折通幽，溪流通而不畅。

作为上海现存不多的宅园之一，醉白池能看到清晰的住宅轴线与园林轴线。园院各半，有一方池塘，有楼阁跨水之上，竹石环绕。园中有真正乡野之气，展现了海派古典园林不一样的风景。

---

❶ 黄之隽撰写的《醉白池记》中有云："池方长，可三四亩，据宅之右。"［清］黄之隽：醉白池记. 录自醉白池官方网站："碑刻文化醉白池记"，http://www.shzuibaichi.com/main/news_ts2i_67.html, 2015年12月。

❷ 黄之隽撰写的《醉白池记》中有云："西吠亩连互，限之以篱，篱疏可眺也。池南两三人家，窗户映带，妇孺浣汲，望若画图。"［清］黄之隽：醉白池记. 录自醉白池官方网站："碑刻文化醉白池记"，http://www.shzuibaichi.com/main/news_ts2i_67.html, 2015年12月。

❸ 黄之隽撰写的《醉白池记》中有云："若白太傅居池上，写乐趣于韵语，景畅熙闲，宛在目捷。韩魏公暴白而筑醉白堂与私第之池。水郡君又仿韩而以堂名其池，池虽不同，其源流可溯矣。"［清］黄之隽：醉白池记. 录自醉白池官方网站："碑刻文化醉白池记"，http://www.shzuibaichi.com/main/news_ts2i_67.html, 2015年12月。

❹ 仇炳台撰写的《醉白池后记》中有云："乃自顾君思照殁后，又易数主"。［清］仇炳台：醉白池后记. 录自醉白池官方网站："碑刻文化醉白池记"，http://www.shzuibaichi.com/main/news_ts2i_67.html, 2015年12月。

❺ ［清］丁宜福，《竹枝词一首》，无名，录自《申江棹歌》[65]。

❻ 醉白池官方网站："醉白池内的育婴堂"，http://www.shzuibaichi.com/main/news_ts2i_107.html, 2015年12月。

❼ 醉白池官方网站："醉白池内的育婴堂"，http://www.shzuibaichi.com/main/news_ts2i_107.html, 2015年12月。

❽ 本书主要研究醉白池的内园部分。

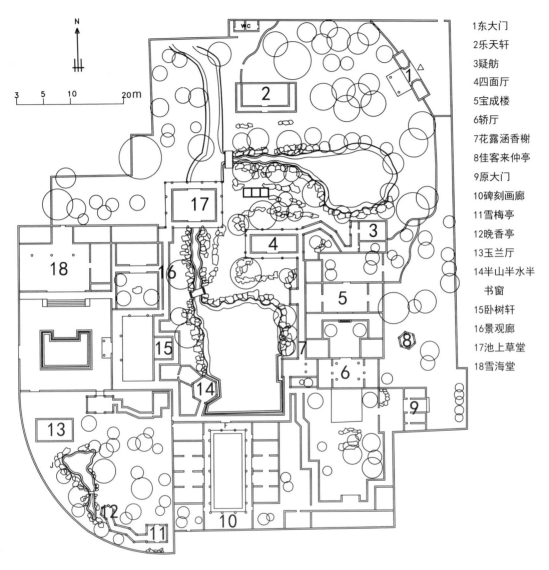

图 1.7 醉白池平面图（参见彩图 8）

1 东大门
2 乐天轩
3 疑舫
4 四面厅
5 宝成楼
6 轿厅
7 花露涵香榭
8 佳客来仲亭
9 原大门
10 碑刻画廊
11 雪梅亭
12 晚香亭
13 玉兰厅
14 半山半水半书窗
15 卧树轩
16 景观廊
17 池上草堂
18 雪海堂

1.2.3 曲水园

曲水园，位于青浦老城东北部，南临公园路，东北侧与护城河毗邻，西侧与城隍庙接壤，占地约 30 亩。园中现有有觉堂、得月轩、御书楼等历史建筑。该园建筑华美，庭院幽静，花木茂盛，山峰仁立，池水明澈。

曲水园最初是青浦城隍庙的庙园。青浦城隍庙始建于明万历元年（1573年），当时有头门、戏台、大殿、后殿、寝宫等建筑。[67] 至崇祯年间，以"昭示报功之典"，封故四川左布政使沈恩为青浦县城隍。[67]695[68] 据光绪《青浦县志》记载，在清乾隆十年与十一年间（1745—1746 年），在城隍庙东侧先后建起有觉堂、得月轩、歌熏楼、迎晖阁等建筑。[67]212 一旁凿小池，叠石其中，架桥于碧水之上,此处供香客小坐休憩,这算是曲水园的雏形。20 余年后,又沿池增设旱舫,舫后建夕阳红半楼、凝和堂。[67]乾隆四十九年(1784 年),在得月轩东深挖池塘堆叠假山,植莲种树,修筑长堤,建造喜雨桥、涌翠亭等景观,使这里成为名副其实的庙园,取名为"灵园"。[16]再进一步建造餐霞亭,又建造偕乐楼、寅曦亭、鱼乐轩等建筑,使得庙园的规模不断扩大。有时从九曲廊登高,凭栏远眺,可见蜿蜒的云间九峰、村落中的烟气,就像在看米芾的画卷一般(图 1.8)。[67]

嘉庆三年(1798 年),知县杨东屏宴请江苏学使刘云房于园中,见景色宜人,刘学使便借王羲之《兰亭集序》中曲水流觞的典故,将灵园易名为"曲水园"。[67]212 当时城隍庙按习俗每年向每个居民捐募 1 文钱,用作造园、养园以及庙宇维修经费,故此园又有"一文园"之称。[16]277

咸丰十年(1860 年)太平军占领青浦,清军与洋枪队会同英法军队于同治元年(1862 年)两度攻陷青浦城,曲水园在战争中毁于炮火,只存留遗址。光绪十年(1884 年)拉开了曲水园与城隍庙重修的序幕,当年重修了夕阳红半楼,并开始营造御书楼。[67]724 光绪十三年(1887 年)重建有觉堂,俗称四面厅。❶ 光绪十五年(1889 年)建得月轩,至此曲水园西部工程完成。光绪十六年(1890 年)起开始园东工程,新建了放生池、荷花厅、凝和堂等。至宣统二年(1910 年)全部恢复了原有景观。在春秋季天气好的时候,男女在此云集,是青浦城中最佳游览之地。[67]724 当时邑人有诗道:"历劫名园阅古今,功成建愿一文心。廿四佳景今复在,松槐银杏百年存。"[65]143

一年后,曲水园改由县公款公产管理处管辖,尽管自建园以来一直作

❶ 另参见钱崇威、沈彭年、金詠榴总纂.民国青浦县续志,引自:中国地方志集成上海府县志辑-民国青浦县续志 光绪青浦县志 影印本[M].上海:上海书店出版社,2010: 06.

图 1.8 曲水园场景
来源:图画日报.上海环球社,1910

为城隍庙的园林对公众开放，它的性质终于由庙园改为公园。1927年，当地士绅捐款在园中修建了假山，并在山顶建景周亭，后改名九峰一览亭[16]277，取意登高可一览云间九峰。期间为纪念国父，曲水园还改名为中山公园。抗日战争爆发后，公园大部分遭日机炸毁，只剩残垣断壁。

新中国成立后，首先于20世纪50年代末对公园进行整修，逐步恢复园景，并在1980年恢复曲水园园名。[16]277 1982年至1986年间，曲水园迎来全面整修，修复了长年关闭的有觉堂、得月轩、御书楼、夕阳红半楼等古建筑，并重建公园大门、清籁山房，新增长廊、垒石，曲水园面貌焕然一新。[16]277整个曲水园有西入口庭院、清籁山房区、荷花池区、凝和堂区、有觉堂区与植物庭院等景区。西入口庭院位于全园西北角，有新建的石鼓文书艺苑，古朴典雅（图1.9）。

图1.9 曲水园平面图（参见彩图11）

1 南大门
2 凝和堂
3 花神堂
4 恍对飞来亭
5 紫藤廊
6 迎曦亭
7 接景廊
8 牡丹亭
9 放生池
10 水月亭
11 邀月廊
12 听橹阁
13 机云亭
14 镜心庐
15 衍圣亭
16 绿波廊
17 养鹤阁
18 咏真斋
19 清籁山房
20 茶室
21 写意亭
22 石鼓文艺书苑
23 石鼓亭
24 西大门
25 竹榭
26 佛谷亭
27 九峰一览
28 小濠梁
29 玉字廊
30 坡仙阁
31 得月轩
32 喜雨桥
33 涌翠亭
34 御书楼
35 有觉堂
36 夕阳红半楼
37 迎仙阁
38 舟居非水舫
39 城隍庙

由上述可知，曲水园经历了太平天国与抗日战争期间的两次磨难，最后得以恢复原貌。全园"以水景取胜"。旧时此园地势开阔，一条溪流贯穿之；期间垒石做山峰；因地制宜在水上搭建小桥、凉亭、平台乃至楼阁间的通道；春秋佳时，游客往往摩肩接踵。[67]724 现在的曲水园同样是以荷花池为中心，池水与护城河相通，山峦叠于池水之上。建筑布局错落有致，自然形成以池前凝和堂为中心的横向与纵向两条轴线。建筑间由垣墙或溪流相隔，却又有曲径相通。因此曲水园具有典型江南园林的特征。但是，曲水园建园之初就属于半公共性的园林，这与很多苏州园林有着明显的差别。由当地邑庙出面募捐来建造园林的方式也可称为一种创新。总之，曲水园贵在水景，以曲水串连全园景致，流水所到之处，或建筑精美或野趣盎然，具有多样性的海派古典园林参观体验。

1.2.4 秋霞圃

秋霞圃位于嘉定老城中心区域，南临东大街，西毗归家弄，北依启良路，占地约 50 亩。园中有西门楼、仪慰厅、桃花潭、舟而不游轩、凝霞阁、环翠轩等历史建筑与古迹。

秋霞圃园林布局精巧玲珑，空间布局雅致（图 1.10）。"总体上诉诸人以宁静而致远、古朴而神秀、典雅而自然的美感"[68]。光绪《嘉定县志》中也有江阴诗人邓钟麟颂秋霞圃诗一首："达人寄兴在山水，叠石疏泉引幽致。径营佳圃名秋霞，丘壑迂回列次第。到来城市俨山林，柳溪花径相攀寻。"[69]620 可见秋霞圃自有山水交映，曲径通幽，建筑散落，花木繁茂的城市山林的特点。

清朝时，秋霞圃在龚氏、金氏、沈氏三家的私家园林基础上与城隍庙合并而成。[16]253 园内建筑大多始建于明代，部分可上溯至宋代。

康熙年间《嘉定县志》对于秋霞圃已有记载，并称其为"极一时之胜，

图 1.10　秋霞圃场景

名人多有题味"。[69]692 龚氏为嘉定望族,该园为龚弘所建。❶ 龚弘28岁中进士,官至工部侍郎,正德十六年(1521年),年过七旬退休,获赐工部尚书,显赫一时。[16]253 期间龚氏因丧父母,居家13年。因此可以推测在此13年期间,以及退休后的五六年间,龚氏着手在城隍庙西、宅第后方[69]613 兴建园林。园林"以山石池沼、曲径廊榭取胜,有桃花潭、松风岗、莺语堤、岁寒径、洒雪廊、百五台、数雨斋诸景。"嘉靖年间,龚氏家道败落,龚氏园被汪姓徽商购得。至万历元年(1573年),龚弘玄孙锡爵乡试中举,汪姓徽商为讨好权贵,又将宅第悉数归还原主。当时,嘉定城中许多名流都在此处饮酒赋诗,游玩宴客。[16]253

❶ 按照《上海园林志》的说法,如果按照龚天定在嘉定城内创设北府书院时间计算,秋霞圃的历史甚至可上溯至南宋后叶。

与此同时,金氏园也在龚氏园北侧建成,并形成规模。金氏园最初兴建于嘉靖年间。万历十年(1582年)金兆登中举时,在住宅旁种满翠竹,又深挖池塘。垒石成山,园中又有柳云居、止舫、霁霞阁、冬荣馆等景观[16]253,金氏园已成气候。

沈氏园在龚氏园东侧,系万历、天启年间秀才沈宏正所建造。[16]253 沈氏得到了部分龚氏园的废圃,在其中营造了扶疏堂、权舟、聊淹堂、开襟楼、闲研斋、籁隐山房、觅句廊、洗句亭、游骋堂等诸多景观[70]620,园林门额上有额匾"十亩之间",为明末书画名家董其昌所书。[69]620

明清交替之际,龚氏后代多参与抗清活动。清顺治二年(1645年),嘉定惨遭清军三屠,龚氏后裔皆守城殉难,龚氏园由此彻底走向败落。此时龚氏园仅剩两堵危墙,住宅与园林也再次被汪某后裔购去。秋日晚霞映在城头、照入园中,景色尤为妖娆美丽,便把园名改为"秋霞圃"。当时园中有松风岭、莺语堤、寒香室、百五台、岁寒径、层云石、数雨斋、桃花潭、题青渡、洒雪廊等十景。[16]254

雍正四年(1726年),秋霞圃改作城隍庙❷后园。[16]254 沈氏园后来归申氏所有,乾隆年间变成城隍祠,之后与秋霞圃合并。[69]620 而金氏园也并入城隍庙后园。此后七八十年内,邑庙后园长盛不衰。乾隆年间,嘉定商业资本得到大力发展,商人因此常在园内集会议事,官府也喜好在此宴客。而庙园本身也对香客开放,游客一时趋之若鹜,秋霞圃也成为实际上的公共园林。在此期间又新建了迎霞阁、碧光亭、即山亭、醉月轩、池上草堂等建筑。咸丰十年至同治元年间(1860—1862年),太平军与清军及"洋枪队"数度在县城激战,城隍庙后园被毁坏殆尽。到光绪二年(1876年)重建池上草堂,光绪十二年(1886年)又建丛桂轩,光绪二十年(1894年)建延绿轩,才使园林逐渐恢复昔日景致。之后又在园中增设茶肆书场,庙中戏台时有地方小戏[16]254,城隍庙庙园一时成为县城中民众娱乐活动的主要场所。此处有嘉定著名诗人钱大昕诗词为证:"刺眼繁花细细开,陌头女伴踏歌来。烧香才罢游园去,延绿轩前薄相回。"❸

❷ 嘉定邑庙原址在嘉定南门附近,到明洪武三年(1370年)才移建于此。

❸ [清] 钱大昕,《竹枝词一首》,无名,录自《练川竹枝词》[65]。

1920年,启良学校迁入邑庙后园,校长发动实业界修建园内建筑,先后整修大门、聊淹堂、游骋堂、彤轩等20余处建筑。八·一三事变后,嘉定沦陷,日伪在此设置办公场所,池上草堂、丛桂轩、延绿轩等园中建筑都成为伪知事的私人住宅。抗日战争胜利后,邑庙一度被占用;之后后园重新拨给复建的启良学校使用,并命名为"邑庙公园",开始逢节假日对外开放。此时园内建筑、景观已经日渐破败。[16]254

新中国成立后,金氏园遗址最初被辟为学校操场。1960年,邑庙后园恢复"秋霞圃"原名。1980年开始,市政府拨款开始修复秋霞圃,一方面根据遗存园林建筑进行翻建或整修,同时对已毁建筑参照相关记载进行原样重建,两期工程到1987年全部结束,并对公众开放。整个园林包括清镜堂区、庙邑区、桃花潭区与凝霞阁区四大景区(图1.11)。

秋霞圃由最初的多家私园,逐渐反复演变为庙园、学校和公园,空间使用性质不断发生转变,展现了海派园林的公共性与兼容性特征。根据康

1井亭
2山门
3城隍庙大殿
4文韵居
5扶疏堂
6彤轩
7聊淹堂
8游骋堂
9数雨斋
10闲研斋
11宾藻风香室
12屏山堂
13依依小榭
14凝霞阁
15环翠轩
16觅句廊
17洗句亭
18亦是轩
19晚香居
20霁霞阁
21西门楼
22仪慰厅
23池上草堂
24丛桂轩
25碧光亭
26即山亭
27延绿轩
28碧梧轩
29观水亭
30补亭
31岁寒亭
32秋水轩
33三隐堂
34柳云居
35清轩

图1.11 秋霞圃平面图(参见彩图14)

熙《嘉定县志》记载，秋霞圃当时只是众多园林中较为普通的一个，此后还在战火中遭到严重损坏，但每次损坏后都能引起有识之士重视。最终形成今天的规模。秋霞圃石山环绕，古木参天，造园艺术独特，各个景观紧密有序地散落在园中各个庭院中，别具一格而不失秩序，是海派古典园林的佳作。

1.2.5 古猗园

古猗园位于南翔老城，南靠沪宜公路，西接古猗园路，东侧毗邻黄泥泾，占地将近150亩。园中有白鹤亭、微音阁、逸野堂、梅花厅、春藻堂等诸多名胜古迹。

古猗园假山、建筑参差相映，水池碧波荡漾，竹林苍翠挺拔，景色如诗如画（图1.12）。正如光绪《嘉定县志》中《怀古诗》所云："危峰突兀列西东，楼阁参差夕照中。金石不磨名士迹，探幽客到把清风。竹树阴森掩四隅，碧池荡漾长青芜。名园依旧分流在，检点云山入画图。"[70]

古猗园始建于明万历年间（1573—1619年）[16]，最初为河南府通判闵士籍所建私家园林。[73]闵氏在南翔广福禅院西侧广植树木，兴建宅园。园的规模有"十亩之园，五亩之宅"之说。[16]该园由嘉定当地擅长山水、叠石的竹刻大师朱三松设计布置，园中亭、台、楼、阁、水榭、长廊皆有，交相呼应。[16][70]闵氏在园内种满绿竹，园名也取其意境，取自《诗经》"绿竹猗猗"一句，因此名为"猗园"。闵士籍去世后，猗园约在明万历末年由李宜之获得。明末清初，猗园又先后为陆、李两姓所有。康熙《嘉定县志》对猗园也有记载，"猗园，在南翔李氏别业。"[70]

清乾隆十一年（1746年），洞庭山人叶锦购得猗园，次年大兴土木对猗园进行重修和翻修，历时一年多落成，改名"古猗园"。园南围墙外有河，门在河北，可以坐船进入园中。[70]园中以逸野堂和戏鹅池为中心景观。山有小云兜、小松岗以及另外两座土山，水有戏鹅池、泛春渠和连通园外的河道，亭有幽赏亭、孕清亭、梅花亭等，轩有鸢飞鱼

图1.12 古猗园场景
来源：古猗园门票

跃轩、西水轩等，楼、阁有环碧楼、翠霭楼、浮筠阁、岭香阁，桥有磬折渡桥、浮玉桥，此外还有春藻堂、清磬山房、坐花斋、书画舫、蝶庵、药栏等建筑，当时，山、水、桥、亭、楼、堂、轩、阁在一园中已经皆备，交相辉映，各有特色。园内除按园名之意广植绿竹以外，还另辟了一个竹圃，强调"绿竹猗猗"的意境。[16]

乾隆五十三年（1788年），嘉定地方人士集资购买了古猗园作为城隍庙的庙园[70]，香客均可入园游览，此时，古猗园已具有半公共性质。嘉庆十一年（1806年），庙园募捐整修。咸丰十年至同治元年间（1860—1862年），太平军南下与清军及"洋枪队"多次在南翔激战，园内建筑也在激战中饱受战火摧残。[16] 战后南翔各行业公所修复一些园中损坏较小的建筑，并新建了一部分建筑作为行业聚会的场所。后来陆续在园内开设酒楼、茶铺、点心店和照相馆，古猗园在当时实际上已经成为一个商业场所，庙园的称呼已名存实亡。[16] 值得一提的是，在古猗园完全商业化期间，诞生了驰名沪上的南翔小笼馒头。在太平军溃败期间被收养于此的黄明贤改良了传统的大肉包子，在点心铺试制紧酵馒头并挑至古猗园内叫卖，并一举成名。

1932年一·二八事变后，日军很快占领南翔，古猗园也被日军侵占两个多月。日军撤退后，古猗园已是面目全非。次年4月，当地爱国人士联合成立了古猗园整理委员会，募得一笔资金对古猗园进行局部修复，并新建补缺亭。八·一三事变后，南翔再遭厄运，园内大部分建筑毁于战火，所剩部分也伤痕累累。抗日战争胜利后，古猗园再次作为公园开放。当地人士又集资对古猗园进行了局部修复，新建部分建筑，栽种花木，但此时园景已不能与昔日同日而语。[16]

1957年古猗园得到局部修复。次年，政府拨款，对公园再次进行了较大规模的整修和扩建，园界向西、南两面扩展，全园面积增至87.6亩。[16] 公园于1959年重新对外开放，同年，云翔寺的一对唐代石经幢和一座宋代石塔迁入园中，成为公园之名胜。此后，古猗园又历经扩建与修缮，20世纪80年代重建逸野堂、北大门，新建幽赏亭、种植桂花、丛竹并进一步扩建，最终基本形成了今日的景观。

目前核心区可分为逸野堂区、柳带轩区、松鹤园区与戏鹅池区等景区。此外，青清园、鸳鸯湖、南翔壁等3个景区为后来扩建的部分（图1.13）。❶

古猗园的演变体现了海派古典园林的典型发展脉络。明清之际由文人造园而兴起，此后经过多次转手与荒芜；伴随着商业的发展，同业公会与商人买下园林交由城隍庙打理，变成半公共性质的花园。战火与日寇多次染指园林，但有识之士总能及时进行修缮，乃至扩大园林规模，终成海上名园。古猗园建筑多临水而起，平面形式丰富，造型多样；观园路径顺建筑、竹林、山石而变化。古猗园旧园部分"虽也属古典园林，但其形态已经旷散"[71]，具有海派古典园林的典型特征。

❶ 由于古猗园现有的空间布局与最初的结构相较变化较大，因此本书主要依据民国时期的古猗园平面布局。研究的范围相当于现在园林中的逸野堂区、柳带轩区、戏鹅池区、竹枝山与梅花厅（部分松鹤园区）等。

1 老正门
2 逸野堂
3 清磬山房
4 春藻堂
5 藕香榭
6 鸳鸯厅
7 白鹤亭
8 柳带轩
9 不系舟
10 绘月廊
11 微音阁
12 鹤首轩
13 梅花厅
14 浮筠阁
15 补缺亭
16 南厅
17 唐经幢
18 采香廊
19 鸢飞鱼跃

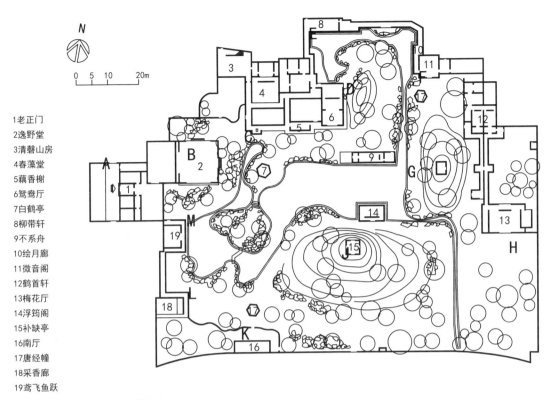

图 1.13 古猗园平面图（参见彩图 5）

图 1.14 古猗园场景

图 1.15 古猗园场景

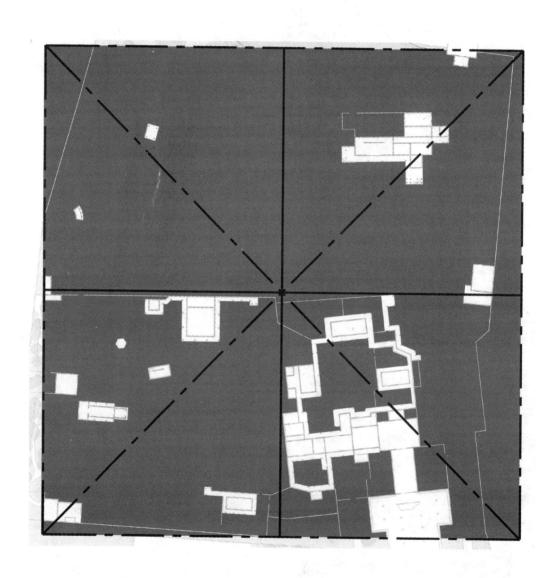

第 2 章 海派古典园林景观叙事的要素

如前文所述，景观叙事载体是指承载景观叙事主题、内涵语义的媒介。景观叙事载体通常具有双重属性：客观存在的物质特征及其唤起主观想象的文学语义。文学语义在园林中主要源自中国的诗文及其意境。

海派古典园林中的叙事要素类型多样，形态各异，寓意丰富。这是构成海派古典园林魅力的重要因素之一。如果没有这些要素，那么海派园林的诗情画意也就失去了依存的基础。

2.1 景观叙事的载体

陈从周先生等学者认为，江南园林的基本组成要素是建筑、山水、花木等，正是这些基本要素构成了一个富有诗情画意的综合艺术品。[1][72] 除了这些景物之外，本书认为，从空间构成及其认知体验的角度来看，还需要上、下两个界面：天景与地景。所谓地景是指地面的铺装景观及其细部图案。"天景"是指天空的自然风光与景色，最初来自唐代孟郊的诗句"长安无缓步，况值天景暮"等。❶ 当然，园林中的地景、天景不同于自然保护区、风景名胜区中的尺度与形态。

基于此，本研究将建筑、花木、山石、水景、地景、天景等六大要素视为海派古典园林的叙事载体。[75] 其中，园林建筑最为常见，隐喻的文学语义也比较丰富（图2.1）。花木是整个海派古典园林的背景色，往往被赋予一定的诗性美学；这是其与西方园林最大的不同之一。山石竖向体量较大，

❶ 源自唐代孟郊《灞上轻薄行》，还有唐卢纶《萧常侍瘿柏亭歌》中的诗句："松间汲井烟翠寒，洞里围棋天景好。"

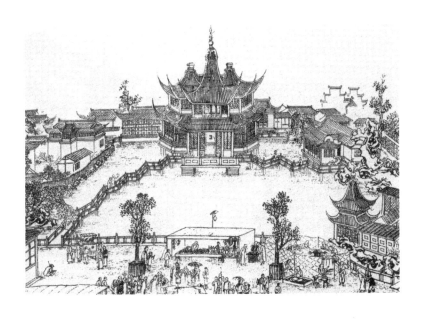

图 2.1 豫园湖心亭场景
来源：童寯.江南园林志[M].
北京：中国建筑工业出版社，1984：138

水景则横向延伸较长;两者通常展现了"虽由人作,宛自天开"的特点,蕴含着特定的文学语义。地景在海派古典园林中是必不可少的叙事载体,被赋予了非常多样化的寓意。天景是通常被忽视的一个叙事载体,在特定的时间以及独特的文学场景中具有积极的作用。

18 世纪,一些西方学者把中国园林和巴洛克视为同一种风格,都有"追求新奇"的特点、奇异的装饰风格,和一种无次序和非对称的美。[74] 而这一点在海派古典园林的景观要素上也有所表现,但与西方巴洛克不一样的是,海派古典园林里的这些叙事要素通常隐含着特定的文学寓意。

2.1.1 景观叙事载体一:建筑

2.1.1.1 建筑的本体功能

海派古典园林中建筑密度相对较大,园林建筑在园林中占据重要的地位。海派古典园林中的建筑往往类型多样,造型丰富,甚至奢华。园林建筑除了会客、居住、写剧本、对弈、读书、藏书、逗宠物等功能外,还有设宴演戏、饮茶叙友、祝寿祭祖、节庆聚会、艺术品买卖、行会办公等。随着城市公共性与商业性的发展,海派古典园林中的建筑也包容越来越多的功能、事件与活动,如政治家的演讲等。也就是说,各种功能的园林建筑都是每一个园林空间格局中的重要节点,见证了不少历史故事(图 2.2—图 2.6)。

图 2.2 豫园建筑分布图

海派古典园林中的建筑单体按照其规模大小总体上可分为三类:规模较大的主体类建筑,规模居中的次要建筑及规模较小的小品类建筑(表 2.1)。[73]

主体建筑包括楼、阁、厅、堂、观、殿等类型。海派古典园林中此类建筑一般体量大,造型丰富,通常设置比较正式的功能,位于园林中的重要位置或者构图中心,也是主要的景点。

楼,既是重要的景点,又是观景点。海派古典园林中楼的体量较大,层高 2—3 层,装饰华丽,以显示主人的权贵。如醉白池中的宝成楼(图 2.7),为五楹两层建筑,面积为 429.5 平方米,楼前悬挂郑为书写的"宝成楼"匾。[16] 宝成楼原是园主住宅,雕工精细,是园林中的重要建筑。

图 2.3 醉白池建筑分布图

图 2.4 曲水园建筑分布图

图 2.5 秋霞圃建筑分布图

图 2.6 古猗园建筑分布图

阁，外在形式及空间结构与楼比较接近，主要用于休憩、远眺、供佛与藏书等。例如豫园中的听涛阁即为坐北朝南的两层建筑（图 2.8）。"听涛"取此处临近黄浦江，可聆听涛声之意。目前主要作为书画展和文物展的展厅。

（厅）堂，为园林宅第中的主要建筑，通常作为宴请、接待、聚会和治事之用。海派古典园林中此类建筑平面多样，造型高大，装饰精美。通常选择在园林的主要位置安排堂，并与水景主山相呼应。例如古猗园中的逸野堂为全园重要建筑，南侧有水景与山景（图 2.9）。此堂初建于明代，1937 年毁于战火，1980 年重建，坐东面西，三楹，高 7 米，面积为 133.2 平方米。[16] 原为园内主厅，是园主接待宾客的场所，堂名"逸野"，表达了园主平静安逸的生活追求及隐逸为高的思想境界。"逸野堂"匾额由著名书法家唐云所书。❶

❶ 参考古猗园官网 http://www.guyigarden.com/sites/guyiyuan/guyiyuan/Navigat.aspx?ctgId=da499fba-1b35-4b9d-8499-6e7b7b6874a7，2018/03/20

次要建筑包含轩、斋、榭、舫等。海派古典园林中的次要建筑和厅、堂等主体建筑相比，具有更多的灵活性，造型杂糅，对园林空间组织和园林景观塑造起着重要作用。

轩，有敞廊的园林建筑，体形相对小巧，用以观景、休憩。海派古典园林中的轩或位于临水开敞之处或居高临下。如醉白池中的乐天轩。乐天轩位于园内河道北支流的东面，三侧回廊，旁丛植慈孝竹，北侧大树参天，轩前怪石嶙峋，环境十分幽静。[16] 最初的功能是书房、绘画以及留宿客人的住处。轩中高挂"乐天轩"匾额，"乐天轩"之名取自白居易的字"乐天"。轩外还有一副楹联："画廉高卷迎新月，缃帙闲翻对古人"。乐天轩改建于1912 年，后侧有三面花窗看向绿茵（图 2.10）。

斋，与堂相比，环境更加幽雅僻静，有斋戒之意，用以读书、静修、养心。海派古典园林中的斋没有固定形式，风格朴素，设置于幽深静谧之处。如曲水园中的咏真斋，位于绿波廊北，园中隐蔽的一角，临水而筑。此斋为硬山顶，是园中最朴素的建筑（图 2.11）。

榭，一般畔水而立，建筑物局部或全部跨入水中，给人以轻盈灵动的美感。如豫园中的鱼乐榭，位于园西北部，横跨于溪流之上。鱼乐榭一边为有漏窗的花墙，墙下有半圆洞门，溪流穿洞门而出；另一边有围栏，游人可凭栏观鱼（图 2.12）。[16]

舫，仿造船的造型的建筑物，供人游玩设宴、观赏景色。海派古典园

图 2.7 醉白池宝成楼

图 2.8 豫园听涛阁

图 2.9 古猗园逸野堂

林的舫设置灵活多样，有的在水边，也有的在旱地上。如秋霞圃中的舟而不游舫，也称池上草堂（舟而不游轩），位于桃花潭西南岸，南向，三楹两披，面山背水。此舫始建于道光、咸丰年间，后于光绪二年（1876年）和1982年重修[16]，舫内有"一堂静对移时久，胜似西湖十里长"的对联，是对舟而不游舫周边景色的赞许（图2.13a）。又如豫园中的亦舫，位于翠秀堂东墙外，是建在陆地上的舫形建筑，塑造了一种隐逸于都市山水之间的情趣（图2.13b）。[16][17][18]

小品建筑包括亭、廊等，以休憩赏景功能为主，在场景中点缀景致。海派古典园林中的亭廊形态自由，大小尺度不一。

亭，有屋顶没有门窗的小型开敞建筑，用以驻足休憩、停留观景。造型没有定式，大多对称。海派古典园林中的亭子形式多样，八面玲珑，形态千姿，布局灵活，因地制宜，与自然景观融合、渗透。如古猗园中的白鹤亭（图2.14a），曲水园的小濠梁（图2.14b），都位于园林构图的重要位置，可点缀园景，同时也都具有很好的视野，是园中重要的景点和观景点。

廊，一种有顶的线形通道，在海派古典园林中起到连接建筑物或者景点、遮风避雨、组织交通的作用，同时也可以分隔空间、引景造景。如豫园中的复廊，复廊中央以墙分隔，两边皆可行人，故名"复廊"。廊的分隔墙上设形状不同的窗洞，两侧行人可互看对面景色（图2.15）。廊西端有方亭，

图2.10　醉白池乐天轩

图2.11　曲水园咏真斋

图2.12　豫园鱼乐榭

图2.13a　秋霞圃舟而不游舫（池上草堂）

图2.13b　豫园亦舫

东端为两宜轩,"亭—廊—轩"组合成景,饶有趣味。[16]

上述各类建筑尽管位置不一,形态各异,大多具有两个基本功能,一是看景或者被看,二是组构空间塑造场景。

海派古典园林中的建筑单体类型及其空间分布　　　　表2.1

	豫园	醉白池	曲水园	秋霞圃	古猗园
楼	卷雨楼、万花楼、藏宝楼、快楼、得月楼、藏书楼、涵碧楼	宝成楼	御书楼		
阁	听涛阁		听橹阁	凝霞阁、霁霞阁	浮筠阁、微音阁
堂	玉华堂、和煦堂、点春堂、翠秀堂、三穗堂	学海堂、池上草堂	花神堂、有觉堂、凝和堂	三隐堂、游骋堂、聊淹堂、屏山堂、扶疏堂	逸野堂、春藻堂
轩	九狮轩、静宜轩、两宜轩	卧树轩、乐天轩	得月轩	清轩、秋水轩、亦是轩、彤轩、环翠轩、延绿轩、碧梧轩、丛桂轩	柳带轩、鹤首轩、鸢飞鱼跃轩
斋			咏真斋	数雨斋、闲研斋	
榭	鱼乐榭	花露涵香榭、莲叶东南榭	竹榭	依依小榭	藕香榭
舫	亦舫	疑舫	舟居非水舫	舟而不游舫	不系舟
廊	积玉水廊、复廊	碑刻画廊	玉字廊、绿波廊	觅句廊	绘月廊、梅花碑廊
亭	别有天、会心不远亭、挹秀亭、洞天福地、凤凰亭、跂彴亭、耸翠亭、流觞亭、听鹂亭、井亭、望江亭	半山半水半书窗亭、佳客来仲亭、雪梅亭、晚香亭	机云亭、恍对飞来亭、涌翠亭、迎曦亭、小濠梁	补亭、岁寒亭、洗句亭、观水亭、碧光亭、即山亭	补缺亭、白鹤亭

图2.14a　古猗园白鹤亭

图2.14b　曲水园小濠梁

图2.15　豫园复廊

2.1.1.2　建筑的叙事媒介

海派古典园林建筑中的匾额和楹联,与江南园林有异曲同工之美,对于文学意境的表达具有画龙点睛的作用。每一个建筑物都有一个名字及其匾额。这如同一个人,每一个人均要有一个名字(图2.16)。由于海派古典园林中建筑布局相对密集,因此相应的叙事媒介也比较丰富多样。

匾额一般悬挂在建筑入口上方门顶上,或建筑厅堂内正面墙壁上;楹联则是书写在建筑前廊柱子上的对联,该柱也称为楹柱。海派古典园林匾额的词语及其墨迹常常源于名人名家,楹联的内容通常描述景观和审美感受,帮助游人领会、想象场景中所希望表达的意境。

例如,醉白池中的池上草堂始建于清宣统元年(1909年),堂前原有清初画家王时敏题写的"醉白池"隶书匾,后毁于"文革",现匾为程十发重题(图2.17)。"醉白池"匾额取意自苏东坡羡慕白居易晚年筑堂池上而写的《醉白堂记》。宋代名相韩琦仰慕白居易,自己也在水池上筑堂,作游宴之用,取名"醉白堂"，园主顾大申又效仿韩琦以醉白池命名园名，而得此名。草堂中还有一横匾，为"香山韵事"。堂中有对联："韩公高意题醉白，顾氏雅名仿清池"。堂外楹柱上还有对联："秋月春光当前佳句，法书名画宿世良朋"。[16] 池上草堂设置巧妙，横架于河道之上；并且四周带环廊，立面上皆铺装采光极佳的木制格栅，四面通透，视线极佳，为游客塑造了一种感悟对联所描绘意境的体验场所。

豫园中鱼乐榭则通过对联"鱼乐人亦乐，水清心也清"表达了鱼乐榭给游人带来愉悦的心理感受。

因此，匾额和楹联，通过具有一定文学意义的文字、诗词，描绘场景诗画的意境，对唤起游者的情感认知与审美体验产生了重要作用，将场景中重要的构成元素再次诠释，用文学的意象性来进一步强化园林主题（表2.2）。如豫园中的万花楼就有"莺莺燕燕，翠翠红红，处处融融恰恰；风风雨雨，花花草草，年年暮暮朝朝"的楹联。与万花楼的"花"与"幸福"的主题有很好的对应。"翠翠红红"、"花花草草"体现了万花楼"百花盛开"的美好场景，而"处处融融恰恰"、"年年暮暮朝朝"则表达了园林主人们幸福融洽的生活状态（图2.18）。还有不少景园建筑则采用了多种叙事媒介。

图 2.16a　豫园匾额

图 2.16b　醉白池匾额

图 2.16c　曲水园匾额

图 2.16d　秋霞圃匾额

图 2.16e　古猗园匾额

园林中代表性建筑类型及其楹联　　　表 2.2

园林	建筑	楹联
豫园	万花楼	莺莺燕燕，翠翠红红，处处融融恰恰；风风雨雨，花花草草，年年暮暮朝朝
	鱼乐榭	此即濠间，非我非鱼皆乐境；恰来海上，在山在水有余音
	点春堂	桂馥兰芬，水流山静；花明柳媚，月朗风清
醉白池	四面厅	皕年兴复池为鉴，异代风流石可扪
	疑舫	苍松奇柏窥颜色，秋水春山见性情
	半山半水半书窗亭	竹树漏光藏曲径，亭台倒影落芳池
曲水园	凝和堂	碧水绿廊凝月至明；清心怡景和熙是贵
	小濠梁	人游濠上知鱼乐，客处山中悟鸟欢
	舟居非水舫	脚下终无狂浪起，眼前却有碧溪洄
秋霞圃	凝霞阁	楼高野兴多诉皓月而长歌但觉清风满堂，心超诗境外凭轩槛以遥望惟见远树含烟
	晚香居	涉趣溪边枕流漱石过砚室即山松风岭僻通幽径，碧光亭畔延绿归云沿草堂花树丛桂轩昂对曲桥
	碧梧轩	四面环峦大地烟云此独静，十年树木洛阳花草与同春
古猗园	白鹤亭	欲问鹤何去，且看春满园
	不系舟	十分春水双檐影，百叶荷花七里香
	逸野堂	古木葱茏飞鸟止，涟漪荡漾任鱼游

2.1.1.3 建筑的语义功能

园林建筑的文学语义并非游离于物质属性之外独立存在的，而是与建筑造型虚实映衬、互动呼应。统计发现，海派古典园林中，每一个建筑至少有一个匾额与对联，有的甚至拥有6—7个之多。

这样的例子举不胜举，例如古猗园的不系舟。该建筑位于古猗园最中心的戏鹅池场景边，匾额题名"不系舟"为吴中书法家祝枝山手书。[16] 传说祝枝山特别喜爱竹子，与园主人石舫畅谈，欣然为石舫写下"不系舟"三字。❶ 最能表达这一建筑文学语义的是建筑两侧的一副对联："十分春水双檐影，百叶荷花七里香"，实际的场景形象直观地展现了这样的景象。到了春天，水面宁静如镜，不系舟的白墙、灰瓦、重檐、红木门窗在阳光下映入水中，这映射了对联中的第一句；到了夏天，满池的荷花争相开放，阵阵清香随着微风飘散到整个园子里，这与对联中的第二句相映衬。也就是说，楹联的语义与游客所能感知到的景观相呼应，形成了美学体验与文化韵味。

不妨再以曲水园的镜心庐为例来印证一下。镜心庐上有一楹联，为"野草开花留春几日，苍藤古木着意千年"。与之相呼应的造园策略是：镜心庐选址在整个园子大假山的北侧较为隐蔽的区域，周边种植树木花草，在东面内院种有藤蔓植物，从而塑造了一种与对联相匹配的意境。游客在各种景观要素的综合催化下，加上楹联的语义引导，能够唤起对特定意境的想象与美学体验（图2.19）。

❶ 不系舟最初出自唐朝白居易的《适意》诗之一："岂无平生志，拘牵不自由。一朝归渭上，泛如不系舟"。

2.1.2 景观叙事载体二：花木

2.1.2.1 花木的本体功能

无木不成园。花木是园林中不可缺少的叙事载体。海派古典园林中的花木通常包括乔木、灌木、花卉以及盆景植物等。在园林中，除了调节气候的生态作用之外，花木还可以分割空间、框景、造景等作用。[73]

花木作为场景的点题景物或者作为主题场景的柔性边界，有虚有实，有围有透，形成视觉层次。这种不确定性增添了视觉体验的层次与趣味。如秋霞圃中的丛桂轩场景，有诗道"小山北耸树阴笼，丛桂轩开面面风"。轩前遍植桂花树，映衬了诗句，响应了场景主题。桂花树长年绿叶扶疏，透过桂花树丛可以隐约看到后面的主体建筑，形成朦胧缥缈的视觉感受（图2.20）。

图2.17a 醉白池堂　图2.17b 醉白池文学媒介　　图2.18a 豫园万花楼　　图2.18b 万花楼楹联

园林中的各种花木形成了一个形态不同、高低不等的轮廓线[75]，塑造特色风景。如曲水园边界处沿水廊的植被林冠线形成了园林与城市之间的边界风景。雪松等浓密的植物作为背景衬托了前面的水廊和建筑，同时有效阻断了游客的视线，使园林内部空间更加私密（图2.21）。

有特殊观赏价值的树木花草、古树名木，其自身可成为主景，形成所在空间的视觉焦点。如豫园万花楼前的古银杏树有430多年的历史，树高约26米，树冠约14米。冬天无叶，显得非常挺拔苍劲（图2.22a）。静观大厅前的白皮松，树高6.2米，冠幅7.2米，树龄已有200余年，枝叶茂盛，每年开花。[16]树木本身是一景，透过树木的空隙可以看到后面的建筑，相互衬托与呼应。

花木还有一个独特的作用是塑造立体绘画（参见图0.24）。以白墙为背景，配以自然光影，以树枝为媒介，合成中国画的感觉。豫园鱼乐轩对景处的水花墙，前面配置了高大的芭蕉，形成了一幅三维的中国画（图2.22b）。海派古典园林还有独特的盆景艺术，通过栽种、剪裁盆景树木，刻意塑造一种形态、一种画境（图2.23）。

2.1.2.2 花木的语义功能

园林花木的文学语义大致可以分为3种情况。第一种，花木本身成了园林诗词的题材；第二种，花木与其他景物共同形成特定诗意场景；第三种，花木作为整个园林的主题线索来表达文化意境。园林中以花木为题材的诗词甚多，它们被赋予了特殊的文化象征意义，如牡丹象征富贵、松树代表

图 2.19a 曲水园镜心庐

图 2.19b 曲水园镜心庐匾额

图 2.20 秋霞圃丛桂轩一景

图 2.22a 豫园古银杏景观

图 2.22b 豫园鱼乐轩芭蕉景观

刚劲、竹子隐喻谦虚等（表2.3）。借助院墙、水景、光影等衍生出有诗意的场景，引发人们展开更深层次的联想。

如前文中提到的水花墙与芭蕉形成的不仅是美景，同时塑造了"此即濠间，非我非鱼皆乐境；恰来海上，在山在水有遗音"的诗意。上文列举的豫园万花楼前有古玉兰、古紫藤、盆景以及建筑漏窗的梅兰竹菊图案，共同塑造了"万花深处隐，安一点、世尘无"❶的意境，让游客体验"春风放胆来梳柳，夜雨瞒人去润花"❷的场景。这些花木形成了豫园"花木阴翳，虚槛对引"的独特风景，也回应了豫园的"愉悦"主题，在风景中赏心悦目。

❶ 源自宋代诗人张炎写的词《木兰花慢》。

❷ 原为郑板桥故居中堂写的一副楹联。

花木在海派古典园林中扮演了一个独特作用——作为主题。比较典型的例子如古猗园。园林的主题源自《诗经·淇奥》："瞻彼淇奥，绿竹猗猗"。"猗猗"指竹的形态与气质。竹子是四季青翠的常绿植物，造型坚韧、挺拔，同时又有正直、刚正不阿的气质。竹子是园林的主题，整个园子遍植各种类型的竹子。设计师朱三松本身就是竹刻家，对竹有独特的情感。为了充分体现这种文学语义，设计师在园中遍植绿竹。另一方面，这种独特的花木造景，又引发了建成之后不同时期游客关于竹的文学描述。例如，清代施嘉会在《猗园怀古》中描述："竹树明林罨四隅，碧池潆漾长青芜"。这展现出有形的竹景、建筑与无形的竹影、色彩共同塑造的一种幽静、生动的空间情境（图 2.24）。这逐渐成为南翔的一个文化基因，影响着南翔人居环境的塑造。[76]

除了文学语义之外，园林树木还有传说故事，特别是古树名木。如豫园万花楼前面的银杏古树，据说是潘允端父亲潘恩所栽。[22] 古树让人怀想潘恩为人正直，曾为明代进士，官至工部尚书、左都御史的生平经历。

图2.21 曲水园植被边界景观

图 2.23a 醉白池海派盆景

图 2.23b 醉白池盆景园

图 2.24a 古猗园南苑处绿竹

图 2.24b 古猗园荷风竹露处的绿竹

园林中的代表性花木及其文学语义　　　　　　　　　表 2.3

园林	代表花木	文学语义
豫园	桂花、兰花、柳树	桂馥兰芬水流山静，花开柳媚日朗风清
醉白池	紫花牡丹、女贞、古樟树	花露涵香、卧树轩前的卧树、先聚浓荫绿一世，再朝天地散芳香
曲水园	白玉兰	何年玉兰树，高与层楼齐
秋霞圃	青松翠柏（延绿轩）	延年益寿、长乐（吴方言中，"绿"与"乐"同音）
	古银杏（即山亭）	树老化龙易，亭高得月多
	金桂	桂树丛生兮山之幽
古猗园	竹子、荷花、梅花	绿竹猗猗、百叶莲花七里香、脚踏梅花

来源：杜力绘制

2.1.3 景观叙事载体三：山石

2.1.3.1 山石的本体功能

一石一春秋。园林中的山石有独特的景观要素，有自然的力量，特别是太湖石，既有时间的积淀，又有人工的痕迹。这些山石在庭园中主要扮演造景、限定空间的作用。海派古典园林中，以张南阳为代表的叠石家们，模拟自然山水，通过各种叠石手法，塑造一种崇山峻岭的意境，使得叠石造景成为一种时尚（图 2.25）。

豫园大假山就是一例。该假山是由明代江南叠石名家张南阳设计建造，高约 14 米，由数千吨浙江武康黄石堆砌而成[16]262，如图 2.26 所示。据园主所著《豫园记》中记载，假山陡峭而不平，秀美而光滑，十分适合观赏。出了关侯祠（现已不存）往东便步入假山，时上时下，曲折前进。时而成山脊，时而成山峰，时而成水沟，时而成山洞，时而成深谷，时而成水桥，时而成浅滩，变化繁多，各具其趣。山腰有山神祠（现已不存），东边有朝北的亭子，名曰"挹秀亭"。此亭刚好在山间的平地，向下看是大池，与乐寿堂（今三穗堂）遥遥相望。山路走到此处，刚好可以稍作停留。从亭往东走可以看到一个大石洞，阴暗幽深，宁静深邃，几乎可以与宜兴的张公洞、善卷洞相媲美。由洞口抬头而出可见一庵（现已不存），出庵门便可看到雄奇的山峰矗立在眼前，仿佛游于树林之间，又似驰马取乐，云雾笼罩遮挡了月色，此处已是山峦之巅。再俯瞰溪水山石，亭台楼馆，就如在空中俯瞰人世间！[63]910 今日山色还似昨日，山峰起伏，气势雄伟。

除了大假山之外，海派古典园林中通常利用山石作为界面元素，与建筑墙体组合起来，限定、

图 2.25 豫园大假山
来源：童寯．江南园林志[M]．北京：中国建筑工业出版社，1984：137

围合庭院空间，形成与人工院墙不一样的风景，给庭院景致增添天然之趣。与此同时，以石为绘，白墙粉壁为纸，塑造一种独特的诗情画意。[73] 这种绘画式的景石在海派古典园林中有单独设置的，也有若干块设置的；有设置在实际的园林环境中的，也有作为盆景出现的（图2.27）。

2.1.3.2 山石的语义功能

"一花一石，位置得宜，主人神情，已见乎此矣"，清代文学家李渔的诗句点明了山石的灵性。造园者将自己的一种情感寄托于特定的山石之中（表2.4）。

园林中的代表性山石及其文学语义 表2.4

园林	代表性山石	关联的文学语义
豫园	玉玲珑	压尽千峰耸碧空，佳名谁并玉玲珑。梵音阁下眠三日，要看缭天吐白虹
醉白池	凌霄廉石	为官十载无家财，青石压船抗风浪
曲水园	福禄寿三石	寓意福、禄、寿
秋霞圃	三星石	酷似老态龙钟的福、禄、寿三星
古猗园	白鹤石	白鹤南翔去不归，惟留真绩在名基，可怜后代空王子，不绝熏修享二时
古猗园	五老峰	《五老弹琴》传说

来源：杜力绘制

山石不仅展现了"虽由人作，宛自天开"的美景，同时通过主体建筑、水景、石刻及诗文、书法、匾额等文化要素进一步提升烘托主题。海派古典园林中，常以石作为主景构成庭院（图2.28—图2.30）。石不仅是视觉构图的焦点，也是庭院的文化主题，对整个庭院场景起着主导作用。主体建筑、景廊、水面等各种要素有意识地与这一景石构建关系，从而塑造了"片山有致，寸石生情"的诗情画意。

豫园玉华堂的玉玲珑为江南三大名石之一（图2.27a）。该石高约3.5米，具有"瘦、漏、透、皱"之美。此石是潘允端豫园旧物，其所作《豫园记》中便有奇石"玲珑玉"的记载："循墉东西行得堂，曰'玉华'，前临奇石，曰'玲珑玉'，盖石品之甲，相传为宣和漏洞，因以名堂"。崇祯《松江府志》也有记载，潘氏为建园将此石从乌泥泾朱尚书家移至此地，"秀润透漏，天

图2.26 豫园大假山实景局部　　图2.27a 豫园玉玲珑　　图2.27b 秋霞圃石景　　图2.27c 醉白池石景

① 在童寯编著《江南园林志》中，转述李渔的说法提出了江南三大名石的叫法，其中玉玲珑四面有眼，"漏"也。《闲情偶寄》中提到"言山石之美者，俱在透、漏、瘦三字。……石上有眼，四面玲珑，所谓漏也"。

② 来自明代王世贞诗句。

巧宛然"，比昆山的龙头石更秀美而高耸，必然是隋唐时的遗物。[77] 玉玲珑的独特是石中百窍相通。据说从石顶倾倒一盆水，会孔孔汩汩流泉；从石底洞内焚一炉香，会窍窍袅袅出烟。[16]265 "漏"是玉玲珑最大的特点：漏也，玉玲珑四面有眼。❶ 玉玲珑体态优美，玲珑剔透；"左右辅以两石，亦具透漏"[78]，石前有清池，映出其倒影，石后有照壁，壁由磨砖饰面，上做小瓦顶，背面嵌有"寰中大快"四个砖雕篆字，为普天同乐的寓意。这样的场景处理一方面使得游客有较好的观赏效果，另一方面呈现了"压尽千峰耸碧空，佳名谁并玉玲珑。梵音阁下眠三日，要看缭天吐白虹"❷ 的文学意境，再现表达了园林主题——回归自然的、天人合一的"愉悦"。

这样有语义的景石在海派古典园林中还会与一定的功能结合起来，形成很好的多义性。如秋霞圃中有一景石，名为"横琴"，其形态与肌理像一把琴，胜似"此时无声却有声"，其实也是一个石凳，可以坐着休息一下。

2.1.4 景观叙事载体四：水景

2.1.4.1 水景的本体功能

池水景观是海派古典园林的一大特点。五大古典园林中，水体占整个园林面积中的比重均较高，达到全园的11%—40%。[16] 水体有人工的方池，也有自由的河道、弯曲的溪流，同时不乏池、潭、湖等。可见"水"这一要素，在海派古典园林造景中具有重要作用（图2.31—图2.35）。

海派古典园林由于空间有限而布局紧凑，水景可以增加空间的层次与观景效果。一方面水中的植物以及池鱼是一种变化的风景，另一方面水中的倒影拓展了空间体验。

例如，醉白池的池上草堂区主景就是一个方形荷花水池，面积达700平方米。池塘建造之初极为广袤，面积为现存醉白池池塘的三倍大，西侧最初也无围墙，仅仅扎有篱笆，篱笆之外便是田园牧歌。清末民初，育婴堂设于此处时，填没了南池的部分水池建造房屋，便形成了醉白池今天的规模。池中有荷花，入夏盛开满池，这就是著名的"醉白清荷"。东侧的回廊上有两座半亭，分别是花露涵香榭和莲叶东南榭，是欣赏"醉白清荷"

图2.28 古猗园五老峰

图2.29 秋霞圃三星石

图2.30 醉白池凌霄廉石

的上佳之处。从池西望去，池水清澈，湖石嶙峋，回廊通透，檐角飞扬，白墙黑瓦，绿树成荫，自成一幅幅四季不同的绝美的风景画（图2.36）。这些实景与《池上篇》形成对照："有水一池，有竹千竿，有亭有桥，有船有书。"[79] 醉白池以"池塘"水体为主要文学载体。在实际造园中，主要的园林建筑也是以醉白池为中心来布局，还原诗中的场景。

通常，湖面可以将四周景色倒映出来，丰富游人的视觉感受；在不大的园子中形成相对开阔的水面，容易使人产生豁然开朗的感受，具有小中见大的效果。由于水面可看不可通行的特点，增加了游览路线的曲折性，塑造望景、寻景、看景的视觉张力，增加了审美体验的距离感与趣味性。海派园林中通常在水面周边布置若干个主题建筑——堂、轩、亭等，与水面呼应，既是景点，又是观景点（图2.37）。另外，池鱼构成了海派古典园林水景的一大特点。水池中放生各种景观鱼，不仅为海派诗画提供题材，同时，与人对话，增加灵动，增加海派园林的体验性。

2.1.4.2 水景的叙事语义

园林中的水包容万象，是诗情画意的源泉，隐含了丰富的文化意义（表2.5）。水景的文学性来自几个方面：第一，海派古典园林中的主水大多有名称，与相应的主题和主体建筑相呼应。例如，豫园的湖心亭/会景池、醉白公园的醉白池、秋霞圃的桃花潭、曲水园的荷花池/莲花池、古猗园的戏鹅池等等，这些名称被赋予了文学意义；第二，水景中丰富的时空景象，水中有荷花、莲花、池鱼等，有诗画相称；第三，水池周边设置一系列有故事的载体，如临水建筑、桥、山等景，包括彩云、月亮等天景，这所有的一切被水面集合在一起，和谐地呈现在水面画布上，时而淡彩，时而油画，映射为一幅幅真实、精彩的图画，让游客去赋诗。也就是说，这种诗性不是静态的，而是动态的、互动的。值得一提的是，海派古典园林的文学主题大多呈现在水景之处，最精彩的景点也与主水面有关，通常放养池鱼（图2.37a）。

例如曲水园"曲水流觞"的主题场景在中心荷花池。池畔西侧设有长堤与喜雨桥，围绕池水设有"涌翠"、"迎曦"、"小濠梁"等景观建筑。这一系列的建筑与其场景均纳入了曲水园的"二十四咏"。有描绘迎曦亭的诗句"红日升东隅，孤亭翼然跂。满园金碧辉，都在照样里。譬若月之得，亦如雨之喜"；有描写喜雨桥的诗句"雨志一时喜，桥垂千载名。蜿蜒亘玉蝀，夹堤双镜明。晓日弄新霁，溶溶绿波生"。而整个场景展现了这样的景观："源头通活水，一鉴方塘开。天光杂云影，梁间波潋洄"。由此可见，每一个建筑与水景关联，相互衬托，共同塑造"天光云影"的意境（图2.37e）。

图2.31 豫园水景分布平面

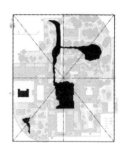
图2.32 醉白池水景分布平面

图2.33 曲水园水景分布平面

图2.34 秋霞圃水景分布平面

图2.35 古猗园水景分布平面

园林中的代表水景与其文学语义　　　　　表 2.5

园林	代表水景	文学语义
豫园	会景池畔	曲槛遥通沧海月，虚檐不隔泖湖云
醉白池	醉白清荷	水是香醪土是糟，白池花树亦诗豪。枝枝叶叶皆含醉，惹得游人乱步摇
		醉白池水清且连，池中荷叶何田田；风吹花香扑人鼻，清气勃勃生筵前
曲水园	大荷花池	源头通活水，一鉴方塘开。天光杂云影，梁间波潋洄
秋霞圃	桃花潭	莲叶田田凭尔戏，果然鱼乐有谁知。看到亭亭万柄荷，朱华翠盖映碧波
古猗园	戏鹅池	竹山映春色，鹅池寄情意

来源：程绪珂等，2000

2.1.5　景观叙事载体五：地景

这里的地景主要是指可行区域的地面，如园路、广场、零星场地等。这一部分占用园林用地约 10%—20%（表 2.6）。在园林中，为了强化主题、增强体验，有限的地面也被高效地利用了。在建造过程中同样遵循"因地制宜"的基本原理，塑造文化情趣。

图 2.36a　醉白池水景（春季晴日）

图 2.36b　醉白池水景（夏季阴天）

图 2.36c　醉白池水景（冬季雪后）

图 2.37a　豫园中心水景

图 2.37b　秋霞圃桃花潭

图 2.37c　古猗园戏鹅池

图 2.37d　曲水园莲花池

图 2.37e　曲水园水景

2.1.5.1 地景的物质功能

地景的物质功能比较常见的是通过不同材料、大小尺度、肌理等来编织铺地，从而引导步行、散步休闲、连接庭院等（图2.38）。在海派古典园林中，能工巧匠在平凡的铺地工作中，以地面为画布，充分发挥智慧，展现了超脱的技艺。

通常在海派园林中，地面的形式有三种：块状的庭院场地（包括建筑前广场，图2.39）、线性的步道（包括游廊，图2.40）、桥梁与堤岸（图2.41）等。在不同建筑前面、不同功能区、不同主题处，采用不同风格的铺装，或端庄或严肃或活泼或祥和等等，与相邻的建筑相匹配（图2.42）。

地面在园林中的面积占比					表2.6
	秋霞圃	古猗园	豫园	醉白池	曲水园
地面占比	12.38%	15.03%	18.89%	7.80%	9.34%

来源：程绪珂，王焘．上海园林志[M]．上海：上海社会科学院出版社，2000:253-280

2.1.5.2 地景的语义功能

地景的叙事语义主要来自园林地面的铺装图案。在海派古典园林中，这样的图案形式多样，内涵丰富。这些图案大多与窗花同构异型，展现地方的传统文化，也有紧紧扣住园林主题的。通常利用方砖、黄石、青石、陶瓷片、红缸片、青砖、灰瓦等各种材料，通过拼花、镶嵌、凹线等铺做方法，来构成蝙蝠、梅花鹿、松鹤等富有寓意的图案（图2.43）（表2.7）。

在豫园，点春堂的地面镶嵌了"五福捧寿"的图案；无独有偶，在内园的地面上，以四只蝙蝠围绕着梅花鹿，并配以寿字等图案，寓意"福禄寿富"

图2.38 曲水园地面铺装

图2.39a 秋霞圃碧梧轩前广场铺装

图2.39b 醉白池庭院铺装

图2.40 曲水园游廊地面铺装

图2.41a 曲水园喜雨桥地面铺装

图2.41b 秋霞圃中的涉趣桥

图2.41c 秋霞圃中的折桥

图2.42 豫园老君阁处的铺装
（不同区域不同材料）

图 2.43a 豫园内园不系舟前铺装

图 2.43b 豫园"福禄寿富"

图 2.43c 醉白池中鹿的图案铺装

图 2.43d 秋霞圃荷花铺地

图 2.43e 古猗园梅花厅梅花图案铺地

（图 2.43b）。再如古猗园梅花厅周围的地面，为了呼应建筑，地面铺设了梅花图案（图 2.43e）。而逸野堂附近的地面则铺设冰裂纹，中间点缀八仙图案，寓意了"步入仙境如置身广寒宫"的语义。

园林中的代表性地面与其文学语义　　　　表 2.7

园林	代表地面图案	文学语义
秋霞圃	圆形花瓣地面	四面逢源，八面玲珑
古猗园	梅花、八仙	脚踏梅花、广寒宫
豫园	五福捧寿	寿、富、康宁、攸好德、考终命
醉白池	鹿	十鹿九回头：寓意落叶归根、不忘故土
曲水园	鹤	长寿与吉祥

另外，桥是海派古典园林的一个独特景观。最有代表性的是秋霞圃，全园有十余座桥。每一座桥均有一个富有文学语义的名称，如"涉趣桥"、"题青渡"、"观荷"、"听松"、"清镜桥"等等。这样的地景不仅仅是提供方便通达的功能，更重要的是引导游客去寻景、去体验、去感悟内在的文化意义（图 2.41）。

2.1.6　景观叙事载体六：天景

天景主要指因气候变化形成的天色、云霞、夜色、月亮、星星等景象。在园林视觉体验中，天空往往作为建筑、花木、雕塑等的背景。通常，天景容易被忽略，然而，在一些独特的场景中，天景具有决定性的价值。如曲水园中的天光云影、古猗园中的绘月廊、秋霞圃中的碧光亭等（图 2.44）。

豫园的得月楼是一个较为典型的案例，展现了"楼高但任云飞过，池小能将月送来"的场景。由于得月楼体量相对较高，北侧留出较开敞的水面空间，可以观赏月亮与天景（图 2.45）。[73]

上述 6 种叙事载体构成了海派古典园林景观叙事的基本语言。而每一种载体的物质属性与其叙事语义成就了每一个要素的可识别性，乃至整个园林的个性与特色。

2.2　景观叙事的空间组构

文学作品中，单词组合成词汇，词汇又进一步组构成句子与段落，最后形成一篇文章。园林也类似，同样需要通过上述各种要素组构成单元场景，空间场景又组合成庭院，若干庭院再组成整个园林。园林的空间组构，不仅仅是在构图上将空间组合在一起，更重要的是将整个园林的主题物化融入每一个场景之中。这就需要叙事的组构。

海派古典园林最初的造园者绝大多数是诗人、画家或者士大夫。这些园主习惯于用"山水画"表达自己理想中的园林生活与空间场景（图 2.46），同时会用相应的"诗句"来题词，提炼自己的主题与文学意境，然后将这样的理念融入造园的每一个环节之中。明末时期，由于上海的经济比较繁荣，聚集了一大批能工巧匠。造园者将自然界的山水之美和自然气韵浓缩在"山水画"中；而能工巧匠们结合自己的经验、理解将这些设计意向图，编织成立体的、真实的山水画。就这样，主观内在的意象通过这些客观的景观叙事要素及其组构直观地展现出来。也正是因为这个原因，中国的园林与诗歌、绘画有相同之处，属于同构异形。

2.2.1 从要素到场景

如果前文所述的叙事载体是一个个单词的话，那么场景就是一个个段落。本书所指的场景是指园林场景，即单元空间。园林场景从物质组成来讲，是由建筑、水体、花木、山石、道路和边界等园林叙事载体组合而成的。园林叙事载体间的不同组合方式形成各种不同的园林场景（图2.47）。每一个场景与其相应的空间范围，表达一定的主题意象。

场景不同于空间，往往具有独特的文学主题。围绕着主题与画境来设置各种景观要素，形成一种舞台布景。一些场景有明确的边界，还有一些场景没有明确的分隔界限。海派古典园林中场景多样丰富，主场景往往围绕着水面来设置。造园前期，园主、造园者与设计师通常借助场景示意图（山水图）来进行沟通完善（图2.48）。各种叙事载体围绕特定的诗句与对联来塑造有意味的场景，于是诗句转化成了真实的写照。

图2.44a 豫园天景：龙　　图2.44b 醉白池天景：鹤　　图2.44c 曲水园的天景：鹿　　图2.44d 秋霞圃龚氏园桃花潭天景

图2.45 豫园得月楼天景

园林场景

叙事载体

■ 建筑　◯ 水体　✺ 花木

◆ 山石　┣ 道路　◯ 边界

图 2.47　园林叙事载体不同组合方式形成多样化的场景

2.2.1.1　单元场景的类型

笔者把海派古典园林中大大小小的场景概括为 4 种"物"的单元空间：花木的空间、山石的空间、水体的空间、建筑的空间。每一种主体存在"物"——花木、山石、水体、建筑，拥有自己相对应的"物"的"场所"[80]，并作为单元空间的主角叙述着一个又一个故事情节，让人能在不同的时节、角度、心情，伴着特殊的光、影、声、味，产生不同的体验与感受，那就是场景，有情节的单元空间（表 2.8）。在许多海派古典园林中均能找到这种单元场景，在许多文学作品中同样也能找到这种情节空间。

正是一片片墙围合了一个个动人的单元场景，也正是这些墙使得这些单元场景发生了许许多多微妙的关系。而传统园林中"墙"本身也是一个情节空间——一个二维的情节空间，叙述着"人、芭蕉、屋檐"：超越时空的光与影的"银幕"情节。须指出，在海派古典园林中，这些单元场景不是孤立存在的，而是属于某一主体园林中的亚空间，并且这些亚空间往往复合在一个主题空间内，或由设定的次序有机地组合在一起，往往以近似封闭式的串联方式联系在一起。由此看来，正是这些单元场景的特定组合，创造了许多"新奇"的感觉。

海派古典园林中的 4 种单元场景分析　　　　表 2.8

	单元空间（一）建筑的空间	单元空间（二）花木的空间	单元空间（三）山石的空间	单元空间（四）水池的空间
叙事主角	亭/榭/堂/阁	树木/花草	山/石景	池塘/溪涧
叙事配角	开或闭的门/窗阴影变化的细部	鸟/虫/落叶/树影/花香	石阶/洞穴/山石	鱼/桥/汀步/水中植物
案例	曲水园迎曦亭	古猗园梅花厅	豫园玉玲珑	醉白池

2.2.1.2　单元场景的组构特征

一个单元场景中，如何将各种叙事载体组合在一起？也就是说，林林

图 2.46　也是园场景图
来源：童寯.江南园林志 [M].北京：中国建筑工业出版社，1984：141

图 2.48　造园图
这张图的左下角有批注"此处改为一石梁"，这其实是园主对于场景设计意象的具体意见。
来源：陈从周.说园 [M].上海：同济大学出版社，2002：110

总总的要素能够通过什么样的凝聚力量集合在一起？园林场景按照其自身特点可以分为以下几种类型[73]：

(1) 以"命名寓意主题"为特征的场景

园林场景均具有一定的主题性，这表现在主体建筑的命名上。命名有两种途径，一种是命题作"文"，即先有场景的主题（诗句），然后通过附属建筑以及建筑构件上的图案符号（木雕、砖雕、石雕以及铺地图案等）来细化诠释这种语义，每一个细节都是经过造园者深思熟虑而得出的。在实际造园中，如果出现无助于主题表达的景物，要么通过植物来消隐遮挡，要么采用第二种命名方式——"触景生情"，也就是，现场感悟，将这些无序的景观要素组织凝练成有文学意境的一首诗。园林场景的主题塑造和艺术创作同出一辙，都采用了"构思物化"或"凝练提纯"的方式，用简练的诗句表达场景的精华语义，串联组构场景中每一个载体与要素，使之形乱而神不乱。

在古猗园梅花厅场景中，为了凸显梅花这一主题，主体建筑命名为"梅花厅"，建筑的16扇窗格上镶嵌梅花图案；环厅三侧的庭院种植蜡梅、红梅和绿梅等；庭院小路与广场用鹅卵石铺成梅花图案（图2.49）。[16] 各种要素与载体组合在一起，塑造了一个具有"池馆清幽多逸趣，梅花冷处得香遍"的场景（表2.9）。

(2) 以"布景隐喻主题"为特征的场景

上述是运用显性的命名题匾的方式直接呈现主题寓意，也有的通过隐形的叙事主题巧妙组织空间中的各要素，布景成文学意境。如曲水园的得月轩，名字来源于宋代苏麟的诗句"近水楼台先得月，向阳花木易为春"。为了营造一种"得月"的氛围，将主题建筑临水而建，塑造"近水楼台"，楼在月光之下映射在水面上，更易于得月；主题建筑设计为2层，并位于场景的制高点，让观者在楼上更易接近天上的月亮；与此同时，建筑主景面处设置开敞的水域，让游客能很好地欣赏到"楼台暝色深，此间月先到。画壁素光流，纵横批荇藻"的月色美景（图2.50）（表2.10）。类似的还有前文提到的豫园得月楼。

图2.49 古猗园梅花厅

图2.50 曲水园得月轩场景

古猗园梅花厅主题、载体　　　　　　　　　　　　　　表 2.9

媒介	主题	叙事载体
梅花：纯洁、傲雪的品质	池馆清幽多逸趣，梅花冷处得香遍	门窗、梁檐雕刻梅花图案；周围植有红梅、绿梅、蜡梅，道路铺装梅花图案

曲水园得月轩主题—隐喻布景　　　　　　　　　　　表 2.10

叙事载体	文学语义	场景建构
得月轩、荷花池、喜雨桥、花木	楼台暝色深，此间月先到。画壁素光流，纵横批荇藻	建筑处于场景制高点；临近建筑布置水面；建筑正前方留有足够宽广的视觉空间

来源：杜力绘制

(3) 以"道具借代主题"为特征的场景

道具原指表演时必需的物品，这里指园林主题表征需要的代言物，相当于文本中的"题眼"。在海派古典园林中，最为典型的是醉白池中的醉白堂。"醉白"既是整个园林的名称、中心水池的名称，也是主体建筑池上草堂的名称。醉白堂位于水景的主要区位，横跨在水渠之上，造型非常飘逸，再现了唐代诗人白居易"以饮酒咏诗为乐"的醉白堂风韵。如果没有游览体验醉白堂这一主体建筑，就无法感知醉白池的神韵。这个醉白堂就是醉白池园林的主题道具。

道具可以是属于整个园林的，也可以是属于子园的。如古猗园中的不系舟，是造园者归隐出世的代言物，并以艺术化的造型出现。船的造型是三面环水的建筑，有船头、船屋以及平台，在其中感觉如在水上泛舟。可以说，这个不系舟是解读荷花池场景的主题道具（图 2.51a）。类似的还有秋霞圃的舟而不游舫（图 2.51b）（表 2.11）。

轩舫类型建筑场景营造　　　　　　　　　　　　　　表 2.11

	叙事载体	诗词楹联	场景建构
秋霞圃	舟而不游舫	红藕香中一角雕栏临水出，绿杨荫里几双蜡屐过桥来	建筑一面临水，通过前景灌木、高大乔木、石景遮挡，增强建筑漂浮感
古猗园	不系舟	十分春水双檐影，百叶莲花七里香	建筑三面环水，具有很强漂浮感

(4) 以"题眼复现主题"为特征的场景

海派古典园林中常借用一个"题眼"，重复闪现，强化主题，来串联景物，引导观赏游览体验。豫园中玉华堂的一系列场景就是围绕一个"玉"字来建构的。"玉"字来自潘允端的一篇日记"君子比德于玉"。[81]❶

整个场景从引玉到玉华堂，再经积玉水廊到玉玲珑，形成了一个起承转合的、有节奏的空间序列（图 2.52）。从题有"引玉"的入园拱门开始，此为起点(图 2.53)；然后来到有白玉兰的广场看到玉华堂主体建筑(图 2.54)，

❶ 出自潘允端在 1586—1599 年间写的《玉华堂日记》。

正对面就是玉玲珑，此场景发挥了"承"的作用；接着转向漂在水面上的积玉曲廊，从不同角度来欣赏玉玲珑，此为"转"（图2.55）；最后再一次感知"玉玲珑"的美（图2.27a）。路径的设置、建筑的安排以及场景的切换，均以"玉"作为线索来展开，同时"玉"不断地复现，强化主题（表2.12）。

豫园玉华堂场景空间次序				表2.12
豫园玉华堂	围绕"君子比德于玉"主题展开的场景序列			
场景序列	引玉	玉华堂	玉玲珑	积玉水廊
情节类型	开端	发展	高潮	结尾
叙事载体	建筑	建筑、花木	山石、水体、建筑	建筑、水体
场景要素	拱门、石匾	玉华堂、两株白玉兰、观水平台	玉玲珑、假山、照壁、得月楼、曲池	积玉水廊、积玉峰、曲池
主景意象	清妙合天机水色山光相上下，玲珑开胜景云轩月榭互参差			
物质建构	同北面的玉华堂隔水相望，互为对景，与得月楼、积玉水廊互相映衬左右，下方曲池倒映其像			

来源：杜力绘制

（5）以"季相映射主题"为特征的场景

上述这些特征是针对静态的空间，而园林场景，尤其是花木，还会随着时间变化而产生形态变化。这种时间变化包括季节变化、天气与具体的时间，因此叙事载体的物质性特征随时间变化而不断发生变化，具有灵活性与复杂性。这在醉白池的醉白清荷场景中有很好的体现。期间不同时间段的场景（图2.56—图2.60）映射了主体不同的心情；同时我们可以从中发现，场景中最明确突出表达的是池塘水面与荷花这两大叙事载体。这也印证了《兰亭集序》中的："四时之景不同，而乐亦无穷也"（表2.13）。

醉白池醉白清荷场景的文学语义		表2.13
醉白清荷	场景的文学语义	
初夏	池上新荷初露脸，风姿婀娜不撒娇	
盛夏	清池荷叶碧似水，映日荷花别样红	
深秋	风荷老叶萧条绿，池角残花寂寞红	
晨	叶上初阳映露珠，水面清圆风荷举	
傍晚	荷叶罗裙一色裁，竟折团荷遮晚照	
雨天	风翻莲叶有碧浪，雨打团荷密鼓声	

来源：杜力绘制

2.2.2 庭园空间的组合

场景空间往往没有明确的边界，若干个单元场景可组合成有明确边界的庭院。庭院形式有：建筑和围墙围合的庭院、廊与墙围合的前庭、后院

图 2.51a 古猗园不系舟场景

图 2.51b 秋霞圃舟而不游舫/轩

图 2.52 豫园玉玲珑场景

图 2.53 引玉

图 2.54 玉华堂

图 2.55 积玉水廊

图 2.56a 晴天的醉白池

图 2.56b 阴雪天的醉白池

图 2.57 醉白池春天景象

图 2.58 醉白池夏天景象

图 2.59 醉白池冬天景象

图 2.60 醉白池秋天景象

或侧院等。一个或者若干个庭院空间组成相对独立的小园林——子园空间。每个子园有自己的布局、主题和意境，成为一个独立的观赏景区。海派古典园林中各子园的大小、形状、方位都不尽相同。下面列举每个园子中的一个子园进行阐述。

豫园的三穗堂景区位于入口处，可分为4个以上的大小庭院（图2.61a）。最南端园门与气势恢宏的三穗堂形成了入口的小庭院（图2.61b）；而后三穗堂与仰山堂二者间形成建筑围合的庭院空间；北侧为明代叠石名家张南阳设计建造的黄石大假山，假山高耸雄伟，假山南侧为一水池，池东侧为长廊（图2.61c），与南侧的仰山堂围合出一个以水池为中心的庭院空间；假山另一侧与翠秀堂组合成另一个相对私密的庭院。这些小庭院共同围绕着"禾生三穗"的主题构成了这一子园的空间体系（图2.61d）。

醉白池的中心为池上草堂景区，包含池上草堂、乐天轩、四面厅、东门等建筑（图2.62a）。池上草堂位于子园的中间位置，与南侧的碑刻廊和东西两侧的围墙，共同围合成醉白池中心庭院；乐天轩、四面厅和东门围合成空间相对开敞的庭院（图2.62b）；池上草堂和乐天轩，以及北侧和西侧的围墙形成了另一个庭院。这些庭院围绕着水池组成了该子园的空间结构，体现了一种"隐逸闲适"的氛围。

曲水园的荷花池景区位于全园的南侧（图2.63a）。该子园的中心是荷花池，以石驳岸，布置了凝和堂、花神堂、恍对飞来亭、迎曦亭、喜雨桥

图2.62a 醉白池池上草堂场景局部平面

图2.62b 醉白池四面厅庭院

图2.61a 豫园三穗堂场景平面　　图2.61b 豫园三穗堂入口庭院　　图2.61c 豫园三穗堂长廊

图2.61d 豫园三穗堂庭院全景

以及北侧的小飞来峰假山，形成了一个较大的院落（图2.63b）；西侧喜雨桥、玉宇廊与得月轩限定了一个狭长的水街空间（图2.63c）；南侧凝和堂西侧与拥翠亭围合了一个非常私密的庭园；花神堂自身也配有前院与侧院，假山与周边的植物隐含了若干小庭院。这些建筑庭院画出了一副"曲水流觞"的长卷画，呈现了"朝迎万缕阳光至，暮盼一行仙羽回"，"盈盈一水山亭恍对，脉脉两情风月频传"的意境。

秋霞圃的桃花潭区位于园林的中部。该子园以桃花潭水面为中心，串联起园中的一系列建筑庭园（图2.64a）。池西的池上草堂、西北的黄石假山、北部的碧光亭、南部的南山等共同围合成桃花潭中心庭院（图2.64b）；池上草堂、舟而不游轩与南侧的假山与植物共同形成了南侧庭园；西侧围绕丛桂轩设有小庭园（图2.64c）；北侧碧梧轩、碧光亭与假山围成了一个个景观庭院。这些庭院隐射了"秋水"与"霞光"的主题。

古猗园的逸野堂区，位于古猗园西部。这一景区主要由以下几个庭院

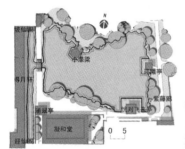
图2.63a 曲水园荷花池场景局部平面

图2.63b 曲水园荷花池中心庭院场景

图2.63c 曲水园水街场景

图2.64a 秋霞圃桃花潭景区平面

图2.64b 秋霞圃桃花潭中心庭院

图2.64c 秋霞圃丛桂轩庭院

图2.65a 古猗园逸野堂区场景平面

图2.65b 古猗园逸野堂

图2.65c 古猗园鸢飞鱼跃场景

空间构成(图 2.65a):北侧由院墙、曲廊围合成的景石庭园;逸野堂(图 2.65b)、鸢飞鱼跃轩北侧院墙以及湖心小松冈界定的前庭空间;中部由曲廊院墙、鸢飞鱼跃轩以及竹枝山包围的开放空间（图 2.65c）;南侧由曲折院墙围合成的南厅小庭园等。其间由竹径穿插，形成亭堂隔水相望的美景，集中展现了园主"隐逸"于"绿竹"的主题。

除了上述列举的一些子园之外，每一个园林中的任一个子园或者景区均可以划分成若干小庭院或者场景空间。

2.2.3 全园整体空间的构成

如果说一个子园空间相当于《红楼梦》小说中的一回章节，那么全园空间相当于《红楼梦》整本小说。每一回是相对独立的，但又是整部小说中的重要组成部分，其中的情节编排组构就非常重要。园林也一样。海派古典园林无论是从历史的演变还是园林的使用主体来看，每一个园林多有不断演变组合的过程。也就是说，每一个园林均有若干个园林组合而成，每一个部分多有故事和文学意境。

(1) 如果将开放的湖心亭区域重新纳入整体的话，豫园用墙体分隔为7个子园，即三穗堂大假山子园（A）、万花楼子园（B）、点春堂子园（C）、得意楼子园（D）、玉华堂子园（E）、内园子园（F）以及湖心亭景区（G）（图2.66a）。三穗堂子园南侧为三穗堂和仰山堂，北侧为大假山，整个子园规模较大；万花楼子园位于全园正北侧，万花楼为子园中心；点春堂子园位于东北角，该区自成一园，东北两侧临街，西南两侧则由龙墙分隔，该子园"以建筑为主，山池为辅，在严整均衡之中，力求变化，屋盖造型，丰富多彩。"[82] 得意楼子园位于园子正中，以会景池为中心，周围园林建筑、山石错落；玉华堂子园以玉华堂为中心，园内建造和景物较为密集，如得月楼、玉玲珑等；内园是名副其实的园中园，面积仅2亩，但亭台楼阁、泥塑砖雕、名树古木、石峰小桥，一应俱全，自成一体。[16]

三穗堂区中有三穗堂、仰山堂与大假山等建筑与景观（图 2.66b）。三穗堂位于豫园正门处，始建于清乾隆二十五年（1760 年），有五开间大厅，气势恢宏。仰山堂位于三穗堂背后，东侧有游廊，廊口有元代铁狮一对，堂与大假山隔水相望。大假山是明代的旧物。大假山南侧脚下揽一弯池水，置身山石间，此情此景，已有都市山林之意。至清朝重建，山上建筑只剩下挹秀亭与望江亭。由于上海城内无山，一直到1912年，每逢重阳佳节，城中人扶老携幼来豫园大假山登高望远。昔日城外建筑低矮，亭中远眺，可"视黄浦吴淞皆在足下，而风帆云树，则远及于数十里之外。"[63]911

万花楼区有万花楼、亦舫和鱼乐榭等建筑（图 2.66c）。万花楼是该子园主建筑，清朝道光年间（1821—1850 年）由在此的油饼豆业公所出资在旧豫园万花深处遗址上重建。两层楼高，立面精雕细镂，造型优美。[16]265 亦舫位于万花楼西侧，紧贴位于大假山旁的翠秀堂的东墙，建筑外观呈船舫形。

点春堂区位于豫园东北角，有点春堂、藏宝楼与和煦堂等建筑（图2.66d）。进入其中，最南侧是和煦堂，堂北有水池，池东有抱云岩，抱云岩以西即为点春堂。[82] 点春堂重建于清同治年间（1862—1874年），为七开间大厅。点春堂对面是一座精致的清代打唱台，东南有一座小假山，水石环绕，洞壑深幽，山上有积云峰，有快楼，是园中又一处制高点。

得意楼区位于全园正中，该子园中有九狮轩、得意楼等建筑（图2.66e）。主体建筑得意楼位于子园的中心，三面环水，周围山石错落，昔日登楼可以看遍园景，"得意会景"之名由此而来。[16] 得意楼西北有九狮轩，建筑开敞，建于新中国成立后。

玉华堂区有得月楼、玉华堂与江南三大名石之一的玉玲珑（图2.66f）。潘氏在《豫园记》中自称该石为石品中的最上等，相传是宋徽宗为修建皇家花园大量掠夺江南名石而未及运走的遗物。❶ 其北侧的玉华堂亦因石而得名。此景区还有重建于光绪末年（1908年）的得月楼，此楼为海派书画的重要活动场所。道光年间（1821—1850年），金石书画会创办于此，会员发展至百余人。辛亥革命前，豫园书画善会也创办于此，该团体在艺术创作之余亦热心于社会活动。[16]268

内园区是昔日新建东园的位置，新中国成立前长期为钱业公所拥有，因此景观、建筑维护水平一直较高。内园主建筑是静观大厅，最初名叫"晴雪堂"，面宽五开间，建筑恢宏，装饰精美。堂前石木相映成趣，厅外回廊环绕。大厅周围还有观涛楼、还云楼、可以观等建筑。此外，内园中还有一座由钱业公所移来的古戏台，装饰华丽。

❶《豫园记》中提到玉玲珑为"盖石品之甲，相传为宣和漏网"。

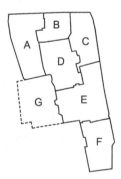

图 2.66a　豫园子园分布图

图 2.66b　豫园三穗堂子园

图 2.66c　豫园万花楼子园

湖心亭景区原为豫园的一部分（图2.66g）。该景区在新中国成立后开放出来与城市商业空间融为一体。这一景区主要有被誉为"海上第一茶楼"的湖心亭、九曲桥以及绿波廊。湖心亭位于湖中央，始建于清朝乾隆年间（1736—1796年），后改为茶楼，至今160余年，该建筑为二层木结构，上有书法家蒋凤仪先生题写的"湖心亭"匾额。九曲桥连接湖心亭与岸，九曲十八弯，每一个弯的石板上刻有一朵季节性花朵。绿波廊的建设与湖心亭在同一时期。这些建筑的建造及其结构打破了三穗堂传统的对景模式，演绎了海派古典园林向商业化与公共性的转变。

（2）醉白池全园大致可以分为5个相对独立的子园，即雪海堂子园（A）、池上草堂子园（B）、宝成楼子园（C）、碑刻廊子园（D）和玉兰园子园（E）（图2.67a）。雪海堂区位于内园西，由雪海堂和睡莲池组成；池上草堂子园中，醉白池位于中央，草堂前侧水体基本上呈南北向长方形，河道经过池上草堂后向北与东北分流，醉白池东、西、南三侧都有环池连廊，东南侧植有百年牡丹，为园中胜景；宝成楼区位于园子东部，旧醉白池的入口大门就位于此处，宝成楼为子园主建筑，可隔池与雪海堂相望；碑刻廊子园位于园林南端，由石刻与碑刻画廊组成，画廊呈四合院式；玉兰园子园位于西南角，由于园内广种二乔玉兰与白玉兰而得名。醉白池中的子园大多有院墙、建筑、廊等明确的边界定义。

雪海堂区有雪海堂与堂前睡莲池（图2.67b）。雪海堂建于宣统年间（1909—1912年），五开间，为内园主建筑，高大宽敞。1912年，应松江国民党员邀请，孙中山偕陈其美、戴季陶等人来松江视察。孙中山在雪海堂

图2.66d　豫园点春堂子园

图2.66e　豫园得意楼子园

图2.66f　豫园玉华堂子园

图2.66g　豫园湖心亭景区

[1] 醉白池官方网站: "革命先驱孙中山雪海堂前呐喊声", http://www.shzuibaichi.com/main/news_ts2i_88.html, 2015.12。

前石阶上发表演讲，号召松江民众加强民族团结，积极投身革命，平定内乱，抵御外侵。[1]

池上草堂区位于内园北部，包括醉白池、池上草堂、乐天轩等（图 2.67c）。池上草堂建于清宣统元年（1909 年），四面通透，花窗精美，坐于堂中，醉白池美景已尽收眼底。池上草堂的北侧是乐天轩与轩旁的名石——凌霄廉石。乐天轩所在位置据推测是宋代谷阳园旧址。乐天轩与草堂隔水相望。

宝成楼区位于内园东部，该子园中有宝成楼、疑舫、前、后赤壁赋雕刻等古迹。宝成楼高耸，原本是园主的住宅，由仪门、花厅、宝成楼三座建筑和两个内院组成，建于清初（图 2.67d）。"仪门门楣上刻有人物、建筑、树木、荷花、假山，雕工精细"[16]281，其中还描绘了对弈、读书、侍茶、狩猎等场景，反映了明清时期士大夫的生活画面。[83] 疑舫在宝成楼北，该建筑坐东向西，北面临水。该舫可能为明代董其昌造园时的遗物。[16]281

碑刻廊子园位于内园南端，有《云间邦彦画像》石刻、碑刻画廊两处著名古迹（图 2.67e）。《云间邦彦画像》砌于醉白池南长廊内壁，总共有约 30 块石刻，刻有明代松江府各位名士，如董其昌等共 91 人的画像，"线条流畅，形象生动"。[16]281 石像前还有早前松江府知府何士祁题写的"云间邦彦画像"六字，"云间邦彦"意思是"此地的国中名士"。该石刻刻于光绪年间（1875—1908 年），1937 年移入醉白池。碑刻画廊位于《云间邦彦画像》南侧，现在院中还有董其昌石像 1 座。[16]281

玉兰园区位于内园西南角，有玉兰厅、晚香亭与雪梅亭等建筑（图 2.67f）。玉兰厅前也有一方荷花池，驳岸为湖石。

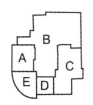

图 2.67a 醉白池子园分布图

图 2.67b 雪海幽境

图 2.67c 池上草堂景区

图 2.67d 宝成楼景区

图 2.67e 碑刻廊

图 2.67f 玉兰园

（3）曲水园由6个围合较大的子园组成，即凝和堂子园（A）、荷花池子园（B）、有觉堂子园（C）、清籁山房子园（D）、植物庭院子园（E）、西入口庭院子园（F）（图2.68a）。凝和堂子园位于园林的南侧，旧时的曲水园大门、二门都位于凝和堂的对称轴线上，凝和堂的东侧还有一处封闭式小院，院中有花神堂，西南两侧的院墙都是龙墙，院后有荷花亭；荷花池子园中，荷花池位于中心，以石驳岸，环池周围有各种亭台、葱郁大树；有觉堂子园面积较小，其中却坐落着多处建筑，整体氛围上具有海派古典园林的紧凑感，移步换景，小中见大；清籁山房子园中，清籁山房位于曲水园的纵向轴线上，与镜心庐双双坐落于池边，皆为曲水园"二十四景"；植物庭院位于园林东部，由多个种植特色植物的小园组成；西入口庭院子园位于全园西北角。

凝和堂区位于曲水园的南部。该子园中有凝和堂（图2.68b）、花神堂等大小建筑。凝和堂是园中最主要的建筑。"堂平檐歇山顶，高脊，脊上饰各种图案，脊端状如鲤鱼龙跃，室中立四柱，梁上装饰细致。"[16]277 凝和堂东侧的花神堂旧时叫花神祠。

荷花池区主要的景观是荷花池南池与小飞来峰（图2.68c）。荷花池位于全园中心，荷花池北面是小飞来峰，是一座由土石垒成的假山，长约30米，高约7米。[16]277 山顶的九峰一览亭为民国旧迹，建筑平面呈方形，平顶，高3层。天气晴朗时登亭远眺，至今仍可饱览县城美景。早年青浦老城内建筑还没有鳞次栉比的时候，就如亭名，可远眺松江青浦一带云间九峰。此亭为曲水园制高点。《二十四咏》中有句云："岑楼倚郭北，檐桷高于城，远览列峰翠，俯瞰澄潭清。"[70]724 荷花池北岸飞来峰下是六角亭——小濠梁，东岸有方形的迎曦亭。池水经由西面小河北从坡仙阁下流入北池。荷花池边共有3座亭子，与池水相映成趣，都是休息观景的好地方。[71]

有觉堂区位于曲水园西南部，与凝和堂隔小河相望（图2.68d）。其中，有觉堂作为子园主建筑居中，周围还有舟居非水舫、得月轩、夕阳红半楼、御书楼等建筑。古县志上记载有觉堂又称为四面厅，因为该堂四周通透且有回廊。该建筑屋顶结构较为独特，由多组斗拱连接向上托起屋顶，因此也称为"无梁堂"[16]277，有诗云："轩总面面开，风日豁然郎。不信纷嚣中，内外别天壤。犹如梦初醒，四顾惬心赏。"[67]724

清籁山房区位于曲水园北侧，这片子园中有北片莲花池与3栋建筑——清籁山房、镜心庐与咏真斋（图2.68e）。清籁山房位于曲水园的纵向轴线上，重建于新中国成立后，其与镜心庐双双坐落于池边，皆为景，池中跨一九曲石平桥，此景有诗云："玲珑九曲桥，窈窕三间屋。"[84]724

植物庭院位于园林东部（图2.68f），为新中国成立后新辟，园中还有牡丹园、花坛群、枫树园等小园，四季景观都不相同。

（4）秋霞圃有4个子园，即清镜堂子园（A）、桃花潭子园（B）、凝霞阁子园（C）、邑庙子园（D）（图2.69a）。清镜堂子园位于园林北侧，子园以水面为主，池畔有主建筑三隐堂，池子西面为假山；桃花潭区位于园林西部，以桃花潭为子园中心，池西临水为池上草堂，桃花潭西北为黄石假山；凝霞阁子园中，以假山为中心，围绕着一圈建筑群，整个子园由多个院落组合而成，院廊相互贯穿连接，院墙漏而不透，具有江南园林移步换景、路径繁复、空间多样的特点；邑庙子园位于园林东南部，园内主建筑城隍庙大殿与寝宫形成工字形布局。

清镜堂区位于秋霞圃北部，原为金氏园的遗址，战火中几乎完全被毁，新中国成立后在此新建了学校操场（图2.69b）。此子园以水面为主，池畔有三隐堂，三进两厢，东侧厢房名为柳云居，西侧厢房为秋水轩。这几处建筑都建于新中国成立后的秋霞圃翻修工程期间。池子西面在翻修中堆土建造了假山，又种植了青松，山顶用黄石垒叠成山峰，有瀑布从上流下。又在山顶建造了岁寒亭，亭外种植松树、柏树和梅树。这部分建筑，有一部分是从嘉定乡间移建而来，有些则是在以前遗址上重新建造的。[16]2

桃花潭区位于秋霞圃的西部，园中池上草堂，因外形像水上船只，故又名"舟而不游轩"（图2.69c）。西北有丛桂轩，原迹毁于战火，现存建筑重建于新中国成立后。丛桂轩建筑幽静，四处种有芭蕉、翠竹、桂花、青松、蜡梅、迎春花、翠柳等各类花木。轩南北有落地花窗，四角又有漏窗；轩外四季花木呈现出不同景致，都能观赏。戴思恭有诗句："小山北耸树荫笼，丛桂轩开四面风"。厅前有三方奇石，似福禄寿三星，"形神兼备，故名三星石"。桃花潭西北有黄石假山，是明代的遗物，东西长40余米，高2米。山顶有六角形即山亭，山中归云洞，横贯东西隅。从归云洞出来往东，在潭边有碧光亭，三面临水，又称"扑水亭"。[16]255 桃花潭北还有一四面厅，该厅堂面宽三间，堂中有匾题"山光潭影"，又名"碧梧轩"。轩前临潭处有石栏护围，凭栏远眺，可以一览对面南山所有景致，是园中观景佳处。[16]255

图2.68f 植物庭院

图2.68a 曲水园子园分布图

图2.68b 凝和堂

图2.68c 荷花池景区

图2.68d 有觉堂

图2.68e 清籁山房场景

凝霞阁区位于沈氏园旧址（图 2.69d）。景区中各类旧建筑密集，以石砌的假山为中心，北侧有凝霞阁，南面有聊淹堂、游骋堂等 4 处建筑，东有扶疏堂、环翠堂、觅句廊，西有屏山堂、数雨斋等。凝霞阁位于桃花潭东北，是该子园的主建筑，位于子园中轴线的北端，坐北朝南，据记载是沈氏园的旧物[16]257；重建于 1922 年，中华人民共和国成立后又进行了翻新，现在为三开间；凝霞阁四周有回廊，阁前庭院开阔；该阁得名与秋霞圃息息相关，相传昔日正是在此处，"向西可以望见嘉定县城的城墙齿碟，每当夕阳西下时，彩霞满天，映照于城墙上空，美不胜收"[71]，秋霞圃因此得名，凝霞阁也顺势而建。

邑庙区位于秋霞圃的东南隅，此处原为嘉定城隍庙，城隍庙大殿重建于光绪八年（1882 年）。大殿前设有井亭，大殿与寝宫形成工字形布局（图 2.69e）。

(5) 古猗园可分为 5 个子园，即逸野堂子园（A）、竹枝山子园（B）、柳带轩子园（C）、梅花厅子园（D）、戏鹅池子园（E）（图 2.70a）。逸野堂子园位于古猗园西部，逸野堂是该子园的中心；竹枝山子园位于古猗园南侧，以自然植被为主；柳带轩子园位于园林北侧，其中轩廊交错，以柳带轩与水木明瑟两处连续交错廊道为主体，连廊上部分节点有轩亭等景观；梅花厅子园位于古猗园东北部，梅花厅是该子园中心；戏鹅池子园位于古猗园中心区，以开阔的戏鹅池为中心，环绕一圈建筑和景物，"亭阁相对，山水相依"。[16]

逸野堂子园位于古猗园西部，子园中有逸野堂、北园门和曲廊、鸢飞鱼跃轩（图 2.70b）、南厅、五老峰和小松冈等建筑与景观。逸野堂是全园的主建筑，坐东面西，面宽、进深各三间；东西面各有 8 扇长门，其余都是长窗隔扇，四面通透；堂顶由 16 根大柱支撑，堂上是横梁雕花平顶，屋檐

图 2.69b　清静堂区

图 2.69c　桃花潭区

图 2.69d　凝霞阁区

图 2.69e　邑庙区

图 2.69a　秋霞圃子园分布图

高翘[16]，逸野堂古建筑最初的梁柱都是楠木制成。鸢飞鱼跃轩位于逸野堂南侧，三面临水，面阔三间。逸野堂与鸢飞鱼跃轩都毁于战火，重建于新中国成立后；20世纪80年代重建后，已换成钢筋混凝土，不过重建依照明清建筑风格，地面、门窗等构件都使用传统做法。[9] 逸野堂子园中部还有一小岛，岛上堆石成山，名为小松冈；小松冈四面环水，小径曲折，环境尤其僻静。南厅位于逸野堂南侧，与竹枝山子园相邻，原为园主人的书房兼卧室[86]，天井中植物茂盛，环境幽静，自成一园中园。

竹枝山子园位于古猗园南面。竹枝山子园中有竹枝山和补缺亭（图2.70c）等建筑与景观。南厅位于子园西端，与逸野堂景区相邻，面朝逸野堂，背后临河，面阔三间。竹枝山约高4米，山上多竹，山顶有补缺亭，1933年建亭时独缺东北一角，寓意九·一八事变中东北被日军占领[16]，新中国成立后重建中也延续了这一重要特征。

柳带轩区位于旧古猗园的北部，该子园中有柳带轩、春藻堂（图2.69d）等建筑景观。旧古猗园中，此处轩廊交错，有多处建筑。大部分建筑都重建于新中国成立后。

梅花厅区位于戏鹅池的东部，内有梅花厅、鹤寿轩、绘月廊等。"松荷竹梅，景色宜人。"[16]（图2.70e）主建筑梅花厅面阔五间，为木结构。厅

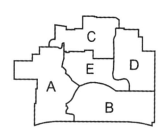

图2.70a 古猗园子园分布图
来源：童寯.东南园墅[M].北京：中国建筑工业出版社，1997

图2.70b 逸野堂子园鸢飞鱼跃轩

图2.70c 竹枝山补缺亭

图2.70d 柳带轩春藻堂

图2.70e 梅花厅

图2.70f 戏鹅池水景

内前后有 16 扇长门，门窗上有精致的梅花雕刻图案。梅花厅北侧还有一处两层三开间建筑——微音阁。

戏鹅池区位于旧古猗园中心（图 2.70f）。该子园有戏鹅池、浮筠阁、不系舟、白鹤亭等建筑与景观。白鹤亭位于戏鹅池北面，是古猗园中一处极具人文底蕴的景点。传说早先有一对白鹤飞落于此地，稍作停留又向南飞去，南翔由此得名，古猗园中白鹤亭也由此而建，该亭顶部还有一展翅南飞的白鹤雕塑。不系舟位于戏鹅池北岸，为园主人自由无牵束的情意所托，初建于明代，重建于新中国成立后，一侧靠岸，三面临水；不系舟造型奇特，舟上由西向东分别是一平台、一亭、一阁与一楼，从戏鹅池南岸远眺，三种建筑风格接近，合三为一，碧波倒影，上下浑然一体，亭、阁南北通透，在舟上可以远观南岸竹枝山与浮筠阁的旖旎风光。与不系舟隔戏鹅池相对的是浮筠阁。浮筠阁建造之初为纯竹结构，重建时改为砖木结构，是半浮于水上的水榭；阁中有一堵白墙，中间是一道月洞门，两侧竹形花格漏窗；浮筠阁背山面水，景色上佳。

2.3 景观叙事的线索

线索在文学作品中就如同一条珍珠项链，将不同的场景有序地串联起来，园林中同样需要一条线索来将园林空间组构起来。古典园林的空间是按照什么样的线索进行景观叙事呢？古典园林通常按照主题、空间的功能、使用和体验的感受等来组织空间，串联一系列的园林场景及其偶然要素，从而创造从一个空间到另一个空间的关联性。空间主题的协同性与体验的连续感与趣味性，是园林叙事线索编排的关键。线索的艺术编排，一方面关注空间中的时间与场景的序列感受：开始、过渡、转变、高潮、尾声，再循环往复；同时关注种种不同向度的感受，如声音、香味、冷热、光影等的层层叠加。这两个方面是可以进行互换交叠编排的。

相比苏州古典园林，海派古典园林的线索更加立体、多样与开放：线索往往是复合的，有显性的线索，更有隐形的线索；由于不断维修重构，主题线索的外延发生了变异与拓展。海派古典园林线索编排的方式主要有以下几种。

2.3.1 基于主题的线索

海派古典园林空间主要以原造园主设定的主题来编排空间结构。主题是园林叙事的魂，五大海派古典园林都有各自的主题（表 2.14），作为营造园林的指导思想与体验目的，可以串联起所有的叙事要素与场景以及庭院。参观者可以循着这一主题线索发现故事内涵之间的关联。同时，海派古典园林在原有的线索中不断传承演变，促使我们去体验其中的文化寓意与价值伦理，并让每一个时代的使用者感知新的注解与语义。

五大海派古典园林主题					表2.14
海派园林	豫园	醉白池	曲水园	秋霞圃	古猗园
全园主题	愉悦	隐逸闲适	曲水流觞	秋意朦胧	绿竹猗猗
来源	《尚书·禹贡》"豫悦老亲"	苏轼《醉白堂记》	王羲之《兰亭集序》	王勃《滕王阁序》	《诗经》"绿竹猗猗"

图 2.71 三穗堂门扇细部

　　海派古典园林全园空间的营造都是围绕一定主题展开的，整个园林空间在某个主题的统领下组构而成。历史在变迁，而总的主题与关键的文化意境一直传承了下来。

　　豫园，潘允端在《豫园记》中表明造园乃是"愉悦老亲"，"豫"有"平安、安泰"之意，"豫"与"愉"音同意通，豫园建造的目的是为了让其告老还乡的年迈父亲潘恩安享晚年。这一主题又分为"三穗"、"万花"、"点春"、"玉堂"、"得意"等分主题，物化到相应的子园之中。前面列举的三穗堂子园较好地呼应了豫园的主题。园内主建筑三穗堂，出典"三穗禾"[87]，乃"禾生三穗、丰收"之意。三穗堂原名"乐寿堂"，取"智者乐，仁者寿"的意思。三穗堂门窗的隔扇上雕刻有稻穗、黍稷、麦苗与瓜果等吉祥图案（图 2.71）。[88]由此可见，子园寓意呼应全园整体主题——祈求五谷丰登和吉祥如意。另外，三穗堂楹联中的"秋水藕花潭"配上"蟾窟流辉"描写出悠闲清雅的月光洒落流辉之景，处处蕴含着丰收的禾穗金粟，俨然将一幅幸福安逸的秋夜图展现在眼前，进一步凸显园林主题。

　　醉白池，命名取自苏轼《醉白堂记》，其中述及白居易晚年居池上，园林主要表达出一种"隐逸闲适"的氛围。这种氛围可以在其下的子园中得到印证。前文提到的池上草堂子园的布景最能体现整个园林的主题。池上草堂子园中的庭院大多以明确的边界（如院墙、建筑、廊等）来界定，3 个主要庭院都以醉白池或其支流水体为庭院中心，并运用竹、梅、假山、奇石等元素陪衬，与醉白池全园"隐逸闲适"的主题氛围十分协调。[16][77]

　　曲水园，取自王羲之《兰亭集序》中"曲水流觞"之意，园内流水潺潺，曲折如玉带。园以水景取胜，以荷花池为中心，池水与护城河相通，堂堂近水，亭亭靠池，山架两池水，游园必绕池。其中荷花池子园最直观地体现了园林的主旨意象。听橹阁、竹榭、小飞来峰等建筑和景物，围绕"曲水流觞"的布景点题。同样，凝和堂景区的"凝和"意为"安定祥和"。堂前植有金桂、玉兰，有"金玉满堂"之意。堂内有徐家彝撰书联："碧水漪涟银鳞闪烁网网满筐引渔家个个兴高采烈，阳光灿烂金穗飘香亩亩丰收逗耕者人人笑逐颜开"。对联写出了基于水的满园佳景，与整个园林的主题相耦合。[67]

　　秋霞圃之名，相传取自唐代诗人王勃《滕王阁序》中的名句"落霞与孤鹜齐飞，秋水共长天一色"，满园秋意朦胧的和缓色调，颇合意韵。桃花潭景区、凝霞阁景区、清镜塘景区、邑庙景区等每一个子园将主题进行拓展，围绕"秋霞"意境展开。其中较为典型的是前文提到的桃花潭子园,该子园的布局呈现了"秋水"的主题,契合了整个园林的主题"秋日晚霞"。[14][69]

古猗园,从《诗经》"绿竹猗猗"之意取名,全园三分之一是竹园,现今园中在长廊、粉墙边种竹,曲折道路旁栽小丛竹,山石边栽艺竹,另有大片竹园。明嘉靖雅士江宏《游猗园》:"烟花雾植古槎桥,涌出珠宫倚碧霄,风度猗园竹影静,水依殿霭石幢高",从诗句中能了解到,虽有近500年的岁月更替,"竹"是古猗园不变的主题。各子园主题呼应园林整体意象"竹",较为典型的是戏鹅池子园。如前文所述,该子园以开阔的戏鹅池为中心,环池有竹枝山,山上种满形态各异的绿竹。绿竹与周边的景观建筑共同塑造了"欲问鹤何去,且看春满园"的景象,回应了整个园林的主题。[76]

2.3.2 基于要素的线索

在主题线索的基础上,海派古典园林通常会利用一些叙事要素、主题道具反复出现,转变为隐含的线索,来丰富空间体验与文化寓意。如前文提到的豫园中的"龙"、古猗园的"竹"等。这些叙事要素本身拥有特定的文学语义,在园子里又被赋予特定的含义,不断地闪现在参观路径中的各种场景,如入口庭院、中心院墙、尾声的亭廊等,如同交响乐的乐符反复出现,强化了主旋律。

这里以曲水园为例,阐述以"水"为线索的策略(图2.72)。水在整个园林空间结构中扮演了一个关键性的角色。水不仅嫁接了园外护城河的水与园内的景观水,使得园内的水成为整个河道生态系统的一部分,即园内

图 2.72a 曲水园线索:水边界

图 2.72b 曲水园线索:水街

图 2.72c 曲水园线索:池水

图 2.72d 曲水园线索:水潭

图 2.72e 曲水园线索:河道借景

❶ 来自上海市青浦区绿化管理署编写的《曲水园》（上海文化出版社，2009）中关于曲水园的文字介绍。

的水成了活水；而且水作为一条主轴串联了各子园景区及其主要景观建筑，从南入口到西入口，依水而设有觉堂、凝和堂、荷花池、植物庭院、清籁山房以及西入口庭院等。特别是得月轩、玉字廊、竹榭、镜心庐、咏真斋等建筑临水而建，70%的厅堂亭阁近水。

在园内，水不仅是线索，也是一道亮丽的风景。这里水有不同的景观功能，有作为主景的荷花池、作为对景的莲花池、作为借景的护城河、作为边界的南侧河道等；这里的水千姿百态，有规则直线形的，有自由曲折形的，有渠线形的，有湖面形的，有溪流形的，有葫芦形的等。同时，水在园林主题与场景语义塑造中起着重要的灵魂作用。除了前文中已经说明的曲水园主题来源取自"曲水流觞"之外，一系列典型的场景与建筑进一步可以例证这一关键词"水"。例如岸舫、涌翠亭、小濠梁、舟居非水舫、绿波廊、听橹阁等以水为创作主题，还有曲水长堤、濯锦矶、喜雨桥、放生池、天光云影、荷花、莲花等以水为媒介的美景。

无论是造园还是游园，"环湖而增景、游园必绕池"❶，最终塑造的是"深深院落重重水，庭院深深深几许"的意境。

2.3.3 基于时间的线索

用时间前后顺序来排列空间序列，使原本无序的空间有了线索，是景观叙事最常用的策略之一。事实上这种历时性的线索编排，比较清晰易懂，容易统一。这种时间线索可以是隐性的，也可以是显性的。由于园林中的历史遗存或者文化记忆是碎片状的，而且有同时发生的，也有相互不连续的，造园者根据时间的先后通过空间路线将这些要素依次串联、并联起来，并加以故事诠释与标注说明。当然造园者可以根据文学意境、历史事件、记忆档案再现景观意象，作为插叙，形成时间线索；也可以在现有的场景中进行补叙不同时间的故事，如醉白池的不断扩建发展体现了这样的逻辑。

在醉白池的内园，从北到南，可以追寻醉白池的整个发展历程：宋代谷阳园的遗址乐天轩，明末董其昌的四面厅，清代顾大申的池上草堂，清末的雪海堂、碑刻廊、后期的玉兰园，乃至新中国成立后扩建的海派盆景园（图2.73）。雪海堂最初主要用来祭天地、拜神、迎宾客、办酒席，其中插叙了民国时期孙中山到此地会见松江同盟会以及各界代表并做重要演讲的历史事件。在池南碑刻长廊插叙众多民间故事，如《云间邦彦画像》镌刻着明代松江府属各地乡贤名士91人约30块画像和赞词，寓意丰富。[77]

2.3.4 多线索或无线索

在海派古典园林的不断发展中，主题与主旋律往往被保留下来，但是在后期不断的重建和发展过程中发生了改变，后续部分的主题并非如之前那么清晰强烈，整个园林的叙事线索在不断被迭代与演化。就如同一篇文言文，不断被人注解，不同的人有不同的注解。注解中还有注解，类似于电影《盗梦空间》一般，梦中之梦不断演绎。因此，目前呈现在我们面前

图2.73a 醉白池时间线索—乐天轩

图2.73b 醉白池时间线索—四面厅

图2.73c 醉白池时间线索—醉白堂

图2.73d 醉白池时间线索—雪海堂

的海派古典园林，更多是立体的、多线索的。这种立体、多维度的线索被融入既有的结构模式之中，引发更多的故事版本以及多种参观方式。

豫园就是一个典型例子。除了上述阐述的主题、要素的线索之外，还有根据功能获得的线索以及时间线索。从明代后期开始，海派古典园林的功能逐渐发生嬗变，除了更广泛的园林宴游，也融入了商业性、公共性的节庆活动。因此，豫园的入口以及游园路线在不断调整，使得相应的庭院容易可达；或者以往比较私密的空间区域也开放利用起来，让整个游园路径成为串联各种功能与活动的线索。在陈从周先生改扩建的玉华堂区域，不仅衔接了内园与得意楼景区，同时将各种历史的片断遗存收集起来，重新用到子园建筑、围墙、假山等景观的建造之中。

此外，"无线索"是指一个个没有头没有尾的、独立的插曲。这样的编排有的是刻意的，即摒弃正常的空间联结，实质上是一个统一主题景象的、编结精密的织体，同样由众多抒情统一的内在体系严格制约着的；这种方式的目的是让最终结果的不明和意义含混之处留待观者参与体验，以自己的方式去解决。有的"无线索"则是没有考虑彼此之间的语义关联，或者在改扩建之中没有考虑到如何融入原有的脉络之中。

上述海派古典园林中多种类、追踪式的叙事线索，由主题的线索为主导，给体验者提供多样的感染力、复杂的连续性与无穷的趣味性（表2.15）。

图2.73e 醉白池时间线索—碑廊

图2.73f 醉白池时间线索—十鹿九回头

图2.73g 醉白池时间线索—玉兰园

线索的类型　　　　　　　　　　　　　　　表2.15

线索类型	线索要素	主题	要素	时间
1	单线索	Ä	Ä	Ä
2	多线索	Ä	Ä	Ä
3	无线索		Ä	

备注：Ä 表示相关性

从本章内容可知，海派古典园林景观叙事是通过景观叙事载体、单元空间场景、庭院空间、全园空间多个层次来实现的，本章将以上4个层次的本体特征和叙事规律进行了归纳整理。海派古典园林中所包含的叙事载体主要有建筑、花木、山石、水景、地景、天景六大类，它们一方面作为视觉叙事载体具有一定的客观性，另一方面又有文学意义在其中，是一种无声无形的存在，通过特定的景观载体表达出来，当人们具有一定的传统文学素养的积累时，可以从中感受到深层次的情感体验。造园者在构思并营造整座园林空间的过程中，通常按照先从整体意象出发，再逐层分解到子园（庭院）、场景和叙事载体的组构，并将园林的主题贯彻到园林的各个要素和空间场景中，从而实现整个园林的叙事效果。

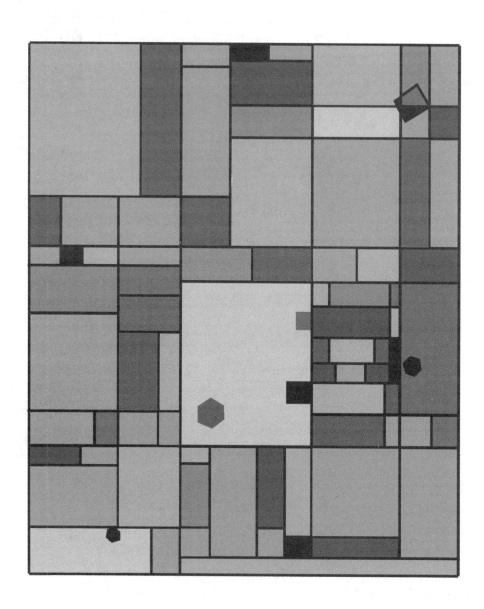

第 3 章 海派古典园林景观叙事的结构特征

3.1 分形叙事特征：以醉白池为例

海派古典园林中的上述叙事要素、空间场景以及线索是以怎样的结构组织在一起？空间场景之间、局部与整体之间的相互依存关系是什么？或者园林的物质结构与叙事系统究竟呈现怎样的结构模式？本章将重点剖析。

分形"Fractal"，词源为拉丁文形容词"fractus"，对应的拉丁文动词是"frangere"，原意是破碎、无规碎片等。分形作为几何学术语，即指部分与整体之间存在的、相似而又不规则的几何形状。例如，起伏不平的山脉、弯弯曲曲的海岸线等，从远处整体看是不规则的；从近处局部看，有自相似性，可以分成数个部分，而每一部分都近似于整体缩小后的形状。❶ 由于不规则现象在自然界是普遍存在的，因而分形是一种重要的数学工具和手段，也是现代非线性科学中的一个重要分支。[89]❷ 目前，分形已经被应用到自然科学、社会科学、人文艺术等各个领域，包括建筑与工程技术、艺术设计、风景园林等。例如，在研究城市边界线特征、道路网分布特征、商业网点布局、装饰工程图案等方面，已经用到分形理论。[90] 在园林方面，分形主要用来探索河流形态模拟[91]、空间结构特征[92]、观者的行为与视线结构模拟[96]、山石形态特征[94]等。这些相关成果对于研究海派古典园林很有启发性。

分形叙事是叙事中的一种结构，后经典主义叙事的一种模式[95]，也可以说是分形在文学研究中的应用。在文学中存在两种分形的可能：一种是关于时间的分形，认为时间有"意识"中的时间、"身体"所处的真实时间以及"话语"中的时间，类似于"离魂"、"梦遇"等，由此提出虚构叙事中的时间分形概念[96]；另一种是关于情节的分形，如同博尔赫斯（Jorge Luis Borges）的小说《小径分岔的花园》，小径分岔的花园结构仿佛就是一个庞大的迷宫，相互靠拢、分叉或者交错的人物与事件编织成一个立体的复杂网络环。[57] 在国内，文学界应用分形叙事的理论来探讨《红楼梦》等中国明清小说的叙事结构、创作意图及其叙事艺术。目前，分形叙事方法尚未应用到风景园林、建筑领域中。

本节以松江的醉白池为研究案例，试图用分形叙事理论来描述、分析海派古典园林的空间格局。❸ 此处主要聚焦醉白池的内园，也就是它的原始区域（图 3.1），不包括外面扩建的部分。之所以选择醉白池为例，原因有三个：第一，这是五大海派古典园林中最古老的园林，始建于宋代，距今约有 900 多年的历史；它是海派古典园林中最小的一个园子，约 15 亩地（1 万平方米）；第二，醉白池的空间结构具有一定的代表性，与其他 4 个园林有相同又略有不同，中心庭院主导地位鲜明；第三，这个园子传承了华亭画派的文化精神，

❶ 分形几何的研究可追溯到 19 世纪，作为一门学科与理论建立于 20 世纪 70 年代。

❷ 正如美国物理学家惠勒（John Archibald Wheeler）所言："将来谁不知道分形概念，谁就不能被称为有知识，就不能成为科学上的文化人"。

❸ 当然，其他 4 个园林也类似，限于篇幅，在此不再累赘。以下章节的分析也同样如此。

董其昌、顾大申等著名画家在此居住使用过，这些人物对于海派文化具有深远的影响。

3.1.1 花园中的花园：园林空间中的分形结构

从总图中可以看出，与其他海派古典园林一样，整个醉白池是由若干个围合的庭院组成的，有大的和小的，有规则的和不规则的。尽管难以精确地统计出其中有多少个庭院空间，但是整个园子大致可以分成5个相对独立的子园（图3.2）：雪海堂子园（A）、池上草堂子园（B）、宝成楼子园（C）、碑刻廊子园（D）和玉兰园区域（E）。这些子园大多有明确的边界定义（如院墙、建筑、廊等）以及相对独立的出入口；其中池上草堂（醉白池）子园（B）为主庭院空间。而这些子园又可以衍生出更小的花园/庭院空间，例如雪海堂子园（A），可以分成方池庭院（A1）、两个侧园（A2与A3）以及若干后园区域（A4）；其中方池庭院为这一子园的主要庭院。同样在宝成楼子园（C）可以发现类似的空间结构，同时还有一些庭院可以进一步派生出更小的单元空间。于是，在花园平面图中可以找到许多小空间。

由此可见，整个醉白池的空间结构为"花园中的花园"：母花园由若干子园迭代而成，子园由更下一级的小花园组合而成，而且一定程度上可以不断迭代衍生；庭院空间及其景观要素在不同的层级/尺度上不断再现、派生；同时在每一个层级，都拥有一个主要的庭院空间。这种空间结构与谢尔宾斯基（Sierpinski）的地毯分形模型极其相似：取一个正方形，将其九等分；然后保留中间那个小正方形，对其周围的其他8个小正方形再进行九等分；按同样的规律不断操作，直至无穷，于是得到一个有规律的自相似的分形几何模型（图3.3）。❶ 事实上，绝大多数保留下来的海派古典园林均不

❶ 类似于谢尔宾斯基分形模型，参见，Heinz-Otto Peitgen, Hartmut Jurgens and Dietmar Saupe. *Chaos and Fractals*. 2nd Ed. New York-Berlin, Springer-Verlag, 1992, pp.78-9. 原始资料来源于 W. Sierpinski. Sur unecourbedont tout point est un point de ramification, C.R. Acad., Paris 160 (1915) 302, and W. Sierpinski, "Sur unecourbecantorienne qui contientune image biunivoquet et continue detoutecourbedonnée", in C.R. Acad., Paris 162 (1916) 629-63. 谢尔宾斯基（Waclaw Sierpinski, 1882—1969年），在1916年提出了经典分形理论。

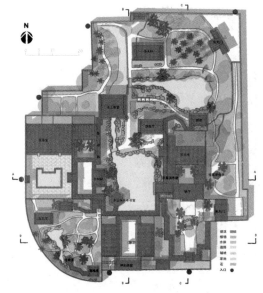

图3.1 醉白池平面图（见彩图8）

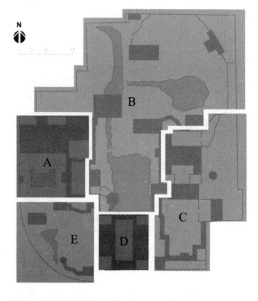

图3.2 醉白池子园分布图

是一次成形的，也不是最原始的版本，而是原始版本的不断再现、修缮而成，即由（不同的）使用者/园主依照相似的造园规则在不同时代不断营造/再现/修建/扩建而成。于是，在庭院空间中不断衍生庭院空间。一般说来，在造园过程中，最外围的院墙显然对于私家领域的定义与安全性是极其重要的，是隐居和陶醉于诗境的第一保障，也正是这一边界的确立定义了花园的轮廓和领域。接着，主庭院及其主景的选址无疑是重头戏；其次是如何建立主景（庭院）与入口庭院（周边）的微妙关系。而后的拥有者/使用者在追寻先前的版本和场景文化原型的同时，不断融入特定功能和情境，不断在这一场地中用同质性的园林要素以同构的手法再现、细分、重组空间（必要时扩建）。如前文所述，在明代，董其昌在朱之纯的谷阳园基础上加建了四面厅和疑舫，及其场景空间；在清代，顾大申则增建了醉白堂（池上草堂）及其大荷花池，确立"醉白池"主体意境及其空间。在每一个子园的分支体系中，均可寻找到类似的演变过程。也就是说，园林空间不断以分形迭代的方式在细分、演进、丰富（图3.4）。同时在某种程度上，这样的衍生、重现随着历史的变迁是无尽的，就如同中国道家《易经》中的演变。这也是海派古典园林中局部和整体存在相似特征的主要原因之一（图3.5）。

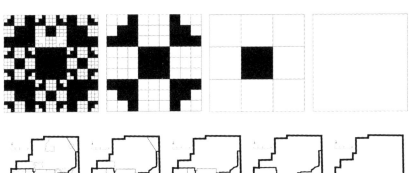

图 3.3 谢尔宾斯基方形地毯衍生图案
来源：徐人平.设计数学[G].北京：化学工业出版社，2006：199

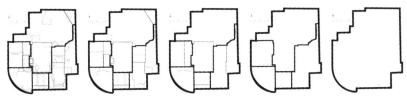

图 3.4 醉白池空间结构模型的生成示意——衍生空间

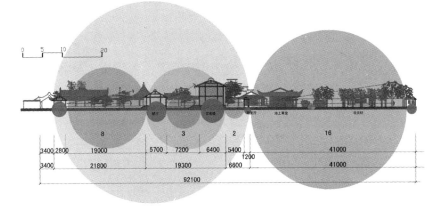

图 3.5 醉白池空间结构的剖面构成——"花园中的花园"

但是，醉白池的分形模型并不完全是谢尔宾斯基地毯分形模型的机械翻版，而是一种不规则的分形模型，有着一些灵活的"因地制宜"的随机因子。营造者/设计师可以根据自己设定的主题（思想）、场地中的资源或限定条件，灵活选择细分层级的数量、子园的边界位置、主体景观要素的定位和庭院的形态大小。第一个随机因子是不均等细分。谢尔宾斯基的地毯分形模型是严格按照等分的规律操作，所以同一尺度/层级的方形格子空间是同样大小的；而醉白池中5个子园大小各不相同，而且各自的形态不尽相同，呈不规则的或规则的，换句话说，细分庭院的院墙、廊墙的选择点不是在等分点，而且这些分割的墙"线"不全是直线，而是折线、斜线。第二个随机因子是保留的主庭院部分不一定在中心的固定位置。如在第一层级的5个子园，被保留的是位于中北部的池上草堂子园（B）；而在雪海堂子园（A）分支系列里，被保留的主要庭院（方池庭院A1）位于南侧。第三个随机的因素是，各个子园的分支体系中，细分层数在一定空间和时间里是不确定的，而且是不均衡的。例如宝成楼子园（C）的细分层数多于雪海堂子园（A）的层数，即宝成楼子园蕴含的空间数量和关系更复杂。这便是产生园林空间复杂性的主要原因之一（图3.6、图3.7）。

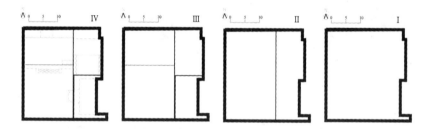

图3.6 雪海堂子园空间结构模型的生成示意

图3.7 花园中的子花园

这种不规则的分形特征同样出现在花园的步行系统中，那就是"环中隐藏着环"。整个醉白池的步行系统是由若干个子步行环组成，即每一个子园各自均有至少一个交通环，将该子系统中主要的建筑、空间连为一体。同时整个花园存在着一个步行大环，它将这些子循环系统包含在内，并且将各个出入口连为一体。此外，这些子步行循环系统同样隐含了更下一级的步行环或者分支，连接终端的景观建筑和单元空间。例如在池上草堂（醉白池）子园（B）主景区，其中一个子步行系统将主体庭院周边的景观廊、亭榭、建筑衔接为方圈，这个方圈隐含了两个更小的步行环，将池上草堂（醉白堂）、四面厅和疑舫紧密沟通起来。这个分形结构系统同样存在可变因子，如步行线的折变、环的不规则形态等，同时各子循环系统之间并非独立，而是通过门洞、廊、景观建筑相互连接为一体；这种连接有时跨越了不同尺度/层级，增加了更多的选择性和曲折性，也导致了空间体验中的复杂性。

不管怎样变化，空间结构系统和步行系统均存在一种不规则分形模型的可能性，导致园林生成中的相似性和变异性，同时这两个系统在不同层面上叠加在一起，从而形成了认知体验中的复杂性（图3.8）。然而，分形模型不能解释单元空间各景观要素之间的内在关系。整个醉白池不是为了再现或者演绎一个几何模型。相反，醉白池所传达的情感、意义、诗意远远超越物质空间及其系统；而这种情感背后的思想／精神是园林带给一代代使用者、参观者最为重要的东西。

通常来说，设计师、使用者的情感（诗意）和园林物质环境两者之间存在关系：其一，情感主观地投射到园林的物质环境中；其二，设计师、使用者的情感产生于对物质环境的条件反射，而后进行升华和美化。显然，海派古典园林的情感建构更倾向于第一种，即花园的场景及其要素成为设计师、使用者的代言物，变成了一种自传体式的景观。更进一步说，传统文化、绘画和造园三者互相影响，共同演进发展。山水画中用诗词、对联来点缀提升，同时两者成为造园的参考系统和表现（达）手法。从这个意义上来看，叙事在花园中的运用并非偶然，而是一种情感表达必不可少的手段和体系（图3.9）。

图3.8 步行结构系统模型的生成关系

不管是什么样的空间结构体系，均共享了相同的变化机制：迭代、变形和建构。其实，这也是《易经》中的哲学思想。

首先，《易经·系辞上传》中说，"易有太极，始生两仪，两仪生四象，四象生八卦"，表明了自然变化的规律：这可以转化成一个 2 进制的模型。[97] 在这个秩序中，太极作为万物的起源，衍生出阴阳两种基本形式，而阴阳又可以衍生为四季（春、夏、秋、冬），周而复始。其自然界的生成规律可以用"$f(XN)$ → $f(XN-1)$"来诠释。对照中国园林的空间结构模型，两者的分形模型是一脉相承的。❶ 醉白池可分为若干子园，子园又可由小花园构成。其次，《系辞上传》说"化而裁之谓之变，推而行之谓之通"[97]，也就是说，在迭代的过程中，必要时迭代的形态可以变化。在园林的实际建造中，从结点到边缘，从实体到空间，造园者可以因地制宜地化之裁之。同时单元空间（发生器）可以缩放、拉伸、旋转与剪裁等；造园者、使用者可以根据规则以及现场的情况进行因地制宜的变化组合。最后，《易经》认为，自然演变的规律是掌握复杂现象的本质。[97] 不断生成、变化和迭代带来局部和整体之间的相似性与复杂性，也带给人类无尽的愉悦感。其实，中国大部分的造园主（文人或者财主）、设计师与建造者均遵循了这个自然原则——变与不变，下意识地安排园林土地与空间。潜意识中的这些准则引导着他们在重建、修复和拓展园林空间，在不同年龄段、不同地点一次又一次地再现，在无限的可能中进行各种节奏的摆动。[7] 在这个层面上，醉白池是一个永无止境的花园，它永远不能真正完成；也是中国园林空间建构营造的一个典型范例。

❶ 也可以参看南怀瑾（2002）对《易经》的解释《易经杂说》，复旦大学出版社。

3.1.2 故事中的故事：园林空间中的叙事体系

如同绘画创作和诗词的写作，造园者往往"意在笔先"，主题构思先

图 3.9 花园中的叙事媒介

于、统领、升华具体的营造活动。在醉白池，整个园子的主题建构（即"陶醉于诗境"）主要归功于清代的画家顾大申，集中体现在核心区域的醉白池/池上草堂子园。而周边的其他子园拥有着自己的分主题和故事，使得园子的主题并非一目了然。除了玉兰园区之外，其他3个分主题和"醉白池"主题有着从属、衍生关系：宝成楼子园原是顾氏的宅居部分；碑刻廊子园是历代"云间"文人骚客"陶醉诗境"的物证展示；雪海堂子园虽然延续了"有堂有池"的"醉白"风格，但集中体现了近代中国文人对"陶醉于诗境"的一种反省以及强烈的民族责任感。毫无疑问，"陶醉于诗境"是醉白池的主旋律；那些分主题不断地再现、强化、丰富、延展这一主旋律，使之一直具有历时性、多义性（图3.10）。

事实上，每一个主题（空间）在不同历史时期又有着不同的功能、不同版本的故事和事件。例如，雪海堂子园是仪式性的区域；池上草堂子园是交友小叙的地方，其中四面厅是绘画创作的地方，乐天轩与疑舫是书房兼客人留宿的地方；宝成楼子园是家族生活的区域；碑刻廊子园是婢仆住宿与储藏区域。其中碑刻廊区域曾在清朝道光年间（1821—1850年）改为善堂仓库，后改回居住用途。于是，"主题、分主题以及不同故事之间的结构关系是什么，以及如何解释"成为理清海派古典园林叙事特征的关节点。简而言之，这是一种非线性的叙事体系，在整个园子里，故事发展从开始、高潮到结尾没有一个清晰、完整的顺序和结构。主要表现为：首先，多个故事（而非单一故事）嵌套、叠加、平行发生在醉白池中，花园故事的主题概念是预设的，结构是开放、离散的，空间体验中情节线索是随机的、不规则的和非寻常的，需要体验者/使用者的互动参与来链接；其次，单个故事的发展沿着多条空间与时间线索展开、折变、演进，不断发展，这些空间情节嵌套虚实相间、相互叠加、平行发展，例如池上草堂子园有顾大申的营造痕迹，也有董其昌的创作思想，还隐含了唐代诗人白居易、宋代诗

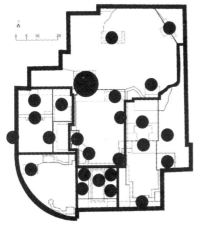
图3.10a 醉白池中的叙事结构图

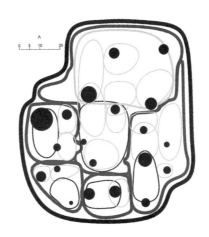
图3.10b 醉白池中的叙事媒介布局

人韩琦的故事，同时园中复杂的环形步道提供了可选择的体验途径和线索；最后，故事有空白点或者没有结尾，需要体验者/使用者的活动/事件来填补，如池上草堂子园的北侧空间没有事件定义。

因此，这样的叙事结构导致一种在海派古典园林中普遍存在的现象——"故事中的故事"。虽然西方园林也有类似的现象，但是海派古典园林拥有一套相对完整的叙事体系。

第一，多样化的叙事词汇及其网络布局在语义上建立了链接。在海派古典园林中，叙事的词汇主要有题名、对联、诗词、碑文，以及特殊寓意的图案等。如果一个园子没有题名，就难以被人记住、理解与传诵。同时，每一个建筑、每一个子园都赋予了一个表意的名字，而不是像西方那样以注明所有权来命名。醉白池也不例外，无论是西侧的雪海堂中关于孙文总统演讲的对联、中部池上草堂的"香山韵事"、南侧的邦彦画像，还是北侧以白居易的字"乐天"命名的"乐天轩"，均十分明确地传达了主题思想。同时这一系列的叙事词汇巧妙地"点"设在整个园林的空间结构中（门楣、匾额、束柱、窗花、廊墙、屋顶等等），不断地插叙、倒叙、闪现、呈现在其中，形成了整个园子的叙事回应和语义上的诗意、关联；此外，这种同质性的、相似的叙事词汇构成了体验美学中形式上的节奏感（诗意）。

第二，借用诗歌的概念、内容和意境建构了花园场所的场景、文脉和意义。在单元空间（主题庭院空间）里，景物的布局和场景的建构往往依托于诗歌的内容和意境，这完全不同于西方园林中以视觉/域为导向的建构方法。如醉白池核心区的整个场景，便是白居易的诗词《池上篇》的真实写照："有水一池，有竹千竿。勿谓土狭，勿谓地偏；足以容膝，足以息肩。有堂有庭，有桥有船。有书有酒，有歌有弦……优哉游哉，吾将终老乎其间"。诗歌中的概念与内容引导着顾氏去营建、完善园中的每一处景物和情境：极其纯粹、遍布荷花的大水池，横跨于河池的醉白堂，玉字环廊，"花露涵香"的半亭，莲叶东南的临水榭和六角亭，船首向西的疑舫以及东西侧院角的丛竹。诗中的意境大多能在园林场景中找到相对应的情境，同时物质空间系统通过象征、隐喻、明喻、指代、借代等修辞手法回应和拓展了叙事系统所指的意境。当然顾氏的醉白池不是机械地复制白居易的诗歌，而是因地制宜的再现和创造性的诠释。同时，这种诗歌和园林的诗性关系成为许多后来者追寻的梦境，不断地吟诗作赋，一次次个体的体验与碰撞，逐步升华为新版本的"池上篇"或者"醉白池"。于是，这便积淀为园林中的一种文脉，成为后来者修复、重建、延伸的依据和参考系统。

第三，通过叙事策略不断设置悬念包袱和逐渐揭开包袱来有效建构、整合空间。亚里士多德曾在《诗学》中明确定义了文学剧作叙事中的"系"与"解"："系"通常是指从故事开始到即将发生剧情转变的那一场景，"解"

是指已经发生剧情转变的一幕到结尾。在园林中，封闭的边界（子园之间的院墙）是最大的悬念，可称为"系"，其后的过渡小空间通常称为铺垫部分，也是作为"系"的角色；而主景及其主要庭院则可称为"解"。事实上，园林中的空间并非那么简单。花园巧妙地运用了叙事词汇系统，作为一种线索来完善和丰富"系"和"解"的关系。一些题名、对联往往被书写在叙事的边界（院墙）的门楣和廊柱上，如雪海堂子园入口处的"雪海幽境"及其与醉白池子园衔接处的"松摇古谷风，竹送清溪月"，在空间组织中起到了暗示的作用，引导着故事/体验的发展和下一个场景的出现。同时，也可理解为一种悬念，引导观者去寻找所描绘的场景。而另外一些叙事词汇出现在庭院中的建筑上，有时起到点题和升华的作用（如池上草堂、四面厅的对联），同时还隐含、链接了另外的故事（如云间邦彦画像）。不管怎样，这些出现在边界和结点中的叙事元素在不断设置悬念包袱和逐渐揭开包袱，在花园的建构和认知过程中起到了有效的整合作用。

由此可见，醉白池中的叙事系统不仅表达了造园者、使用者的情感、主题思想，而且作为一种线索贯穿着物质空间的生成、演变与认识，营造一种文化意境上的美学；而"花园中的花园"的分形空间结构无疑为非线性的叙事系统提供了物质条件和背景框架，支撑着"故事中的故事"的叙事结构，形成了一种视觉美学上的诗意。这两者（非线性的叙事系统和不规则的分形空间结构系统）并非相互割裂，而是互为条件，在不同的维度上相互协调，成为一个有机的网络系统，从而衍生了空间的复杂性和场所精神。诚然，这种叙事系统将园林中的空间系统整合为一个有机完整的网络系统，创造了超越物质的无尽诗意和意义，积淀为一种文化精神。

如果醉白池中没有叙事词汇及其修辞策略，那么空间的要素及其系统就失去了灵魂和连贯性，花园的重建也就失去了指导方向；如果没有分形空间结构的支撑，叙事系统的诗意"陶醉于诗境"将失去物质的感触性和空间的体验性（图3.11）。这种局部与整体的相似性、复杂性与叙事性，构成了空间认知的可识别性与趣味性，展现出一种强烈的历时与共时的文化认同性。同时，这种不断迭代的空间结构为充分利用土地、空间资源提供了一种有效的策略；而叙事体系为如何将诗意、场所精神投射到物质空间中去，以及如何整合不规则空间系统提供了一套可供选择的语言系统。[98]简而言之，如何来诠释海派古典园林空间中的复杂诗意及其艺术性，需要跨学科研究。正如德勒兹（Gilles Louis Rene Deleuze）所言，"我们有足够的理由需

图3.11 醉白池入口庭院

要一种全新的几何学作为解决问题的基础，一种理性的而又灵活的方法是值得探讨的。"

3.2　网络特征：以曲水园为例

前文描述了海派古典园林结构中的一种特征——不规则的分形叙事模式，这在醉白池中表现得比较鲜明。海派古典园林结构还有一个特征——网络特征（Network）。这里的网络不是指虚拟的互联网/万维网（internet），或者计算机网络（computer network），或者流量网络（Flow Network），也不是指抽象的人际关系网络。这里的网络是指一种空间布局系统，即由结点与连线构成的空间结构模式，这种结构可以把点、线、面的信息连接在一起组构成一个复杂系统。

伦敦大学学院空间分析研究中心主任迈克·巴蒂（Michael Batty）教授曾指出：20世纪90年代，网络概念并没有被意识到其中的积极意义，直到与微观世界之间的内在关联被正式详尽地阐述才被重视。[99] 一个微观世界中，系统的属性能够驱使处于互动关系中的要素（结点）去演绎系统中局部与局部、局部与整体之间的复杂关联。这种关于微观世界的网络观点近似于中国道家哲学：在这个自然界的微缩模型中，一个个微缩中心在不断演绎；每一个微中心在有限的复杂时空中创造无尽的体验。[7]

从现有的文献看，网络理论主要被应用在城市（群）空间结构[100]、交通系统[101]、生态系统等宏观地理空间结构[102]的描述方面；而在微观尺度的应用研究相对较少。本节试图将园林物质结构整体视为一个网络系统来探讨空间中的复杂结构，这也是揭示一件艺术作品内在秩序的基本规律——整体观，同时也是当今人居空间重构的必由之路。

下文将以海派古典园林曲水园（图3.12）为案例，运用网络理论来分析园林景观叙事的空间结构特征，进而建构空间结构形态的几何模型，为园林空间的重组与塑造提供可选择的途径。

曲水园主题清晰，构思源自"曲水流觞"。同时，曲水园的整体空间布局有章法，以"二十四景点"为原型，结构特征较明显。[103] 鉴于上述两个原因，选择它为研究案例。

具体的研究路径是：从总图切入，暂将植物绿化、山石等从总平面中隐去，那么曲水园空间总体布局的结构关系可转译为如图3.13所示的空间图示。这一空间图示包含了3个要素：空间细胞、边界和联结。这基本呈现了网络结构的主要特征。这里的空间细胞相当于结点空间即指园子中的一个个庭院空间或者（半）围合空间，其中的建筑与对应的缓冲场地可视为网络中的结点；之所以称为结点，是因为这些场所往往是视线、活动、能量（气）、信息的聚集点；某些区域中的主体建筑也可视为主要结点。网络中的边界是指围合单元空间的院墙、建筑、植被等等，尤其是分割空间的院墙是中国园林的重要标志，它不仅定义了内与外、彼与此、私密与半私密空间领域，也是导致空间结构复杂性的关键要素之一。模型中的联结是指单元空间（结点）之间的可达性与关联性，并非指步行系统。除了这3个要素的统一属性之外，这一网络模型还呈现出曲水园空间结构的不规则性和灵活性（图3.13）。正是这样的结构模式，构成了园子局部与局部、局部与整体之间的统一性与多样性，也是形成认知体验中的认同性与复杂性的重要因子。

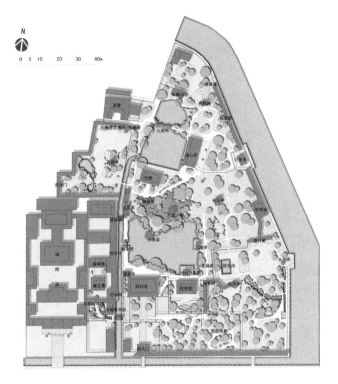

图 3.12　曲水园总平面图
（见彩图 11）

图 3.13a　曲水园不同层级的空间分布

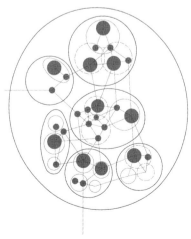

图 3.13b　曲水园的空间结构网络模型

3.2.1 结点及其结构

从园子的空间形态来看，整个曲水园的结构是建立在庭院空间的基础上：大大小小不规则形态的围合或半围合的空间组成。从总平面图可以看出，曲水园主要有 6 个较大的围合庭院构成：凝和堂区（A）、荷花池区（B）、有觉堂区（C）、清籁山房区（D）、植物庭院（E）、西入口庭院（F）。这 6 个次花园之间有严格定义的院墙或者边界，有不同的尺度形态，可以容纳各种活动。这些次花园里又衍生出若干小庭院空间（图 3.14）。如凝和堂区（A）大致可以分割为 4 个庭院空间以及若干个微型庭院（图 3.15）：凝和堂庭院（A1^i）及其 3 个西侧园（A1^{ii}、A1^{iii}、A1^{iv}、A1^v）、芭蕉小园（A2^{ii}）、花神堂庭院（A2^i）、入口庭院（A3）以及一个植物庭院（A4）。这些派生的小庭院同样拥有各自的领域边界，尺度、形态、大小规模、内部布局也各不相同，同样可以容纳多种日常休闲活动。尽管这些次花园、派生庭院在具体物质形态上有所区别，但拥有相似的空间要素、结构模式与共同的属性——围合性、向心性、包容性与事件性。

同时，在花园中，单元空间之间的结构关系存在着不同组合策略：次花园之间是并置关系；次花园与衍生的小庭院之间是包含与被包含关系；小庭院之间则有并列、叠加、咬合、包含等各种关系。这些单元空间组合方式的多样性与灵活性，导致了整个网络空间结构关系的复杂性与层次性。[104]

尽管大多数庭院空间被空域所占，但是其间总定居着结点——建筑。❶

❶ 事实上，建筑从某种意义上说也可视为"微型（小）庭院"，与室外的庭院空间所不同的是拥有了屋顶，围合程度较高。当然结点也可以是庭院。

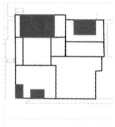

图 3.15 凝和堂区域中结点建筑及其空间

图 3.14 曲水园子园的空间结构及其场景

在曲水园中，每一个次花园中均设置不少于一个主体建筑（厅、堂、室、阁等），如凝合堂区的凝和堂与花神堂、荷花池区的竹榭与九峰一览亭、有觉堂区的有觉堂、清籁山房区的清籁山房、植物庭院和西入口庭院的景观廊亭等。大多数小庭院空间也包含了（对应着）一个景园建筑，如恍对飞来亭、迎曦亭、小濠梁、舟居非水舫、得月轩、夕阳红半楼、御书楼、六角亭、紫藤廊、镜心庐、听橹阁等。同时，这些建筑的一侧通常安排有一小块硬质铺装作为缓冲区域。尽管各自分布在不同位置，拥有不同的尺度、规模、风格形制、层数、功能等，但是这些建筑以及附属结点空间均拥有丰富的视觉景观，而且蕴含了许多人文信息，为日常生活事件、仪式活动等提供了良好的时空场所，或唱或观或咏或画或歌或饮或思或戏等；尤其是那些相对主要的景园建筑，这一特征更加鲜明。无疑，这些仅占总面积7%的建筑成了整个网络的支撑点，如果没有这些景园建筑，曲水园也就黯然失色，失去了记忆，失去了活力。

3.2.2 错综复杂的联结系统：步行系统、水系和叙事语言

这些空间细胞（结点）之间，主要存在3种关联系统：隐含在场地中的步行系统、特色水系以及一套相对完整的叙述系统。❶ 这三者共同构成了空间网络结构中的联结系统，使得这些"松散"、"游离"、"多中心"的庭院空间整合为一个有机的网络整体。

❶ 联接的另一个要素为景观视线。关于视线的研究，彭一刚先生对江南园林已经进行了充分的论述，在此不再累赘。

步行系统包括有铺装的园路、山道、台阶、廊道、曲桥、硬地等。这些约占整个园子面积的8%。这些路径不仅增加了空间分割的层次，更重要的是联结了庭院空间以及结点建筑。这些路径依存在以单元空间细胞为基础的结构之中，同时隐含着自己的结构特征：环中套环、环连着环、环叠着环。也就是说，每个次花园有自己相对独立的不规则网状路系，以及隐在其中的小路环，而这些路环之间的连接呈现多向度的不规则网状特征，而不是庭院与庭院之间的单一联结。同时整个院子的主要游览路径隐含在其中（即没有明确定义的），主要交通环可以叠加、跨越这些次路环。于是在园林中，这些路径在不断分叉、交叉，或者消失在末端的景园建筑中，或者汇聚在建筑结点与出入口处。因此，步行系统不仅使得这些"结点"建筑可达，而且提供了可达方式的多重选择性、深度与趣味性，构成了整个空间结构网络系统的主要形态脉络。这种复杂性也可以通过空间句法的分析得以印证。例如图3.16中的主要路径，其关联性与深度可图解为图3.17所示。如果以结点为研究对象，同样可以发现连接的多样性、可选择性。其中，85%以上的结点拥有两个以上的可达路径，如凝和堂、竹榭、镜心庐、恍对飞来亭、迎曦亭、小濠梁等；15%的结点有1—2个可达路径（图3.18）。总之，道路系统是空间网络结构连接系统的重要支撑，也是园林复杂性的主要成因之一。

园林空间的另一联结系统便是花园中的水系。水域面积约占园子总面

积的15%，包括两个集中水面、一条南北向的水道以及一些点状水池等，不包括南侧与东侧的城市水系。虽然整个水系在园林空间结构中的布局是非常不均衡、不规则的，但是这个水系渗透到了每一个次花园中。主水道自南向北，贯穿了5个次花园及其10余个小庭院空间，并将主要的景园建筑结点（凝和堂、有觉堂、竹榭、清籁山房、镜心庐等）串联在一起。不仅构成了这些结点的视觉线索，同时成为这些庭院之间的气脉，尤其在夏季成了调节园林微气候的通道。同时，周边的城市水系不仅强化了园林的

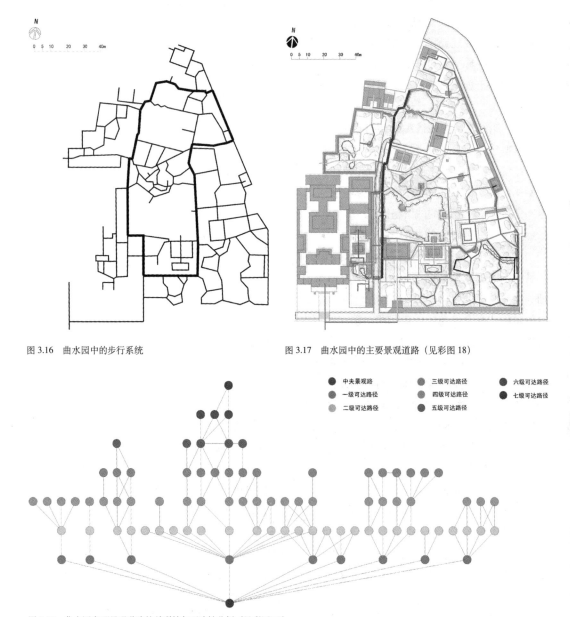

图 3.16　曲水园中的步行系统

图 3.17　曲水园中的主要景观道路（见彩图 18）

图 3.18　曲水园主要景观道路的关联性与可达性分析（见彩图 19）

边界领域，还使得园林与城市发生了视线、能量、气候以及信息对话。整个水系进一步强化了各庭院空间之间的关联性，与步行系统相协调融合，叠加在空间细胞结构之中，成为复杂网络组成的一个要素。

值得一提的是，园子中的叙事系统一方面引导着造园者去创造、组织、定义空间场景和结点，另一方面将主题思想、情感与事件传达给参观者。[9] 这套叙事系统包括4层要素：图像、文字、形态以及符号信息。在园子里，地面铺装的雕刻图案、门窗扇上的雕刻图案、灯具上图案、建筑栏杆梁楣屋顶上的雕刻图案（图3.19，荷花、谷物、祥云）、家具上的雕刻图案、园子主题绘画等均传达着一种喜好、一种情感、一种主题，且有相当一部分的传统图案成为一种语义的代言符号。园子中的建筑或者景物大多拥有一个点题的名字与对联或者诗句（图3.20、图3.21），不断在时空中重复、闪现，如"迎曦亭"、"夕阳红半楼"、"舟居非水舫"、"小濠梁"、"天光云影"等。此外，一些物质要素的特殊形态，如葫芦状的荷花池，传达了一份寓意。这些叙事载体不仅有丰富的文学语义，并且隐含着与之相关的历史事件与典故。没有这些题字，也就意味着园子的建造还没有结束。这一系列散落在园子空间结点、边界、路径中的叙事语言，无形之中构成了一幅"印象派"主题绘画，使得这些庭院空间、结点"形散而神不散"。因此，可以这样认为：曲水园的叙事系统是凌驾于整个步行网络之上、连接空间细胞的非物质网络。

3.3 空间情节特征：以豫园为例

如果说分形叙事与网络是海派古典园林景观叙事的显性结构特征，那么空间情节则是海派古典园林景观叙事的隐形结构特征。如果前者是关于叙事客体的结构特征，那么后者是关于叙事主客体的关系特征。也就是说，这些景观叙事语言并非单向度或者单一维度组构在一起，而是以一种非常复杂的关系组构在一起。

前文已经多次提及海派古典园林的复杂性。如何来描述、用怎样的语言来分析海派古典园林的这种特征？运用理性的方法是否可以解析海派古典园林的多重复杂性呢？

图 3.19　园林中的雕刻图案与题名　　图 3.20　园林中的题名与对联诗词　　图 3.21　园林中的题名与楹联

以往的研究主要集中在单一对象，如建筑、花木等实体要素的复杂性。关于中国园林中的复杂性问题，朱光亚教授曾这样表述，"如希望高屋建瓴地获取创新的启示，必须把目光从与现实不适应的单个要素（如水、山、花木，特别是建筑）上移开，站得稍远一些，对它们作一次共时性的，即系统和整体的考查，注意要素之间关系的研究，才能找到其中更有生命力的本质。"[105]

这种本质就涉及园林语义及其对主客体关系的影响。这就需要一种理论与方法来揭示。不妨学习一下亚里士多德在《诗学》中的经典之语：一件艺术作品不仅需要精心编排的复杂结构，同时还要蕴含情感。[29]那就是"情节"。[106]情节与空间的关系通常出现在电影、戏剧的研究之中。"长期以来，以时间，即以情节发展为基础来组织电影的时间与空间的思维方式，仍是许多电影创作者普遍接受的思维方式"[107]，这种研究方式对挖掘电影艺术更深层次的潜能和表现力具有积极意义。对于人居环境空间设计来说，情节赋予设计作品两种能量：增加内容的感染力以及结构的关联性。[108]

本节以海派古典园林之一的豫园为研究案例，运用空间句法与情节，解读海派古典园林结构的叙事性与复杂性。之所以选择豫园，是因为豫园在3个方面比较典型：整个豫园占地面积仅有约30亩，但是它有着"令人赞叹的景观"，这座迷人的建筑迷宫，包含了几乎所有令人愉快和惊讶元素的城市花园[7]；同时，豫园早期建造前后历时20多年，之后豫园又经历了多次修复和重组[16]，这里面有许多复杂的故事与线索；最为重要的是豫园有一个清晰的主题——"愉悦"。

3.3.1 空间结构的复杂性

根据豫园的总平面图，园中的庭院或单元空间是园林空间结构的基本组成部分，如由建筑物围合的庭院、建筑附属的前庭与后院或者侧院、由围墙包围的小院、有顶的休憩空间等等（图3.22）。虽然很难确定豫园中小庭院的数量，但主要的子园共有7个，除了向城市开放的湖心亭部分（G），其余6个子园为：三穗堂（A）、万花楼（B）、点春堂（C）、得意楼（D）、玉华堂（E）以及内园（F）（图3.23）。每一个子园相对独立，由围墙或者建筑围合而成，相互之间由通廊相连。子园的空间布局可以解释为由许多单元空间所组成。[109]

单元空间之间及其与整个园子之间的关系是怎样的呢？例如：以中心庭院得意楼（D）为基点的总深度可以检测出来，在图3.24中可以看到，一些"局部中心"庭院（黑点）连接着周围几个小空间和建筑空间，它们中有一些连接着尽端路，有些则是多向联系。通常一些空间结点可能会发展为一个新的空间系列。换言之，这种结构中的每个单元空间都与其他单元有着不同程度的连接。根据希利尔(Bill Hillier)的相邻空间拓扑关系[109]，在花园的整体结构中主要有 4 种类型的单元空间,与豫园相关的有两种,一种类型是死胡同型,即该单元空间与一个以上的断头路相联;另一种类型是循环连通型,有超过两个连接关系,它们至少形成两个圆环。在豫园中,这些局部中心庭院空间常有两个以上的连接关系,至少包含一个流通环,它们将单元空间连接在分支系统内或穿过它。大约 40% 的功能性建筑单元空间属于死胡同型,50% 以上的单元空间拥有至少两个连接口,增

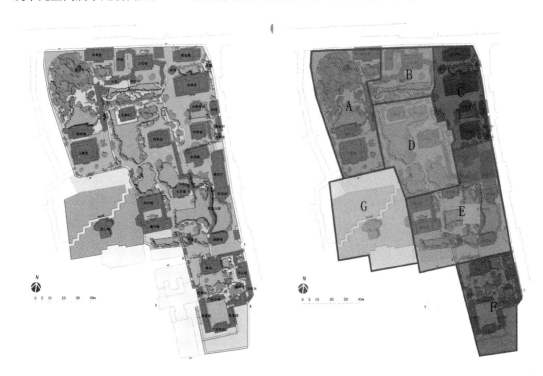

图 3.22　豫园平面图(参见彩图 1)　　　　图 3.23　豫园子园分布图

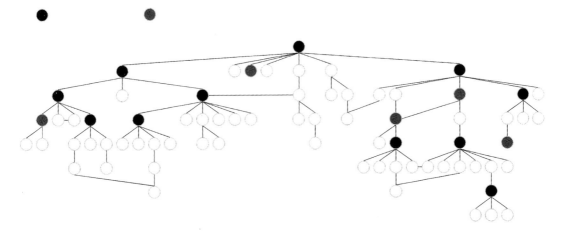

图 3.24　豫园中央庭院的深度
(黑点:局部重要的单元空间;在顶部的黑点代表得意楼;灰点:出入口;白点:单元空间)

加了与外界联系的途径。园林中的这种树状结构不同于博物馆和城市的结构特点。[27]

除了空间结构之外，在道路系统中也可以找到相类似的部分和整体之间的关联关系。嵌入式道路系统也同样连接着园林建筑、大门入口和单元空间。[7][10] 一些道路以建筑物为终点，有些则在拐弯处分叉。当分析道路系统的连接度时，可以找到一些局部性主路线，这些路线具有较高的整合度，如万花楼附近的复廊、得意楼前面的九曲桥、玉华堂子园中的长廊等。例如，在玉华堂和得意楼子园中，可以解析出一条核心路径以及它与整个道路系统的连接关系（图3.25中的粗线），很明显，这样的道路通常连接着许多小环流和支环流，因而在整个道路系统中具有较高的连接度。同时，道路的嵌入系统常具有选择和转折的显著特点：这些结构中有众多的T形交叉点和L形转折点。

也就是说，具有交叉点和转折点（或选择和转折）的道路系统，能让人产生复杂的认知感觉，丰富了空间体验（例如，上和下、里和外、明和暗），虽然有时候这也会迷惑游客，增加认知成本与体验时间。例如，一条从入口到出口可以连接大部分景观和园林建筑的体验路线由有遮蔽物的走道、露天道路和室内通道组成，其中包含了选择与转折的各种机会。对其变化频率进行测定：大约有88个具有选择性的交叉点和大约80个转折点，

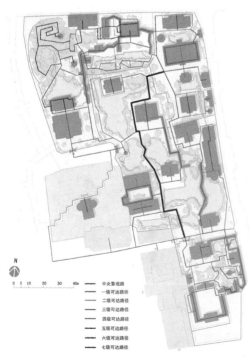

图 3.25 豫园中心路径的连接（见彩图21）

图 3.26 豫园中心庭院的可达性（见彩图22）

引导游客转变行进路线（图 3.26、图 3.27）。

其实，无论环路还是非环路、主路径或非主路径，大部分的步行道在不同层次上产生丁字路口与转折点，为游客提供了行进中选择和转折的可能性（图 3.28），这意味着更多的经验感受。

回到园林的总平面图，大部分的元素，如景观建筑、墙，有趣的花木和奇形的石头围着庭院、水面等布置，形成了一个单元空间及其物质边界（图 3.29）。

一般来说，有两种边界来限定单元空间中的视域：明确的建筑边缘（图 3.29 中 A 庭院、图 3.30），和不明确的柔性边界（图 3.29 中 B 庭院、图 3.31）。豫园中大部分的子园有曲线蜿蜒、明确限定的围墙，有的用龙的雕塑来装饰，有的结合建筑收尾。另一种围合边界是不明确的柔性边界，如树木、岩石或开放式的走廊。由此形成的凸形视域，因边界构成要素的尺寸、规模、形式的不同而不同。例如，得意楼子园被划分为 3 个下一级庭院，通过树木形成不明确的边界，由树木、柱、墙之间的间隙，又形成视觉"窗口"，从而形成再下一级的小花园，如此划分，使得园林空间的凸形视域变得相当复杂。因此，建筑、路径、花木、石头、水体等不同的边界类型和相对位置，使园林中凸形视域的形状和结构变得复杂。

在每一个单元空间中，不同的边界元素及其构成的凸形视域，使部分与整体之间形成了非常复杂的相似性与多样性。园林空间中的凸形视域，给游人带来不同的视觉体验。例如，在玉华堂子园中，每个单元空间都拥

图 3.27　空间体验中建筑的起伏节奏、边界和视域（图中字母表示主要观景结点）

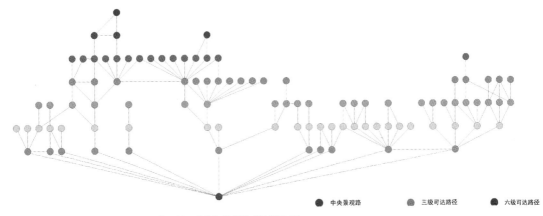

图 3.28　豫园中心路径在整体步行系统中的可达性与关联性（见彩图 23）

有自己特有的空间形状和组成要素，东边的小花园容纳了两个建筑物（听涛阁和涵碧楼），中心设了一个池塘，四周环绕树木和假山。西边的点春堂子园，有一个画廊，一个图书馆，以及一个由树木和假山怀抱的庭院；顶部的小花园里有一个正方形的庭院，拐角处有水景，周围有两栋楼；中心的小花园有一个大湖和一个假山，周围是主楼、曲折的走廊和白墙。每个单元空间享有不同的视域，使游客在子园漫步时产生认知的相似性和复杂性。在整个园林中，空间节奏可通过视域的变幻获得不同的体验：从大到小，从虚到实，从低到高。此外，在整个园林中占地约18%的建筑物构成了单元空间中视域的边界；建筑可以容纳多样的活动。无论扮演什么样的角色，建筑在园林空间体验中都起到了重要作用。同样，花木、山石以及其他元素则增加了园林空间体验的多样性和复杂性。

空间结构的复杂性，体现在空间视觉体验的节奏韵律上，这可以运用视觉分析方法（VGA）得到佐证。不妨借助软件Depthmap，以VGA连接度为指标，分析空间连接度数值变化，可以发现一定规律的节奏韵律特征。豫园空间结点流线的动态韵律变化与场景中叙事主题之间存在内在关联，且分别体现在全园、子园与场景中。在全园中，分析人在动态游览每个子园场景的过程，可以类比为阅读文学作品里的一个个章节。子园之间的空间序列排布关系上呈现出"起—承—转—高潮—合—尾声"的故事情节脉络，这直接体现在子园与子园之间的视觉连接度方面，总体上呈现"低—中低—中—高—中—低"类型的一种秩序变化（图 3.32—图 3.35）。如豫园从三穗堂区（低）—万花楼区（中低）—点春堂区（中）—得意楼区（高）—玉华堂区（中）—内园区（低）。在局部场景中，关于文学主题的表达，豫园的"玉玲珑"场景具有按空间序列表现的特征，空间句法分析结果表明，从开端"引玉"，到铺垫玉华堂，再到高潮玉玲珑，视觉连接度数值呈现出一种不断升高的变化，最后来到积玉水廊时进入场景的收合阶段，说明在场景中视觉连接度的变化属性与玉玲珑主题烘托表达的关系同样具有一致性。

运用视觉关系分析，包括单元空间的可达性、道路的连接度和视

图 3.29　不同类型的内花园边界

图 3.30　建筑的硬性边界

图 3.31　含蓄的柔性界面

域的多样性分析等,可以解析海派古典园林中的单元空间、道路体系和体验特征[110][111],以及园林空间结构的相互依存关系等。然而,视觉分析技术对于解析海派古典园林中蕴含的传统文化和哲学理念还存在挑战。

园林表达的是个人的内心感受,而不是外在的物理功能。一般来说,以下两种方式通常用来联系环境和人类感受之间的相互作用:"环境心理学"和"深层心理学"[112][113],豫园中的诗情画意受第二种方式的影响非常大,也就是说,设计师的情感和诗意投射到他居住、学习和娱乐的花园里。[112]园林景观成为园主人的自我写照,园中大部分物质要素和组织系统都体现了设计师或园主的爱好和思想情趣[7],大部分的要素(无论是有生命的植物或无生命的石头),被拟人化塑造,成为人性化的自然。也就是说,园林传达了主人的情感、诗意和哲学理念,超越了分析所得出的、理性的图表与数据。这方面的解读还需要借用其他工具来研究。

3.3.2 叙事系统的情节性

海派古典园林往往表达的是个人(园主人和设计者)的内心感受与自

图 3.32　豫园空间连接度分析(参见彩图 3)　　　　图 3.33　豫园体验路径

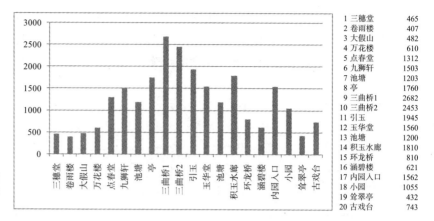

图 3.34 豫园空间结点连接度韵律变化（数值为视觉连接度）

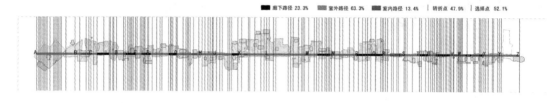

图 3.35 空间体验中的节奏（建筑、边界和视域）

然景观之间的互动关系。豫园传达的是园主个人的情感和哲学理念。那么什么样的语言可以用来描述豫园中的诗情画意？正如亚里士多德所说，故事情节的复杂结构和深刻感情，是形成一个出色的作品的两个重要因素。[29] 当代语言学家还认为，叙事的力量在于情节结构的连接策略，而不是语言或角色的特征。[38][114] 也就是说，空间情节方法可以用来解析豫园中所蕴含的"诗意"和"情感"，将物质系统与蕴含的情感有效地联系起来。

3.3.2.1 同一主题下嵌入一系列分主题

潘允端建造豫园的主要目的是让他的父母在晚年享受一段宁静快乐的时光，"豫园"之意即是"安心与快乐"，这就是豫园建造的主旨。如何来实现这一目标呢？

豫园中的子园一般都有各自的分主题，而这些分主题都是围绕豫园的中心主题展开的，如三穗堂的分主题"收获"、万花楼的分主题"万花"、点春堂的分主题"生机"、得意楼的分主题"快乐"，和玉华堂的分主题"繁荣"。园主对于幸福的诠释化解到园林中的每一个富丽堂皇的厅堂与精致的小庭园，并可以让自己和家人共同去享受。例如，得意楼可以欣赏自然之美，体验"楼台近水，水面风来，水波如绮，藻采纷披"之情境；万花楼可以欣赏繁花盛开、翠竹依依、石峰嶙峋的意境；点春堂可以欣赏戏曲表演；玉华堂则是一个可以静心读书的书斋（表 3.1）。[16][88]

同一主题内嵌故事的叙事结构　　　　　表 3.1

主题		第一层 1 子园中的分主题	第二层 2 小庭院中的副主题和故事情节	第三层 3 小庭院中的故事	图像和细节
平和、喜悦	A	三穗堂：收获	故事情节：收获（A1）	A1$^{\rm I}$，A1$^{\rm II}$	
			故事情节：长寿（A2）	A2$^{\rm I}$，A2$^{\rm II}$	
			故事情节：家务事和家庭活动（A3）	A3$^{\rm I}$，A3$^{\rm II}$	
	B	万花楼：万花	故事情节：潘父种植银杏；欣赏花朵和假山石	B1$^{\rm I}$万花楼 B1$^{\rm II}$回廊翠竹 B2$^{\rm I}$鱼乐榭—小溪	窗花图案：梅、兰、竹、菊
			故事情节：仪式故事；典礼		
	C	点春堂：春光明媚	故事情节：传说；民俗音乐与民俗表演；流行的诗歌		
			故事情节：清代中期农民起义的故事（小刀会起义）		
	D	得意楼：喜悦和荣耀	故事情节：欣赏水景或整体景观		
			故事情节：八仙过海的神话传说		
	E	玉华堂：财富	故事情节：作为书斋		
			故事情节：书房摆设		
			故事情节：充满意境的假山庭院的历史故事		
	F	内园	（当地风格的戏剧）		
	G	湖心亭	（娱乐）		

备注：在花园建造过程中作出的任何决定都要取决于花园的主题和场地的情况。

此外，每个小的情节主题都是由其子园中的亭台楼阁、庭院、材料、细节、叙事媒介和场景来表征的。例如，前文介绍的三穗堂，大堂四周有回廊，回廊四周有精美雕花，门窗的装饰符号以水稻、麦苗、瓜果和蔬菜为主，这些都是丰收的象征——三穗堂的主题。[16][88] 而"三穗"一词原本出自《后汉书》中"梁上三穗"的典故，寓意丰收。[16] 每一个优雅的厅堂或亭子虽都有各自的用途、活动和故事，但都与主题"丰收"相匹配。在子园中的每一个微小的单元空间、建筑、小品和细节都不断地诠释着同一主题的故事和体验。这些分主题都源于豫园"愉悦"的中心主题，同时，又展示了各自的故事，以自己的方式诠释着中心主题。[7] 这个基本的情节线索贯穿每个子园，使整个园林在不同维度上变得越来越复杂。对于使用者而言，园林的意义和体验会变得越来越强烈（图 3.36、图 3.37）。

"主题下嵌入分主题"的情节结构与园林的不同层次和维度的物质结构有着密切的联系（参见表 3.1）。故事主题之间 4 种不同的关系构成了整个情节结构，并投射到园林中的物质结构上，分别为平行主题、重叠主题、

图 3.36 三穗厅的匾额和对联

图 3.37 豫园大假山入口匾额

单一嵌入主题和双重嵌入主题。例如，万花楼中成千上万的花朵的故事情节与位于点春堂子园的地方戏曲有明显不同；同时，在得意楼和点春堂共享的一个双庭院，描述"山辉川媚"的故事。在点春堂，讲述了两个平行的故事情节：一是与传统戏曲相关，另一个则是关于小刀会起义军的故事。其余的空间也可以供富有创造性的使用者想象[98]，去创造他们自己的故事并重新组织园林空间。例如，每年节假日豫园商城管理者在湖心亭区域精心策划展示不同版本的民间故事，让游客去解读。最终，豫园中的空间情节直接映射在园林的物质结构上（图 3.38、图 3.39）。从这一点上看，豫园中情节系统与物质结构的耦合不仅使设计师和园主在重构过程中能够创造故事情节，也为参观者和游客提供了想象的空间。

3.3.2.2 不同的词汇类型和位置

在海派古典园林里一般采用什么词汇来讲述一系列故事情节和蕴含的意义呢？

一般来说，人们习惯在庭院、建筑物的题名中，以诗歌、楹联和雕刻的形式讲述典故。在豫园中，主要采用 3 种不同的语汇——文字、图像与声音——来讲述故事情节，并把园林作为一个完整的整体联系起来。

首先，如曹雪芹和高鹗（1890）的小说《红楼梦》中所表述的，如果一个建筑或园子没有赋予过经典名言名句（如题名、诗歌、对联）就被视为尚未完成[115]，园林中"游客兴起而赋诗作画，通常是纪念特别愉快的时光或聚会"。[7] 因而，在豫园中每个建筑都拥有自己的好名字，如听涛阁、积玉水廊，玉华堂子园中的得月楼等。

园主非常注重园林里的建筑和场景意境与其题名的呼应。在豫园中，一些建筑的名字取自流行的诗句。比如得月楼的名字，就是取自一首著名的诗中"皓月千里"和"海天一览"的名句。[16] 对联和诗一般是出现在建

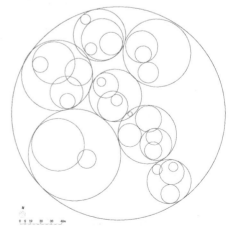

图 3.38 题名、匾额在豫园空间中的分布　　图 3.39 花园中的故事结构（圆环：一个故事的主题）

筑的柱子上（例如点春堂的戏台），挂在门的两边，或在大厅里。楹联和诗歌通常描述在场的景色，并可以结合历史事件进行联想。

其次，路面铺装、窗户窗花、墙上浮雕和屋脊上的雕塑图案通常也承载了造园主的意图(图 3.40—图 3.42)。例如，一系列刻有"郭子仪"和"二十四节气"的浮雕，表达了潘允端对其父母的孝敬之情；大量出现在建筑物屋顶、门头的鹿、鹤、人物和花等雕塑传递了相应的文学故事与传说；还有带有动物或传统符号的装饰图像展示在步道铺装上，隐含了造园者的祈福。

最后，由水、树叶、池鱼等动植物塑造的独特声音，随着季节的改变周而复始（图 3.43）[98][108]，引导游客去畅想超越园林视觉形象的意义，如和谐、愉悦等。例如，得意楼景区前的池鱼是主客体互动的一个典范，是最受游客喜爱的区域之一。

虽然这一系列的文字、图像和声音没有建筑等园林景物那样可以容纳活动与功能，但它们有效地、细腻地传递了情感主题。叙事情节将这些构筑物、庭院、文学与情感内容联系起来，并经过时间的流逝在不同时代的使用者中引起共鸣。[108]

3.3.2.3 非线性的情节结构

为了创造出激动人心的情节效果，造园者或者设计师通常采用各种不同的策略，比如闪进、闪出、跳上、跳下、插叙等。[48][108]

例如，象征着权势与高贵的九尊龙雕像，不断出现在豫园里。它们分布在三穗堂景区、点春堂景区、得意楼景区、玉华堂景区等；有的飞翔在园林院墙上，有的躺在壁画上，有的游走在建筑屋顶上，还有的盘卧在门头上（图 3.44）。这些独特的雕塑成为豫园里的主题道具和情节线索，无疑是一道标志性的风景。

一方面园林主题在空间中的演绎是立体多层面的，另一方面由于在园林的发展历程中，不断修复、重建与演变，因此海派古典园林里的故事情节通常是以非线性方式呈现（图 3.45）。❶ 当游客在园林里漫步时，不同系列的故事信息会在道路上闪现、分叉，最终主题建筑及其赋诗的出现使故事情节达到高潮[108]，被巧妙地融入园林建筑与场景之中，且不断被"系"与"解"，从而形成一种有悬念、不断折变的体验。如果没有之前的一系列暗示，深刻寓意和情节高潮就可能难以实现。

以三穗堂子园为例，前文已经阐述了这一景区的主题是"丰收"（图 3.46a）。事实上，这一子园中隐含了豫园的主题"愉悦"，还穿插了"城市山林"、"平安长寿"的辅助线索（图 3.46b、图 3.46c）。"丰收"主题集中体现在三穗堂；"愉悦"集中体现在场景的塑造与主题性浮雕、景石等要素中；"城市山林"集中体现在大假山与相应的场景与诗词中；"平安长寿"呈现在地面图案、装饰符号等。这些主题相互交叉，在空间中并行推进。

❶ 非线性通常包括两种方式：一是指没有明显的开头和结尾的故事线索，另一种是故事线索为非常规的顺序。本书主要是指第二种方式：不同的故事线索与非常规的顺序重叠在一起。

三穗堂本身呈现的是"禾生三穗"的主题，前文已表述。而在堂中悬挂3块匾：最下面的是堂名"三穗堂"，中间是"灵台经始"，最上方是"城市山林"（参见图3.36）。3块匾额就是一种"系"，把3种主题一起呈现给了观众，让观众去寻景。三穗堂堂外柱子上有对联："山墅深藏峰高树古，湖亭遥对桥曲波皱"，堂中还有对联："此即濠间非我非鱼皆乐境，恰来海上在山在水有遗音"。这两副对联可以说是一种"解"，让游客寻找的"城市山林"或"愉悦"的主题就在眼前。

图 3.40　屋顶上雕刻的神兽　　图 3.41　郭子仪的砖雕　　　　　　　　图 3.42　三穗堂漏窗上雕刻的孔雀

　　a. 春天　　　　　　　b. 夏天　　　　　　　c. 秋天　　　　　　　d. 冬天

图 3.43　三穗堂单元空间的季相变化

　a. 点春堂子园（夏季）　　b. 三穗堂子园（春季）　　c. 内园子园（秋季）　　d. 得意楼子园（冬季）

图 3.44　豫园中腾飞的龙

三穗堂背后是一栋高两层、宽五开间的建筑。一层为仰山堂，堂北有回廊，栏杆曲折，临水而起，与大假山隔荷花池相望。仰山堂取名自《诗经·小雅》中的"高山仰止"。殿中有匾"此地有崇山峻岭"，录自王羲之的《兰亭集序》。仰山堂中有对联："馆倩深亭高敞效敬恭于明神，山苹确水沦涟极林泉之幽致"。这些实际都意指"城市山林"这一主题。二层为飞檐翘角、造型秀美的卷雨楼；"卷雨楼"楼名则取自唐代诗人王勃的"珠帘暮卷西山雨"。卷雨楼上除了楼名的匾额外，还有对联："邻碧上层楼疏帘卷雨画槛临风乐与良朋数晨夕，送青仰灵岫曲涧闻莺闲亭放鹤莫教佳日负春秋"。楼中还有对联："楼高但任云飞去，池小能将月送来"。这些优雅的诗词楹联一方面体现了美景带来的"愉悦"的主题，另一方面强烈地展现了"城市山林"的意境。两条线索平行呈现在一个建筑之中。

仰山堂的东侧是一条曲折游廊，游廊中有匾题"渐入佳景"。游廊也因此得名。游廊的一侧是花瓶造型的门洞，另一段地面铺装图案是葫芦等，这就衍生了另一个"平安长寿"的主题。游廊前有一对铸造于元代、可为主人守护平安与吉祥的铁狮。游廊中间部分实际上架于水上，游廊中还有

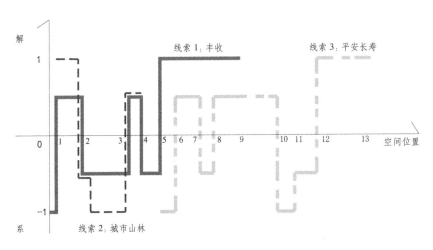

图 3.45 三穗堂子园中故事情节的非线性结构
(1, 2, 3, 4, ……, 13：在主要的展开故事情节的路径上的变化点)

图 3.46a 豫园三穗堂窗花（丰收）

图 3.46b 豫园三穗堂窗花（长寿）

图 3.46c 豫园三穗堂窗花（平安）

❶ 关于"系"和"解"的定义，可以参看杰拉尔德·F·赛尔翻译的亚里士多德的《诗学》[29]，第49页。

❷ 王勃（649—676年）的《滕王阁王阁序》中的"珠帘暮卷西山雨"。

一方太湖石立峰，造型奇美纤细，名字叫"美人腰"（图 3.47）。尽头还有一块石碑，碑上书"峰回路转"。如果说"渐入佳景"是"系"的话，那么整个走廊是"解"的过程。❶"美人腰"出乎意料的出现，突然打断了整个序列，这可称为一个悬念，或者是一个插叙。当然，这给游客一个"惊喜"，塑造的是一种愉悦。然后，路径开始了分叉，长廊通向三个方向：指向大假山顶部的望江亭、引向假山后面的翠秀堂、折向万花楼景区。

在大假山上，往日的"沪城八景"中"浦江秋涛"与"吴淞烟雨"的美景依然可以想象。望江亭上的对联"凌虚瞻极浦风帆梢头秋色，俯视挹层楼舣影石畔波光"可以唤起游客的思绪。下了大假山或者穿越假山洞，便是一个幽静的翠秀堂。该建筑始建于清乾隆二十五年（1760年），后经过改造，四周围上围墙，自成一个庭院。翠秀堂正对假山北麓峭壁，庭院中植物郁郁葱葱，环境幽静，堂南立面正中是10扇门窗，坐在堂中便能细观假山的景致——"花香入座春风霭，曙色凝堂淑气浓"。堂中的这副对联再一次"解"答回应了豫园的主题"愉悦"以及"丰收"、"城市山林"等分主题。

可见，在海派古典园林空间编排的过程中，空间情节系统为造园者以及解读者提供了另一种工具，将复杂的诗意投射到园林的物质结构中，并将游客的注意力一步步引导到下一个场景。这些奇妙的叙事策略激发了游客的想象力，超越园林的物质实体去发现无尽的"快乐"、"平安"和"城市山林"的意义。[7]

3.3.2.2.4 空间中的情节：文学内涵——场景

园林中的情节手法，将单元空间及其元素作为叙事的单词，对其进行编排。这种编排中不可忽略的一个重要因素是设计者的主题与理念，即物质空间的组织与文学故事的内容是密切相关的。换而言之，设计师、造园者要把故事或诗歌与这些物质元素黏连在一起。如前文所述，每一个园林场景都拥有一首诗、一个题名、一副楹联。[9] 例如，三穗堂子园中，王勃的诗和《滕王阁序》中关于楼阁、高山和美妙的烟雨景象直接指导了卷雨楼场景的塑造。❷ 不难发现，该庭院中山、水、建筑的布局模仿了王勃描述的故事中的场景。再如，在点春堂子园中，单元空间就描绘了一首诗的意境，使游客通过参观游赏可以得到体验："花木阴翳，虚槛对引，泉水萦洄，精庐数楹，流连不尽"。[16] 特别是，这首诗的内容在陈从周先生及其团队在1980年修复该场景中再一次呈现。当然，并非所有的意义都是可以用语言描述的，园林艺术的情感内容先于或可能超越语言而存在，情感主题是园林的存在基础。诗歌的内容为园林中的物质元素提供了内涵与关联——情节。因此，这些诗歌不是园林中的装饰品，而是园林空间的灵魂。其中，空间情节为复杂的物质结构提供了多样、灵活的路线，使造园者巧妙表述园林深层寓意成为可能；使物质结构与文学意义整合在一起成为可能。[116]

另一方面，空间情节系统并不是简单的物质系统的反映，但也不能独

图 3.47　回廊空间与美人腰

立于它们。园林主题和诗歌可以引导设计者创建、完善和组织园林空间；而非线性的故事情节可帮助设计者编排、重新编辑和重组园林空间结构。例如，在万花楼庭院的左边有一个狭窄的单元空间，是由曲折的走廊和白色的墙围合而成的，尽管很小也不方便进入，但里面种满了绿色的竹子与盆景花卉，这不仅体现了万花楼的"万花"主题，同时也反映了豫园"快乐"的主题。万花楼上的窗花格子上都装饰着花卉图案，如梅花、兰花、竹子和菊花，再次呼应了庭院"花"的主题。显然，园林主题"万花"引导子园中场景的塑造，也成为认知过程的情节线索，引导着空间结构的编排。如果没有故事及其空间情节，园林的物质结构将是散乱的，园林的重构也将失去控制，园林可能就会失去了浓郁的诗意、深刻的情感和主题思想。

因此，花园的诗意应该在结构组构过程中进行探索，即物质要素、词汇、内容、结构及其编排，共同构成了海派古典园林的空间语言——空间情节。

小结

上述可见，无论是空间拓扑关系还是视觉分析技术，可以在一定程度上认知、检验海派古典园林中的复杂结构，但在诠释海派古典园林所蕴含的意义和情感方面还存在挑战。而空间情节在结构和语义上都能较好地探究海派古典园林结构体系。这种由词汇、内容和结构等构成的园林空间语言，通过组构过程和认知过程，提供了一个将园林物质系统与文学诗意联系起来的有效途径。同时在游园体验中，游客不再是旁观者，而是参与者和推动者，"游园不再是期望通过在园中的活动得到什么答案或实现什么目标，而是享受旅程本身的乐趣。"[112] 即，空间情节的存在为主客体之间的互动提供了催化剂。

当然，每种语言都有自己的应用范围。本书提出的空间情节的适用范围如何呢？这需要在未来进一步研究。

图 3.48　豫园得月楼场景（见彩图 67）

第 4 章　海派古典园林景观叙事的美学特征

无论是海派古典园林还是海派园林，均围绕着两组基本关系在演进：人与文化的关系、人与自然的关系。前文可知，海派古典园林景观叙事的结构特征呈现出分形性、网络性以及情节性。这些组构主要是基于人与文化层面的，那么海派古典园林在自然生态层面的美学特征又体现在哪里？生态美学与文学叙事之间又存在怎样的关系？下面将重点介绍。

4.1　生态美学特征：以秋霞圃为例

所谓生态美学，是指当今以生态哲学理念为基础的美学理论。生态通常非常理性，充满规则与规律，美学则是感性的；可见，生态美学其实映射了科学与艺术这对永恒的关系。现今艺术领域主要侧重在两个方面的研究：其一，对人类生存状态进行"形而上"的美学思辨与研究；其二，对人类生态环境进行"形而下"的美学探讨以及实证性研究。[117] 生态环境领域更加关注生态系统的美学品质。[118][119] 生态美学的表征方式可以是：思想/观念/伦理、作品/产品、行为策略/过程。具体的形式是多种多样的，可以是生态引导下的美学创作/艺术中的生态，也可以是美学引导的生态产品/生态中的艺术等等。[120]

园林最终是要为人提供高品质的环境。如果一个园林仅仅有故事，而没有生态舒适性，则不能持续发展；或者其建造过程对环境产生极大破坏，这样的园林也是不美的。反过来也成立。简单来说，不管景观怎么自然生态，如果没有人文故事和文化意义，那么园林就失去了灵魂与认同。也就是说，海派古典园林是一种综合的艺术。

本节以秋霞圃为例，试图从生态美学角度来理性描述与分析海派古典园林的空间特征及其现实意义。秋霞圃占地 3 万平方米，绿意满园，素有"城市山林"的美誉。

4.1.1　空间形态布局中的生态美学思想

首先，秋霞圃空间布局中呈现的是一种紧凑的概念。在仅有的 3 万多平方米的场地中，却容纳了 30 多个大大小小的院落空间、30 多个精美景园建筑物、3900 多株树木（其中有 20 多株百年古树名木）、3000 多平方米的水面（图 4.1）。❶ 虽然整个园子的建筑密度并不是很高，约为 30%，但是从谷歌地球航测图上可以观测到：除了两块稍大一点的空域（北侧的一个水面与南侧的硬质庭院广场）之外，整个基地被灰瓦屋顶与墨绿色树冠覆盖，没有一寸土地闲置。这是一种十分紧凑的土地使用策略，这种策略的另一个标志是有明确的空间边界。不仅 4 个景区（图 4.2）有明确的院墙分割，而且一些次一级的庭院也有明确的边界，如建筑廊道、院墙等等。这些边

❶ 数字来源：程绪珂，王焘.上海园林志 [M].上海：上海社会科学院出版社，2000：253。

图 4.1　秋霞圃总平面图（见彩图 14）　　图 4.2　秋霞圃分区关系图

界定义独特的领域感，同时使得土地使用和空间发展有了边界条件与层次，而不是盲目扩张或者无限拓展；也就要求造园者只能在有限的空间内组合布局景物，把园林艺术的文章作足。

其二，秋霞圃体现出"小就是美"的思想，即，整体空间布局中充分展示了一种"小中见大"的精彩策略。30 多个院落空间中（图 4.3），平均单元空间面积约为 100 平方米，其中最小的庭院面积约为 13 平方米，最大的约为 2800 平方米。同时，每一个院落空间大多拥有一个颇为知名的景点以及较为明确的视觉边界（图 4.4、图 4.5）。无论多么小的单元空间，均能感受到自然要素（光、风、气候、绿色）的存在，如一树、一石、一水等，这充分体现了"咫尺之间再见天地"的以简/小为美、以小见大的造园思想（图 4.6）。同时，造园者往往运用视觉对比的一些规律与原则来紧缩与限定观者的视域范围与尺度，而非一味追求主体建筑和场地实际形态尺度的宏大。如最宏大的建筑为城隍庙，进深约 50 米，面宽约 24 米，层高约为 5 米；其前院落的尺度为进深 53 米，宽约 50 米，侧院的尺度则为进深 25—40 米，宽约 16 米。更多的景园建筑占地面积约在 15—50 平方米，而一些亭的面积更小，约 5—8 平方米，各自对应不同尺度与体验效果的院落。全园制高点是在北岗上，北岗东西跨度为 40 米，站点高约 2—3 米；对应的庭院尺度

图 4.3　秋霞圃庭院空间分隔　　图 4.4　秋霞圃庭院柔性边界（清镜塘区）　　图 4.5　秋霞圃庭院刚性边界（西入口庭院）　　图 4.6　桃花潭雪景

面宽 60 米，进深 20 米。虽然在江南古典园林中也可以发现这样的策略：通过配置尺度恰当、视线最优化的庭院空间来定义空间以及塑造丰富的视觉效果，但是在海派园林中这种紧凑思想表现得更为突出。

第三，秋霞圃为人亲近自然提供最大可能性。秋霞圃园内，绿化覆盖率达 60% 以上，水面约占 10%，为定居者和观者奠定了亲自然的先决的本底环境（matrix），同时塑造了南北两个山冈的特色地貌，以及山洞、桥、台阶等不同体验路径（图 4.7），可谓"山具丘壑之美，水揽幽邃之胜"。造园者们创造了各种场景，让人的各种感官乃至全身心能够接触自然：晚香居（嗅觉）、观水亭（视觉）、听松桥（听觉）、数雨斋（视知觉）、归云洞／即山亭／题青渡（触觉）、凝霞阁（通觉）、三隐堂（心理体验）等等。同时，园中建构一种人与自然相处的模式。在总平面图中，可以发现任何一个建筑或者一组建筑均对应一个庭院空间，或者一个景园建筑被自然空间包围（图 4.8、图 4.9）。这是一种人工环境（阳）与自然环境（阴）的耦合关系；这种耦合关系不仅体现在总平面的布局关系中（图 4.10），同样体现在纵剖面中的竖向空间关系中（图 4.11）；这种耦合的空间关系，确保人身处何处均可感受到自然的存在，以及亲近自然的可能性；这种耦合关系不是偶然的关系，充分体现了道家思想中"阴阳"关系的平衡与协调。

此外，总体空间布局体现一种"留余地"、"不尽之美"的思想，即通常提到的"以不尽而尽之"。如龚氏园北侧边界观水亭的巧妙设置、整个水系中局部水口的预留；再如与龚氏园、沈氏园相比，北侧的金氏园留有"可发展"和雕凿的空间等。留有余地的原因，大致有三个：造园者的主观意图；（重）修建时客观条件的限制；历史上人为破坏的因素。不管怎样，这给人想象的空间。值得一提的是，与其他海派古典园林相通的是，秋霞圃 3 个

图 4.7　路径（台阶）中的自然

图 4.8　建筑物包围中的自然

图 4.9　自然包围中的建筑物

图 4.10　自然与建筑耦合关系示意

图 4.11　剖面中的自然与建筑之间耦合关系

[1] 根据陈从周先生的观点,沈氏园中心虽不是水池,但是旱园水作,"枯水池"。

子园的构图中心均为水面[1],不仅仅是塑造微气候环境、吐故纳新、事件发生的需要,更是给人以想象的余地,是一种空无的象征,使定居者融入自然环境,消解欲望。这种不以人或者建筑为中心的空间结构,集中体现了道家"人与自然和谐相处"的睿智。

4.1.2 空间结构要素建构中的生态美学策略

整个秋霞圃是由4个相对独立的子园组成的,有大有小,有规则和不规则的:清镜塘景区(金氏园)、桃花潭景区(龚氏园)、凝霞阁景区(沈氏、申氏园)、邑庙景区。这些子园大多有相对独立的领域和明确的边界(如院墙、建筑、廊等),有主体景观建筑与其主庭院,以及相对独立的对外出入口;其中桃花潭景区是主角,最为精彩。而这些子园又可以分成更小的次一级花园/庭院空间,例如凝霞阁景区(申氏园)至少可分为7个次一级的小花园,有边界、主体建筑、庭院等;其中中心方形庭院为这一子园的主庭院(图4.12)。同样,在桃花潭景区(龚氏园)可以发现类似的空间结构。同时,还有一些庭院可以进一步分解成一个个基本的单元空间。[121]58 于是,整个秋霞圃空间结构可以解构成有等级的网络结构(图4.13):母花园由若干子园迭代而成,子园由更下一级的小花园组合而成,而且在一定程度上可以不断迭代;庭院空间及其景观要素在不同的层级、尺度上不断再现;同时在每一个层级,都拥有一个主要的庭院空间。在每一个子园的分支体系中,均可寻找到类似的演变过程。这种空间结构呈现了一种有规律的自相似特征。另一方面,由于基地条件的限制、绘画美学、主题创作等影响,空间分割方式、形式、比例有着千差万别,导致了不规则的复杂性。

图4.12　凝霞阁子园的空间构成

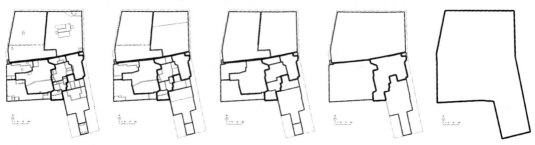

图4.13　秋霞圃的空间构成

在现有的历史资料中，整个秋霞圃的格局至少经历过 8 次修建、重组、整合、再现。龚氏园起初为南宋后期北府书院的花园，明弘治十五年（1502年），明代工部尚书龚弘改建为私家花园（第一次）。17 世纪中叶（1645 年），为汪氏产业，辟为"秋霞圃"，建有十景，使得该园富有了幽雅与魅力（第二次）。龚氏园的北侧为金氏园，嘉靖年间（1522—1566 年）修建。龚氏园的东侧为沈氏园（沈弘正），万历天启年间（1573—1627 年）所筑，后归申氏产业（第三次）。1726 年并入邑庙（第四次）。1760 年，龚氏园与申氏园合并（第五次）。1886 年三园进行了修葺（第六次），1960—1980 年经过多次修缮，整合为一个园林（第七、八次）。[16]

由此可见，秋霞圃的园林空间结构不断以迭代与整合的方式在细分、演进、丰富。园子空间结构的形成显然不是在短时间内突变而成的。事实上，绝大多数保留下来的海派古典园林（乃至海派古典园林）均不是一次成形的，也不是最原始的版本，而是原始版本的不断再现、修缮而成。在某种程度上，这样的演变随着历史的变迁是无尽的。

这种不断迭代衍生的空间结构美学并非偶然。《易经》阐述了自然演变的一种普遍规律："是故易有太极，是生两仪，两仪生四象，四象生八卦。"[122]自然界万物的生成均是沿袭这样的衍生变化规律。无疑，园林空间的生成在某种程度上演绎了这样的客观规律，是一种动态平衡下的有规则变化的网络结构，这也就导致园林中局部和整体存在相似性与复杂性，可谓"园中园，景中景"。这样的空间网络结构有其均衡性、格律性、等级性以及稳定性，同时又有弹性、可编辑性，不断细分延展、修复、改编的可能。显然这是一种健康的、有利于生存发展的生态空间结构。

这一网络化的空间结构，除了结点空间之外，还有三种空间网络的连接系统支撑着整个系统：景园道路、水系和有窗洞口的边界联结。与 4 个景区相呼应，整个秋霞圃的步行系统是由若干个子步行环组成，即每一个子园各自均有一个交通环，将该子系统中主要的建筑、空间连为一体。同时整个花园存在着一个步行大环，它将这些子循环系统包含在内，并且将各个出入口连为一体。此外，这些子步行循环系统同样隐含了更下一级的步行环或者分支，连接终端的景观建筑和单元空间（图 4.14、图 4.15）。例如

图 4.14a　秋霞圃步行系统结构示意　　图 4.14b　秋霞圃步行系统构成示意

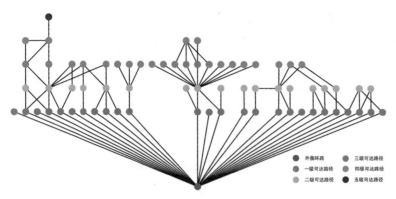

图 4.15　不同层面的步行系统之间的关联性与可达性　　　　　　　　　　图 4.16　水系与空间关系示意

在桃花潭景区，沿着桃花潭主要步行系统将主要景点碧梧轩、碧光亭、池上草堂、丛桂轩等串联起来，同时这个步行圈又延伸出 4—5 个更小的步行环，将晚香居、仪慰厅、南岗、延绿轩、观水亭、北岗等紧密沟通起来。这个结构系统存在可变因子，如步行线的折变、环的不规则形态等，但同样是一种分等级的、自相似的、可编辑的网络结构。而水系不仅与步行系统互为条件限定构成了整个园子的第二层关联系统，而且冲破了边界的局限性构筑了整个园子自然生境的生态廊道（包括微气候、物质能量、生物链）（图 4.16），而边界系统同样成为定义整个网络结构的一个要素。这一要素的同质性与花木的多样性不仅仅形成一种视觉上的平衡对仗与诗性，而且边界及其窗洞同样为相邻庭院之间的视觉体验、微气候、物质能量、生物链建立了对话的可能。同时，边界构成空间体验中藏与寻、系与解的功效，增加了体验的复杂性，从而使得观者消失 / 融入园中的自然环境。这三种连接跨越了不同时空尺度、层级，增加了空间网络结构的选择性、曲折性、多样性、复杂性和关联整体性。

秋霞圃空间中的生态美学思想，还体现在空间的结点要素与界面材料上。第一，通过相时、相宅、相地来确定生态穴位，因地制宜地布置景观建筑，龚氏园中的碧梧轩就是一个范本。这样的选择不仅仅是为了风水学中的五行平衡，更重要的是为了营造宜居的生态人居环境：良好的通风、采光、声境等微气候条件。正如计成在《园冶》中指出，"市井不可园也；如园之，必向幽偏可筑，邻虽近俗，门掩无哗，堤湾宜柳，兹易为林，犹胜巢居。"[123] 第二，空间界面的砌筑大量选用乡土建筑材料：木材、石材、竹子、植物漆、瓦片、黏土砖等，这可以在主体建筑结构与装饰材料，以及池上草堂的明式红木家具等处获得印证（图 4.17）；特别是在黄石的利用方面，秋霞圃充分发挥了物尽其材的特色，如南北岗假山石、硬质铺装以及三星石、横琴石、玲珑石峰等一些景点小品。同时，在铺砌园路和垣墙时注意回收利用建筑材料，如"乱石、废瓦、破砖"等[9]（图 4.18），同时采用利于渗水的工艺。第三,大量种植本土花木,园中共有 30 多种乔灌木共 3900 多株,还有草本地被与藤本类植物若干;这些植物大多是长江流域常见的种类,如竹有 2405 多株(表 4.1)。[16]

秋霞圃主要本土花木　　　　表 4.1

编号	名称	学名	数量	树龄(年)	地点	适种地区
1	桂花	Osmanthus fragrans	8	100-	丛桂轩西天井、碧梧轩北天井、碧梧轩东、彤轩西、环翠轩西侧	长江流域及其以南地区
2	五针松	Pinus parviflora	3	不详	聊淹堂南、北大门入口南、西大门入口处	长江中下游地区
3	枸骨	Ilex cornuta	2	150—200	凝霞阁西南、三隐堂西	长江中下游地区
4	山茶花	Camellia japonica	1	130	屏山堂东山墙	长江流域及其以南地区
5	女贞	Ligustrum lucidum	1	100	屏山堂正南	长江流域及其以南地区
6	竹	Bambusa multiplex/ phyllostachys	2405	不详	全园	长江流域等
7	南天竹	Nandiana domestica	300	不详	全园	长江流域及其以南地区
8	枫杨	Pterocarya stenoptera	1	200	归云洞南口	华北至长江流域
9	银杏	Ginkgo biloba	1	150	即山亭北侧	华北至华南
10	海棠	Malus halliana	1	100	闲研斋前	华北南部至长江流域 / 西南
11	黄杨	Buxus sinica	2	100-	南山 / 三隐堂南荷池西南	华北至华南 / 西南

图 4.17　凝霞阁区回廊界面中的传统材料与建构技术

图 4.18　清镜塘区与桃花潭区之间的界面与链接

4.1.3 空间主题内涵再现中的生态美学修辞

上述空间物质结构中的生态美学思想,同样映射在秋霞圃园林空间中的主题内涵之中。"秋霞",秋季落日,隐含了一种人和自然和谐相处、诗意栖居的思想(图 4.19)。园中的大多数场景无论是在模拟自然景观格局上,还是在演绎文学情境上,均叙述着"秋霞"这样一种主题思想,如环翠轩、丛桂轩、秋水轩、柳云居、霁霞阁、扶疏堂、文韵居、彤轩、屏山堂、宾藻风香室、聊淹堂、游骋堂、亦是轩等。这些文学性叙事系统不仅在空间体验过程中扮演了整个"诗意栖居"交响曲中不断强化主题的音符,同时成为整个院子空间网络建构中必不可少的注释与参考索引系统。

这样的主题不仅体现在共时性的空间语言中,同样体现在历时性的空间演变之中。在秋霞圃中的各个历史阶段,这一主题得以不断再现与延续,这是一种集体精神与个体精神共同参与的渐变过程。历史的进程中,不同的使用者/园主依照相似的造园规则在不同时代不断营造、再现、修建、扩建,并非推倒重来、否定历史、建立"新"主题,而是不断地在完善、发展、诠释、追寻同一个主题,使得"人与自然和谐相处、诗意栖居"。久而久之,场所中积淀的故事越来越丰富,成为一种情节,一种精神。[108] 这是园林真正的文化精神和魅力所在,一种地域文化可持续发展之路。

这可以从秋霞圃中的一些历史遗物得以印证。例如,城隍庙前的两个方形井亭,为原邑庙遗物,曾在 1986 年修葺过;凝霞阁东南的环翠轩,为沈氏园景物,1920 年重建,1985 年翻建,并由顾振乐题"环翠轩"、"长春精舍"额;池上草堂东侧的景观桥侧崖间刻有"涉趣桥"三字楷书,原为明万历、天启年间娄坚所题,在道光十八年(1838 年)按残石拓本摹刻而成。[16] 还有一些匾额、字碑、旧石等被收藏重新利用(图 4.20)。计成曾这样描述:收集到的旧石,尤其是有名人题字的,被看作古董,不惜重价购买;先相好位置,然后重新布置在园林之中。[9] 以上 3 个例证说明了历史主题的重现,可以重新组合、拓展或者原汁原味的保留。

更为巧妙的是,秋霞圃的主题内涵在园林空间的再现并非复制,而是一种艺术地再诠释过程,有继承,有变异,有发展。一般地,通过巧于因借、留白想象、设置悬念与非线性的叙事回应等策略来编排组织这些乐符

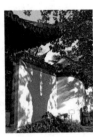

图 4.19 凝霞阁西侧霞光景观

图 4.20a 匾额题字

图 4.20b 主题楹联

图 4.20c 觅句廊中保留的碑帖

与主题的空间关系。例如,沈氏园凝霞阁西侧的水花墙(图4.21、图4.22)是后人重建增设的,这一道斜向的墙垣,不仅在空间构图上巧妙地处理了龚氏园与沈氏园之间的关系,维系"碧梧轩"与"凝霞阁"各自在两个子园中的主角地位,不冲突而且互相借景;同时,这一景观墙为"凝霞阁"定义了一个较为私密的、宁静的庭院空间,并将园中的一段水系纳为"己有",增加了小庭的舒适性和诗性。当然,这段水花墙更多地为墙外侧的观者留下了许多"凝霞"的悬念,也进一步提升了"诗意栖居于大自然"的主题思想(图4.19)。

此外,文化的包容性是秋霞圃的特点之一,也是海派古典园林得以可持续发展的内在原因。邑庙是一种公共性的场所,而其他3个私家花园均为私密性的空间,在发展演变过程中四者逐渐整合为一体,这是一个非常有趣的文化现象,当然经济、社会等因素起着决定性作用。不难发现,这是一种农耕文明转向城市文明的过程,家庭性走向社会公共性的过程,贵族化融于平民化的过程。这是一种地域文化的生存与发展策略。不管怎样,其内在的主题与文化精神没有变——诗意的栖居(图4.23)。

在秋霞圃中,无论是空间形态布局、空间结构要素,还是空间主题内涵,都体现了一种生态美学;无论是空间中形而上的价值观"以紧凑、小为美",还是形而下的建构策略、修辞手法"阴阳耦合、不断迭代衍生",均与《易经》有着不可分割的关联。道家中人与自然和谐相处的思想直接映射在秋霞圃园林的空间语言之中。前文也有相关例子可以佐证。

综上所述,秋霞圃中的生态美学,体现了一种对自然本质的尊重,对地域文化的回应;展现了一种生态与文化共同演进的综合美学;一种形式与

图4.21 凝霞阁西侧水花墙平面图　　图4.22 从小榭看水花墙　　图4.23a 诗意的栖居:桃花潭一角

图4.23b 秋霞圃场景图

内容统一的协调之美。即，这种生态美学体现了一种对土地资源、自然环境、生物/乡土材料的尊重，以及对历史文化/场所精神的尊重；更为积极的是秋霞圃空间中的生态美学蕴含了一种道家的睿智与策略，求小、求精、求紧凑、求衍生，求共生，求内涵的海派文化精神再现，无疑对上海当前诗意栖居的人居环境建设是一种启示。

4.2 诗性特征：以古猗园为例

除了生态美学特征，海派古典园林景观叙事更凸显的美学特征就是诗性。

当今许多西方学者对于中国园林的诗意美学依然充满兴趣。在我国，童寯、陈植、陈从周、彭一刚等老一辈学者从哲学、文学、艺术、美学等角度对中国园林的诗意特征均有深刻解读，近年来，刘庭风、邬东璠等学者考察了中国园林在当代视野下的美学价值。但是在国际化、现代化的进程中，我们对这一命题的关注还是不够；此外，目前的研究主要侧重在园林文化寓意的诗情研究上，而对于空间结构的诗性研究不足。

本节以古猗园为例，试图以理性思维/环境心理学[124]的方式来揭示园林中的诗意建构机制，以便各方学者重新解读海派古典园林。"南翔古猗园"的名字本身就充满诗意，除了幽赏亭、西水轩、环碧楼、书画舫、蝶庵等富含文学诗歌的历史景物之外[125]2，古猗园的诗性究竟体现在哪里？鉴于古猗园现今版本变化较大，本节主要是以童寯先生提供的民国前期的古猗园格局为研究对象，约为27亩（1.8万平方米）（图4.24）。

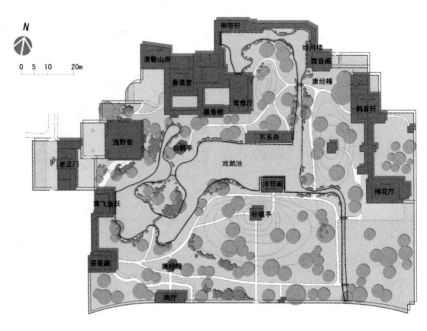

图 4.24 古猗园平面图（见彩图 5）
来源：根据童寯.东南园墅[M].北京：中国建筑工业出版社，1999：207 插图重绘

4.2.1 诗意的双重含义

所谓诗意,其一,是指能够引发想象、联想、潜在意义的话语特质(本体);其二,比喻拥有诗一样格律或者韵律品质的事物(形而下);其三,一种升华了的思想或者情感的隐喻与表达(形而上)。[126]对于园林来说,诗意主要呈现在两个维度中,第一是指创作主体设计师或者建造者(叙述者)在园林建构中的诗意塑造(即一种秩序与意义的建构),其中物质材料、技术及其修辞手法是诗意建构的基础❶;第二是指观者或者使用者(受述者)在园林环境认知中的诗意体验(即一种美学体验),集中体现在物质环境与心理文化上的体验。而诗意的构成主要有两部分:诗性与诗情。首先,设计师可以直接应用一些诗词、对联、铭言、画作、符号、图案等呈现在空间界面中,让观者如同阅读文本一样来联想、思考;或者,设计者通过对场景的精心设计,让人联想到相应的诗句或者绘画作品,即,将诗画作品所描绘的场景投射到物质环境之中:色彩、雕塑、道具、场景、材料、符号等等;或者,创作主题思想表现为诗的叙事形式,进而升华为一种诗的情感与意境(诗情)。其次,造园者、设计师可以通过同质、同形要素(如单元空间、建筑物、雕塑、场景等),以一定的规律再现诗的韵律品质与属性(诗性),就如同整个交响乐中的乐符,被编排在空间结构中,从而形成视觉体验中的节奏;期间,可以运用的规则有视线对景、耦合对位、系与解、网络层级关系等等,也可以通过运用闪现、插入、迭代等一些必要的修辞手法来建构认知体验中的前后关联性、联想性、节奏性(表4.2)。[106][108]对于物质环境认知层面的诗性,西方学者比较容易理解;而文化体验层面的诗境、诗情则容易被大多数东方读者理解。

❶These words comes from one of lectures on Le Corbusier's journey to South America (1929—1930), source: RIBA Trust. Le Corbusier: The Art of Architecture, (Liverpool: The Crypt, Liverpool Metropolitan Cathedral, Exhibition, 02/10/2008—2018/01/2009), 2nd Section: Le Corbusier 1929—1930. 另参见,陆邵明(2007)

园林中的诗意内涵　表4.2

分类	构成
环境建构	节奏格律(诗性)
环境认知	寄情叙事(诗情)

4.2.2 物质环境中的节奏格律

从环境建构角度来看,物质环境的诗性可以从视觉、听觉、触觉、本体等层面来展现,如空间结构的层次性、画境/声境的塑造、四季植物花木的选择、自然材料的原真性等。这些建构策略与环境认知中的诗性体验有着直接的关联(表4.3)。以声境为例,古猗园中大量种植各种绿色竹类植物,每当风起时,无论身处何方,均能感受到竹叶沙沙声;这种竹林声境无疑强化了"绿竹猗猗"的诗意主题。而白鹤亭上的鹤引颈伸尾、凌空欲飞的拟态塑造,虽未闻其声,却能感受到长空中南翔"鹤唳"之音(一种声画分离的、蒙太奇营造的诗意联想效果)。此外,戏鹅池的鹅戏水声、雨水打击荷叶声、鸟语虫鸣等构成了整个园子的声景，而且四季变化，是一种自然啸声与人间私语和谐相处的田园诗意。

人与花园环境的关系　　　　　　　　　　　　　　　表 4.3

序号	分类与构成		诗意的物质环境因素
1	本体/感觉	有格律的空间结构	围合感；层级；尺度与身体；温度/湿度舒适性
2	视觉	画景	景物要素的同质性/多样性/造型态势；色彩光影明暗变换；材料质感/图案；枯枝落叶及其季节的规律变化
3	听觉	声境	声源/强度/种类/音质；悬念/声画蒙太奇；鸟语虫鸣自然啸声
4	嗅觉/味觉	余味	花香/水味及其季节的更替；香薰草药；食物水果；茶水
5	触觉	自然材料的物质属性	有机/无机或者有生命的/无生命的组合；雾气/空气；自然材料的表面肌理编排（木材/砖瓦/卵石等/石头质感）等

备注：根据汉宝德编译（1973）《环境心理学——建筑之行为因素》p182 表进行了调整修改。

首先，空间结构中的层次性、相似性及其复杂性所构成的格律，成为一种诗性体验的物质载体。整个古猗园空间布局可视为一个网络结构，这个网络结构的单元空间为庭院空间[92]，主要由 5 个不同形态的子园空间不断组合、衍生、扩展而形成空间秩序。尽管每一个庭院空间有着不同的组合关系，但是单元空间拥有共同的视觉要素——建筑结点和围合边界（图 4.25）。庭院边界—庭院—景观建筑—庭院边界，空间中套着空间，庭院连着庭院，庭院中包含着景园建筑，建筑围合/包含着（庭院）空间，边界中映射着下一个庭院，形成了体验上的"园中园"的认知效果。同时，边

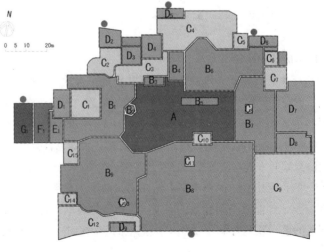

图 4.25　古猗园的空间结构示意

界中窗洞口的精心设置不仅成为场所体验的视觉构图框，而且也成为打破空间封闭性及其层级关系的视觉突破口。窗洞口隐含了其他庭院及其窗洞口，不断地将视线引向园林空间深处，从而形成认知中的"景中景"之格律（图 4.26）。此外，不同尺度的庭院所拥有的视线关系/视域大小、建筑实体与室外自然空间的耦合、庭院光影明暗变换关系形成了一种认知韵律（图 4.27）。如果再将自然、时间、事件的要素注入这些空间场景中，更赋予了诗意生成的条件。

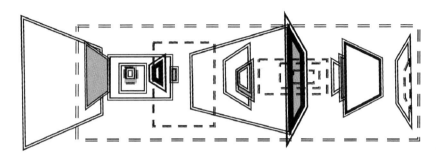

图 4.26　窗的视觉结构：层次性与复杂性

图 4.27a　古猗园中代表性感受路径平面（A-M 表示主要的转折点）

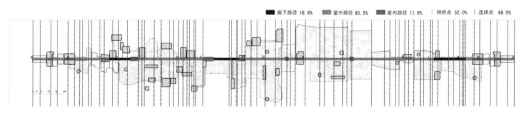

图 4.27b　路径中的室内外切换格律分析

其次，单元空间中景物的多样性与同质性构成了古猗园环境认知中的节奏。古猗园中建筑建构的同源性、亲水性，以及形态的多样性导致了韵律的丰富性和趣味性——"亭台到处皆临水，屋宇虽多不碍山"[16]：阁有浮筠阁、梅花厅；轩有鸢飞鱼跃轩、柳带轩；亭有怡翠亭；廊有采香廊、绘月廊和一无名曲廊；堂有春藻堂、清磬山房等；此外还有磬折渡桥、浮玉桥等等。无论是何种建筑物，均透出明代建筑的风韵：飞檐斗拱、油漆粉墙、筒瓦雕饰、花色镂空等特色建筑语言不断闪现（参见图4.23b）。园中不规则的戏鹅池、泛春渠等水系蜿蜒曲折延伸至古猗园主体空间的各个方向，贯通全园，不断重现"水池两岸，亭桥相望"的视觉景象。古猗园种植各种树木，尤其是竹（四季竹、方竹、紫竹、佛肚竹、矮竹、慈孝竹、凤尾竹等）遍植于整个园林的各个角落，在园林体验中形成了强烈的"绿竹猗猗"的主题性与节奏性。这种诗性还体现在这几种基本景物个体随着光影、时间、季节变化的景致，以及晨雾弥漫的诗境：建筑物上昼夜花影变化；花木随季节变化的色彩、形态；山石的肌理与触感等等。观者不仅可以通过水体、植物等，感受到自然的节奏、时间的轮回、农历节气的变化以及生命规律；同时可以去洞察过去的礼仪与生活方式，人与自然的一种秩序。因此，在游园体验认知中，同构异型或者同形异构的庭院及其视域、景物如同五线谱上的乐符闪现着，跳跃着，构成了一种韵律，再加上单元空间边界的"押韵"，形成了一种诗性。

第三，路径的环游性、选择性、曲折性，同样构成了古猗园环境认知中的韵律。整个古猗园的步行系统由一个大环路套着、连着若干个子环路，游园路径中不断出现的分叉点、转折点形成了视觉变化的节奏，不断呈现"山重水复疑无路，柳暗花明又一村"的认知图景；同时这一复杂的非线性为观者提供了可达的多样性、关联性以及层级深度，也就形成了体验中的"曲径通幽"效果，以及寻路认知中的复杂性。此外，步行系统地面的铺装材质往往与其对应的庭院空间、地段相呼应，如道路弯曲宽窄不一之处多为冰裂纹，而厅堂门前多采用多种材料铺成特定肌理，构成了古猗园认知中另一种暗示格律。

4.2.3 文化语义中的寄情叙事

前文已提及，中国传统文化中，园林、诗歌、绘画三者并行存在，同时共同发展，造园者将诗歌、绘画中的场景转换到相应的园林空间设计中，或者诗人游园触景生情赋诗题词。[5] 其实，体验是人类感知环境、建立场所感的一种途径，并将诗歌、绘画、园林串联在一起。观者可以通过诗人的视角来阅读园林，或者在欣赏园林的同时联想到对应的诗画意境。古猗园也不例外。

首先，集中体现在古猗园的命名，其源自《诗经》中的诗句"瞻波淇奥，绿竹猗猗"。这一诗句不仅成为造园者的主题思想，也统领着整个园林的场景塑造；不仅是入园参观者的悬念及其认知体验线索，而且将情感体验"推向高潮"。[127] 园中的竹枝山恰如其分地展现了"竹山青青,绿竹猗猗"的诗境;修竹曲廊以及倚翠浮筠阁等均强化了幽竹淡雅之情。

其次,古猗园子园的场景各自拥有叙事及其联想的景致。逸野堂以其奇峰异石、假山水池、香桂盘槐的场景配置令人想象到中秋庭中赏月的诗情画意。东侧的绘月廊使人联想到"明月当空时",月光透过漏窗在白墙上留下倩影的场景。岛上的白鹤亭场景塑造让世人铭记着这样一个典故:"白鹤南翔去不归,唯留真迹在名基。可怜后代空王子,不绝薰修享二时"。同时,古猗园的城市山水场景激起了历代文人骚客的诗兴,如明代江宏《游猗园》中对水景的描绘"烟花雾植古槎桥,涌出珠宫倚碧霄。风度猗园竹影静,水依殿霭石幢高";还有众多直接题写在匾额中的诗句,如不系舟上清代廖寿丰的"十分春水双檐影,百叶莲花七里香"等。这些诗句与其隐含的情节在一定程度上影响着后来观者的游园体验,并且构成了一种集体与个体意识中的场所依赖[128],进而引导着花园的修建或者重建(表4.4)。

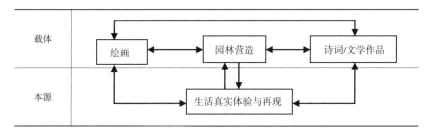

园林、绘画、诗歌以及生活体验之间的关系示意　　　　表 4.4

第三,古猗园中门窗扇雕刻、建筑构件彩绘以及道路铺装中的图案,一方面起到了"谐音伴奏"的效果,另一方面在园林体验中让人联想到相应的叙事场景。如前文提到的梅花厅周边的地坪铺装中嵌有梅花盛开的图案。即使是在梅花凋谢时节,"遨游其境,似仍觉有梅花清香趣味不衰"。

此外,古猗园环境认知体验中引发诗意联想的媒介还有具有隐喻、象征叙事的景物与场所。在园林中,4种基本景物往往语义丰富,有所隐喻与

图 4.28　明代特色建筑(入口西侧场景)

图 4.29　古猗园一水景

图 4.30 景观亭"欲问鹤何去，且，看春满园"（其中竹景为前景与背景）

叙事。鸢飞鱼跃轩、微音阁、补缺亭在叙述着一个个动人的故事，或者孕育着一种思想。事实上，充当了主体的代言人，一种情感的拟人化。从结构语言学角度来看，四种园林景物通常拥有基本能指、派生能指、转移能指三层涵义，赋予了创作主体/叙述者的思想情感。[5]后两者往往引发观者的联想、思辨与行为（表 4.5，图 4.28—图 4.31），使得游人漫步其间，景中萌生诗情。正如陈从周老先生的"一丝柳，一寸情"，一种情感的寄托等。此外，园中大面积"留白"的水面，让人寄情遐想。

图 4.31 曲廊一景

古猗园中的 4 种主题道具及其空间诗意　　　　表 4.5

主题道具	花木	山石	水景	建筑
/景物	竹林	山/景石	池塘/溪涧	亭/榭/堂/阁
空间的衍生物（配角）	鸟（白鹤等） 虫（蟋蟀等） 落叶/树影/花香	石阶/洞穴/山石的虚实/苔藓等	鱼/桥 水中植物：荷花等 景物的倒影	对联/匾名/诗词 开或闭的门/窗 阴影变化的细部 有特殊喜好的主人 建筑的内部陈设等
能指与所指的时空事件	绿竹猗猗 春江竹月夜 金莲映日、梨花伴月、 鸟惊庭树、雨打芭蕉 ……	春山/夏山/ 秋山/冬山； 峰峦当窗、松生空谷	水的温度/色彩 倒影的虚幻/荷风 的湿度/霞映澄塘 /流水潺缓/绿云 摇曳/荷香轻溢 ……	栏前细数游鱼 轩外花影移墙 亭中待月迎风 窗外花树一角 秋窗风雪月 ……
主体行为事件参与的可能性	驻足品位、 聆听； 时季的变化 自然的啸声 ……	拾阶而上/居高临下 /亲石触壁/洞穴迷 藏/光影变化	戏水/赏景 品茶 /吟唱 时间、生命 的存在 ……	个体、家庭或社会 活动； 休憩/顿悟/联想 思物/吟诗 再现于升华……
例证	绿竹猗猗	竹山青青/小松岗	戏鹅池； 柳絮池塘淡淡风	逸野塘、绘月廊

图 4.32 游园认知体验中的边界与其格律（A-M 表示主要的转折点）

图 4.33 游园认知体验中的水景与其格律（A-M 表示主要的转折点）

图 4.34 游园认知体验中的建筑庭院与其格律（A-M 表示主要的转折点）

图 4.35 游园认知体验的树木与其格律（A-M 表示主要的转折点）

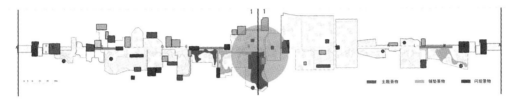

图 4.36 古猗园主环路认知体验中的景物就如同交响乐中的乐符（见彩图 27）

4.2.4 面向使用者的园林诗意建构与体验

古猗园中的诗意包括了物质环境中的诗性格律及文化语义中的叙事寄情，集中体现在园林环境的建构与认知体验之中：主题、叙事媒介、边界、主题景物、场景空间、连接结构（图 4.32—图 4.36）。同时诗意建构与诗意体验两者相辅相成、相互关照、相互参考，其实质体现了面向使用者的诗意体验为导向的传统造园模式。第一，相地建园，因人而异，这在《园冶》[9]的第一部分就有相关的阐述，不同使用者应选适宜的地址来建造园林："古之乐田园者，居于田野之中"；"今耽丘壑者，选村庄之胜。"[9]62 第二，在厅堂立基场景塑造之时，须考虑到建成之后使用者能感受到的效果，"深奥曲折，生出幻境"[9]73，"入想观鱼"[9]76，"洗山色之不去，送鹤声之自来，天然图画，意尽林泉之癖"[9]79 等等。第三，考虑象征隐喻叙事的可能或者派生转移能指的效用，荷花出水如"红衣新浴"，竹叶着雨如"碧玉轻敲"。[9]244 第四，花园营建过程中，根据场地的客观条件、使用者的功能需求、观者的视知觉效果不断修正，是一个动态的、积极的过程；因此一个园子从选址到完工是一个漫长的过程，宁缺毋滥，并非是一个赶工期出政绩的速成品。第五，精心推敲每一处的诗词对联，让文字画龙点睛，使得场景与诗境共鸣，同时也有意识地留给观者去揣摩。❶

这一系列对使用者关照的造园法则，引导着园林建造过程中的诗意建构。无疑，对于当前上海城市更新建设是一种启示。正是园林景物或者场

❶ 这在《红楼梦》中贾宝玉给园子命名时有所提及。

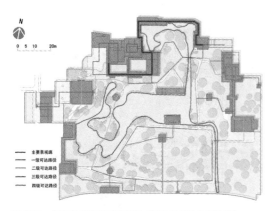
图 4.37a 游园认知体验路径选择（深色线条为北侧曲廊）
（见彩图 25）

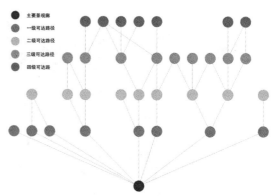
图 4.37b 认知体验路径 - 北侧曲廊在整个步行系统中的可达性与关联性（见彩图 26）

景建构中的诗意特征，使得使用者、观者的诗意体验成为可能。正如艾伦（Jubenville Alan）1978 年 [129] 所指出的观者的美感体验模式为：

$$V = f\,(B,\ E,\ L,\ R)$$

（其中 V：观者的美感体验；B：观者的背景；E：观赏时的环境状况；L：景观特征；R：观者与景物间的关系；f：函数）

上文中提到的物质结构中的诗性格律（诗性）往往与环境状况（E）、景观特征（L）以及观赏的路径、顺序等因素紧密相关。观者诗性的美学体验首先是由景观要素与空间特征作为第一要素所决定的；不同空间尺度、边界形态、组合关系所形成的美学体验是不一样的。古猗园保留的古园林部分与新扩建的园林部分的空间尺度、密度及其嵌套层次存在差异，因此两部分的诗性美学体验就发生了变化。同时，不同气候条件（如春雨、夏日、秋霞、冬雪）下，对于同样的景观空间的美学体验是不一样的；此外，观者选择不同的游园路径所体验到的空间节奏会有所不同（图 4.37）。

文化语义中的诗情隐喻（诗情）则与观者的背景知识 / 经验（B）、观赏距离（R）、观赏的心理 / 生理状态等因素相关联。如果观者对于《诗经》"绿竹猗猗"、明代江宏《游猗园》以及清代廖寿丰诗句等背景知识有一定的了解，那么对此园林的认知共鸣会更强烈，所获得的诗情美学快感也就更强烈。再如，观者在近尺度能够感受到细部图案所传达的语义，而在中观尺度下可感悟到相应场景所传达的语义，也就导向不同语境的美学联想及其情感体验。

当然，对于同样的花园，观赏者因个体因素的不同，对园林诗意唤起的反应有所不同，体验后唤起的感情及其行为事件的趋向有所不同，其中的因素包括游憩期望、感觉寻求、环境注意、体验方式、姿势速度、能见度、可见度等因素。[130] 这有待进一步研究。

4.3 跨文化视野下的诗意生成机制比较：豫园与罗沙姆园

中国园林与英国园林中的景观叙事及其诗性有什么异同？与中日园林的紧密关系相比，中英园林的关系通常是模糊不清的。中英古典园林的比较研究将有助于我们更加清楚地认知自己。本节甄选海派古典园林代表——豫园以及英国古典园林代表罗沙姆（Rousham）园林为例，进行比较研究，主要从机制和方法论角度去分析两个园林之间的异同，从跨文化比较的视角来认知海派古典园林的叙事特征。

4.3.1 豫园和罗沙姆园

前文已经介绍过，豫园是海派古典园林艺术的代表之一。[88] 豫园始建于16世纪（1559年），由潘允端所建，他花了20年时间建造这座花园，然后修复、重组和重建了多次。[5] 虽然豫园面积仅约30亩（2万平方米），却展示出一种不同寻常的视角，它囊括了一个城市园林中所具有的惊喜和惊艳[7][16]（图4.38）；并且成为上海的一个地标，是影响城市发展的一个重要的文化基因。

罗沙姆园位于牛津北8英里的谢尔威尔谷（Cherwell Valley），是一座具有混合风格的英式园林。这个园林始建于17世纪，包括菜园和一个有围墙带鸽棚的花园。1738至1741年间，庄园主詹姆斯·多默（James Dormer）将军，邀请威廉姆·肯特（William Kent）在约150亩地（10万平方米）内扩建房子和设计花园。罗沙姆园的建造标志着英式园林设计进入一个新时

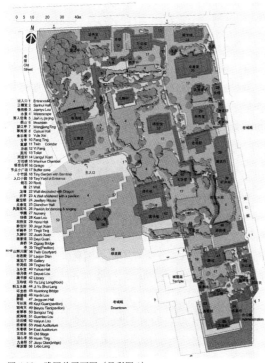

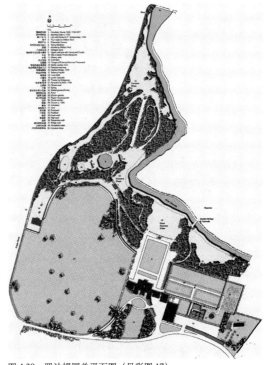

图 4.38 豫园总平面图（见彩图1）　　　　　　图 4.39 罗沙姆园总平面图（见彩图17）

代。这一花园也被视为英国园林发展史上的一个分水岭。[116] 现在大多数英式园林中的元素，如七拱柱廊、金字塔、乡村风格建筑、维纳斯谷的池塘、瀑布和冷水浴池，多是肯特那个时期设计并遗留下来的（图 4.39）。[131][132][135][136]

之所以选这两个花园进行比较研究，原因在于它们都是具有诗意的古典园林。首先，豫园和罗沙姆园都是各国的文化遗产景观，在各自所在国家的文化遗产中享有很高的声誉，具有代表性。第二，最初均作为私人花园，它们都为园主人提供了娱乐场所，同时也都成为炫耀财富的工具。[133] 第三，它们都是规模相对较小、风格独特的园林。豫园是高密度但不拥挤的城市园林。说罗沙姆园"小"，是相对于斯托皇家花园（Stowe，约 1.6 平方公里）、丘吉尔庄园（Blenheim Palace，约 8.4 平方公里）等英国其他古典园林来说，尺度是比较小的。第四，在建筑物、道路和绿化种植的布局上，两个园林都是不规则式的，尤其是两个园林中的道路系统都是不对称的，且多有选择（分叉）和转折（转弯）的特征。两个园林都是通过步道系统连接了花园的建筑和景点。在豫园中，一个个曲折的环路被嵌入整个道路系统中；在罗沙姆园中，弯曲或笔直的道路往往连接着尽端的标志物，通透的走廊和非线性的人行道沿着河流曲折向上，穿过山脉，消失在景观的后方。最后，这两个花园都可以被看作自传式的园林，蕴含的诗意和寓意被最大化融入园林中。计成认为，在中国园林中，建筑的布置、游步道、水体和假山都应该介于实和虚之间，并能引起人们体验到王维❶的诗歌中所描绘的意境。[9] 尤其是在豫园，园林成了潘允端自传式的风景。[7] 18 世纪的英国，正如希尔（Jonathan Hill）所提到的，伴随着对主观价值的日益重视，对风景画式的花园的审美日益流行，肯特设计的罗沙姆园就是在那种背景下的典型产物。[98]

4.3.2 诗意生成的相似性

"诗意"是指什么？前一节已经有所描述，这里再做一些补充。根据牛津英语词典，"诗"的第一层含义是指拥有诗一样格律或者韵律特性的事物；第二层意思是"诗"代表了思想和深层情感的表达。为了激发想象力和情感，既可以直接表达，也可以通过文字来委婉表述，还可以通过素材、图像及其场景进行表达。[116][129] 正如勒·柯布西耶（Le Corbusier）所指出的，"技术是诗情表达最基本的层面"。[134] 换句话说，诗性的生成需要技术——修辞技巧和编排策略。对于园林而言，诗意首先是情感内容，其次是编排策略，即单元空间和各类元素（如楼阁、花木与山石）在花园中以一种规则反复出现，这就产生了类似的韵律。下面根据上述基本定义来分析两个园林的诗性特点。

这两者均存在一些不规则性和不明确性。这些不确定性也为游客预留了想象的空间。

例如，三穗堂背后的仰山堂是一个非常独特的建筑，角色多样，南北两个立面都可以是正立面。堂北有回廊，与大假山相望；堂南隔一小庭院与三穗堂形成对话。建筑本身有两个名字，建筑高两层，底层称为仰山堂，

---

❶ 王维（698—759 年），唐代诗人、画家，其大部分作品简单而富有内涵，主要宣扬道家思想。

二层称为卷雨楼。仰山堂的名字来自《诗经·小雅》中的"高山仰止",意指"此地有崇山峻岭";卷雨楼则源自王勃的诗句"珠帘暮卷西山雨",意在表达"邻碧上层楼疏帘卷雨画槛临风乐与良朋数晨夕,送青仰灵岫曲涧闻莺闲亭放鹤莫教佳日负春秋"的诗情画意。[16] 同一建筑的不同部分拥有各自的语义为游客的自由想象提供潜在的可能性。当然,最终目的是引领读者去感知庭院场景中所传达的整体寓意。

罗沙姆园中,肯特探讨了田园风光与亚历山大·波普(Alexander Pope)的诗之间的关系。[6] 亚历山大·波普的诗歌具有田园风格,既富有工整格律,又富有哲理性。肯特在罗沙姆园的设计中,有意将波普诗所描述的风景画再现在景观场景之中,因此所塑造的园林风景与田园诗有内在的同构性。当然两者之间存在不同的诠释,这留给游客去追踪解读。

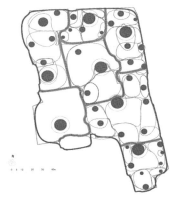
图 4.40 基于豫园空间结构的节点边缘

a 从门内看向三穗堂旁边的小庭院

b 从门内看向老君殿旁边的小庭院

图 4.41 豫园中相同元素的编排

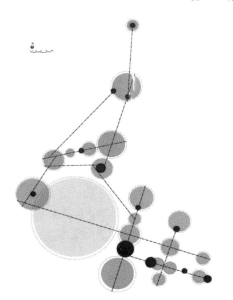
图 4.42 罗沙姆园空间结构的轴线关系

图 4.43 罗沙姆园中相同的元素的编排

在格律上，两个园林采用了相似的重复手法。闪进或闪出、上与下的插叙等[48]，这些重复性的要素与场景再现比较容易产生格律与节奏。

在豫园中，具有题名的园林建筑在每一个院子里都出现，这就产生了相似之处。特别是，龙的形象在整个空间组织中就像诗歌中的"头韵"。童寯在20世纪30年代撰文指出，园林就像交响乐一样，花园的空间和元素同时在不同的层面上有着不同的节奏，从小到大、从虚到实、从低到高、从这里到那里。[5]总的来说，围墙界定了一个个庭院空间，设置了一个个寻景的包袱；而一扇扇门窗，为游客设置了打开包袱的机会，不断重复演绎；豫园中诗意节奏的产生，主要是由于以节点-边界为基础的分形模型的不断迭代形成的（图4.40、图4.41）。

相似的是，在罗沙姆园，诗意节奏主要基于视觉轴线和开放的边界：通过不同角度的视廊引向端部景点，多条轴线，多个对景设置，且有节奏的出现，从而形成了一种节律（图4.42）。例如，沿河的一系列雕像，有着相似的尺度和背景。游客可以从滨水草坪上时不时看到（图4.43）。这就产生了一种类似于回声的诗意效果[135]，如画的感觉。同时，这些雕塑场景本身具有独特的意义与隐喻，唤起游客一种情感。

对诗意的塑造策略方面，为了创造出激动人心的、有效的叙事效果，两个园子采用了两种关键的策略——"系"和"解"。[29][30]如前文所述，在园林中，场景间的分割边界通常在一个诗意的故事情节形成中扮演着"系"的角色，给下一个场景的出现设置了一个包袱；而场景中园林要素及其细节的展示经常表现为"解"的角色，来传递和凸显故事情节及其含义。

在豫园，前文已经介绍了三穗堂子园以及玉华堂子园中的"系"与"解"，这里再举一例：与"点春"相呼应的名字出现在转向玉华堂子园的小空间的边缘处（图4.44），向游人设置了一个包袱。"山辉川媚"的成语悬挂在这两个子园之间的一个小的成双的单元空间的入口上，生动地阐述了它背后的风景，起

a. 点春堂与玉华堂间的单元花园，起到"系"的作用（字母表示站点）

b. 从题有"引胜！"的门内看到下一个场景

图4.44 豫园玉华堂的"系"与"解"

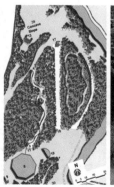
a. 步行道

b. 阿波罗的雕像

图4.45 罗沙姆园的"系"和"解"

到了"系"的作用，而院内的大部分景物则"解"开了"山辉川媚"的故事。此外，双单元空间作为一个整体，连接两个子园，并在它们之间起着纽带作用。

类似的"系"与"解"的策略也出现在罗沙姆园之中。在长长的视线通廊的起始端往往是"系"的开始，走到廊道的端部，一尊阿波罗雕像在高潮处"解"开了谜底（图4.45）。与豫园不同的是，罗沙姆园采用的是植物造型来塑造组织视线与空间，树木形成的长路、绿篱围墙等，达到"系"与"解"的效果❶；同时，在豫园中"系"与"解"均采用了文字，但是罗沙姆园较少采用文字注明的方式。

豫园和罗沙姆园之间的相似之处有必然或者偶然的联系吗？虽然很少有证据显示出直接、清晰的关系，但威廉·坦伯（William Temple）与中国人沈福宗❷（Shen Fo-tsung）之间的交流让他们之间的关联得以的建立。坦伯的散文《关于伊壁鸠鲁的园林》（Upon the Gardens of Epicurus）发表于1685年，在沈福宗访问伦敦和牛津之后。[4]其中，坦伯图解了中国园林不规则的布局和路线设计（图4.46），其中还包括中国风格鲜明的桥梁。这类景观和桥普遍存在于江南乡村中，对于南京人沈福宗来说都是比较常见的。在他去牛津和伦敦旅行期间，沈福宗与威廉·坦伯之间的会面以及关于中英文化的交流对于坦伯的论文撰写产生了一定的影响。毫无疑问，坦伯撰写的关于沈福宗的散文为18世纪的英中风格园林（Le Jardin Anglo-sinois）打开了一扇窗。[4]坦伯的文字与图解所展现的东方美学吸引并打动了许多当时的艺术家，如波普和肯特。在波普的花园设计中随处可见不规则的、迂回的散步道[136]，这又直接映射到了肯特设计的罗沙姆园结构中（图4.47）。

❶ 关于"系"和"解"的手法，比塞尔（2009）、皮尤（1988）在《园林-自然-语言》[133]中也做过解释。

❷ 沈福宗，1657-1692年，生于南京。于1681年跟随比利时教士柏应理（Philippe Couplet）由澳门起程前往欧洲，访问了意大利、法国、英国、荷兰等欧洲六国，会见了一些国家的国王，与当地的社会名流交流。

图4.46a 豫园曲折的步行系统
（曲折的环路被嵌入整个步行系统中）

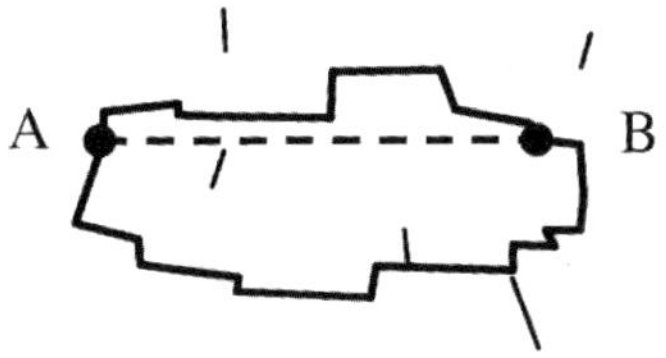

图4.46b 豫园中不规则的步道原型

图4.47 罗沙姆园中不规则的步道原型

❶ 这些画册是通过意大利天主教传教士马特奥·里帕（Matteo Ripo）从中国带到欧洲。伯灵顿爵士（Lord Burlington）从传教士那里获得了这本版画。伯灵顿爵士是肯特的雇主与赞助者。相关信息来源于玛丽安娜·鲍榭蒂.中国园林对于欧洲的影响[J].城市研究, 2001（24）:24.

另外，18 世纪初以肯特为代表的英国学者对于中国风（包括中国园林）有着极大的兴趣，肯特曾保留有《热河（承德）皇家园林风景铜版画画册》。这些版画最初完成与 1711—1712 年左右。❶ 而他在 1719—1727 年研究探索自然风景画式样的园林，并从不完整的中国园林绘画中获得了启示，提出了一种系统的自然风景画式的园林景观，后被法国人称为"英中园林"。可以推测，沈福宗与坦伯的偶遇、肯特对于中国园林的热爱架起了中英文化（包括园林）启蒙时期的碰撞与交流。这为豫园与罗沙姆园诗意建构的相似性找到了一些潜在关联的线索。

一般来说，园林中的诗意建构与园林设计的方法与机制密不可分。概括起来，有两个方面：第一，与园主和设计师有关；第二，与设计构思的主题原型有关。

豫园的主人潘允端是一个退休的官员，当然也是一个文人，诗歌绘画是一种基本的能力与兴趣；同时他对于造园有文化思想追求，集中体现园林的主题"豫"——"愉悦"。而多默是一个退伍军人，在英国属于贵族阶层，同样有精神追求，呈现在他的园林主题"征服"上。豫园的园林设计师中少不了张南阳❷，他既是大假山的设计师与建造者，也是豫园的设计师。

❷ 张南阳设计并负责建造了豫园中三穗堂、园中的大假山等。

他是一位有着高超技艺的园林建造师，对于园林诗情画意的场景塑造有着丰富的经验（特别在叠石筑山方面）。罗沙姆园的设计师是以肯特为代表。肯特是一位倡导自然主义的画家、建筑师与风景园林设计师，他主张向自然学习，摈弃规则，开创自由主义的风景画式园林模式。

诗词对园林主题的产生起着重要的作用，园林场所也记录了诗歌叙事和绘画所传达的内容[116]，呈现出一种微缩自然景观的场景（图 4.48）。在豫园建造中，园主潘允端就是一个诗人，受到王勃、王羲之及其相关诗词的影响，并将这些融入豫园每一个场景的塑造之中。在罗沙姆园中，英国著名古典主义诗人波普对造园思想的影响是有证可循的。

正如皮尤（Pugh）所提到的，在罗沙姆园的建造中，根据布雷泽曼（Charles

图 4.48 豫园诗意的场景

图 4.49 罗沙姆园中戏剧场景（从维纳斯雕像到风景如画的池塘）

Bridgeman，皇家造园师）的说法，从 1728 年开始，尤其是在 1736—1739 年间，波普成为罗沙姆园的定期访问者，而这段时间恰好处于肯特从事罗沙姆园改造工作过程中。肯特对罗沙姆园的改造是在波普的田园诗出版 35 年之后进行的。波普将田园定义为"令人愉悦"的风景，肯特从中得到了灵感，即，肯特追随波普在罗沙姆园展示了自然风光的田园景象。[137][141] 此外，肯特从意大利风景画和罗马剧院场景设计中学到了很多（图 4.49），并用于罗沙姆园一些场景的设计中。[133][138]

这两个园林的设计师、园主致力于通过景观场景和实物要素，把整个园林与绘画和诗歌融为一体。诗歌和绘画最终成了园林设计和配置中的实际组成部分。[116] 所以，无论它们的风格是什么，文学诗、绘画与园林相互作用，使豫园和罗沙姆园具有相似性。此外，"环境心理学"和"深度心理学"这两种方式通常将环境与人的感情联系起来。[112][113] 也就是说，园主人的情感受到外在环境与文化的影响，同时又将自己的情感"投射"到他所居住、学习、娱乐的花园之中。[112] 无论是罗沙姆园还是豫园，都受到两种因素的影响：花园原初建造均受到场地、气候、地形与自然条件的客观影响，设计师的构思需要遵循自然的特点；与此同时，花园的营造和修建也取决于主人的经济条件与情感，尤其是在场景营造和个性化的雕像制作方面。可见，这两个园林在建造与重构中带有强烈的情感性与主题性，从而传达和激发了充满诗意的想象[7][98]。这就是这两个花园中诗意形成的机制。然而，豫园和罗沙姆园形成的诗意与诗性特征有所不同。

4.3.3 诗意生成的差异性

实际上，这两个园林表达了不同主题：在豫园中，整个寓意非常清晰，即写在园林入口门楣上的"豫园"两字，寓意着愉悦（图 4.50），潘允端建造豫园的目的主要是希望其父母能够度过快乐安详的晚年。罗沙姆园的主题是什么呢？亨特（John Sixon Hunt）认为，罗沙姆园中一些雕像、雕刻及其文字与死亡主题有关[6]，但他没有认识到园林的基本内涵，因为坦伯认

图 4.50 愉悦（豫园的主题）：浮雕传递了孝顺的形象和寓意

图 4.51 征服（罗沙姆园的主题）：狮子猎杀马的雕塑

为"死亡对我们来说毫无意义,只是一种丧失什么的感觉"。[139] 根据一些资料来判断,多默具有强烈的"征服"欲望(图 4.51)。他是一个退伍军人,希望控制园林中的建筑、动物雕像(狮子、马)、男性雕像(角斗士、阿波罗等)、女性雕像(维纳斯等)、田园景观等。整个罗沙姆园隐含了一种征服!虽然这一点在整个园林叙事结构中不易察觉,但这正是罗沙姆园的主题。

4.3.3.1 表现手法的差异性

(1) 不同的物质构筑体现了园林中不同诗句的寓意

在豫园,以结点和边界为基础,空间结构具有复杂的分形特征:园中有园,故事中包含故事,不同层次和尺度上体现着分形现象。整个豫园由 7 个子园组成(三穗堂子园、万花楼子园、点春堂子园、得意楼子园、玉华堂子园、内园、湖心亭景区),每个子园又有若干小园组成。尽管很难在整个豫园中找到一个地标性建筑,但这些封闭的单元空间或小花园是整个豫园空间结构的基本组成部分,相互是依存的、并列的。同时,这些子园又解释了"豫园"的主题,每个子园通过庭院、建筑、材质、细节、文字等描述和传递了分主题以及围绕分主题展开的系列故事。例如,得意楼主要呈现了寄情自然时空的主题,万花楼子园主要体现花和石的主题。[16][88] 于是,具有叙事意义的园林空间结构以一种不断迭代的方式表达了园林的主题思想和寓意。

与此相反,基于视觉联系分析,罗沙姆园的空间结构是混合的(图 4.52)。罗沙姆园也有很多子园:用砖墙围起来的菜园,花园的东部则是用矮墙和河流界定的,向乡野开放;整个花园围绕着一个主要建筑——罗沙姆宫展开。这一建筑是花园中的地标,多默可以在建筑的最高点观察到园林中的所有东西。罗沙姆中每一个小花园都有不同的要素和明显不同的功能:菜园中有水果和蔬菜;西部子园拥有一个古老的教堂;鸽子花园中有鸟屋;围场中有牧场[3];东部的子园中拥有原始森林和哥特式构筑。这些通过一个清晰的结构表达了多默的主要思想。大多数带有戏剧性场景的终端都体现了园林主题——"征服"。例如,在 1740 年,多默邀请休梅克(Scheemaker)在规则式和非规则式景观中间位置设计了"马和狮子"的雕像。其实是狮子猎杀马的雕塑,一种战争的血腥。当然,不同的游客对此的体验感受会略有不同。

图 4.52 豫园与罗沙姆园的尺度比较

图 4.53 豫园的联结系统:文学性媒介

图 4.54 罗沙姆园的联结系统:建筑及其视线的控制

在豫园中，连接系统由不规则的水路、嵌入式的步行道和诗画文字所组成。它们在不同的层次和尺度上重叠交错，超越视觉感受，诠释着无穷无尽的乐趣和意义。连接系统有能力将所有相关的元素（实的）和庭院（虚的）联系起来，并尽可能建立单元空间和结点之间的相互联系。而豫园中的连接系统主要通过语义的方式而非视觉方式，也就是说，豫园的"诗意"体现在文学的层面而不仅是美学上。三穗堂子园中每一个典型场景均呈现了一首诗的意境。那些装饰有丰富图案的窗洞不仅有限定、美化空间的作用，更重要的是能传达文化寓意。"场所营造、场景绘画与其对应的文学作品之间是难以割裂的。"[119]因此，在豫园，叙事联系是一种必要的方式，可以传达主人的感受和思想，叙述方法超越了物质环境，能缓解游客的焦虑之感，享受花园中无尽的快乐（图4.53）。

然而，罗沙姆园的整体结构是根据景观组织的方式组合起来的，园中的楼阁、雕塑等要素通常是根据构图原则和透视轴线原理进行布局的。例如，罗沙姆园中大部分的端点（如雕塑、亭台），都是由肯特专业的视觉系统控制和联系起来的（图4.54）。

玛格丽特·乔（Margaret Jourdain）透露，"肯特的目标是从这些现有的元素中创造出一种类似于绘画的作品。因此，当一个空间景观场景以一座雕像、一个石像或一座花园建筑收尾的同时，又转而打开了另一个景观空间。"[138]显然，肯特的目的在于创造具有吸引力的视觉感受和场景。例如，维纳斯谷里有一个纯朴的构架朝向一个瀑布，该瀑布又面向奔流不息的河流，由树木支撑的七拱柱廊（Praeneste）俯瞰着阿波罗雕像和远处的河流。桥成了一道重要风景，在桥的远处又形成一个如画的景观。[138]换句话说，罗沙姆园中的每个事物都由园主人、客户、使用者的视线所掌控，从而可以与多默的内涵、感受相匹配。这可能是多默将军要肯特重新设计这个花园的原因。除了视觉上的联系之外，罗沙姆园中几乎没有什么叙事系统或策略可以把园林结构与园林的内涵联系起来。除了罗沙姆宫外，园林中没有其他装饰性的景园建筑。作为一名艺术家，肯特认为美学方式（即图片、

图4.55　豫园中门的匾额和装饰

图4.56　罗沙姆园中门的装饰（植物）

绘画和雕塑）比文字描述方式更能表达诗歌的寓意。[133] 在这种意义上，罗沙姆园中的"诗意"主要是通过视觉艺术而不是文字方式来传达的，尽管也可以看到肯特的花园和波普的诗之间的关于乡村风景的共性。[6]

（2）在这些花园中使用了不同的"诗歌词汇"

在豫园中有大量的水体，大约覆盖了 38% 的面积，它们连接了园林空间，并表达了无穷的趣味。与此相反，在罗沙姆园中，绿草（如山坡和草甸）覆盖了 50% 以上的面积。在豫园中，主要通过建筑元素而不是自然元素，来界定园林空间，并传达园林的内涵，每个子园都有其主建筑，并都有一个美丽的名字和对联，整个园林中建筑占了约 18% 的空间。而在罗沙姆园中，主要是由植物（大约占 20%）而非建筑元素，界定了园林空间，并形成景观。

同时，在豫园中所使用的文本是非常多样和可读的，并且具有完整的系统，如题名、诗歌、对联和图像等，共同阐释园林的内涵。与豫园不同，在罗沙姆园中，文本和叙事系统既少又分散，建筑上仅仅标示了构筑物的所有权、功能性名称、建设年代、宗教图像等（图 4.55、图 4.56）。例如，一个哥特式的座位上标示了制作者"威廉·肯特"；名为"狮子和马"的雕塑写了雕塑名称、建筑年代及雕刻师名字；一个建造于 1200 年代的教堂，同样标示了建设年代，并在雕像或窗户上印着宗教的标志或文字。❶ 虽然很难找到语言文字与园林主题之间的直接联系，但主要的故事线索将这些雕塑有序编排起来，通过这些雕塑的形态变化来感知体验花园的主题。

❶ 参见罗沙姆园旅游图。

（3）花园中还使用了不同的结构和风格

在豫园中，很多景观元素通常是自然的再现，设计师们常模仿自然景象来塑造景观，比如水景、树景和石景，用不同的转译方法来塑造园林中的小天地。精心设计的建筑、道路、花木、岩石、水以及它们之间的组合关系，使得每一个单元空间和整个园林都成为大自然的缩影。更有甚者，这个缩微的自然以及其间的元素可以根据特定的寓意和情景进行编排。例如，在玉华堂子园中，每个单元空间都有其特有的道具和布局特点。东边的小园容纳了两幢建筑（听涛阁、涵碧楼）；西边的藏书楼花园，包含了一个画廊、一个图书馆，及一个群树怀抱的池塘，还有一个假山环绕的庭院；位于园林中心的小花园有一个大"湖"和著名的石景及一个主体建筑；还有错综复杂的步道系统（如桥、廊和小径等）和连接这些小花园的水道系统。大部分的要素是人造的自然，以人的尺度为基准来构造空间（图 4.57）。因而，在中国园林中，通常有一系列的微中心，它是一个缩微的自然，提供了"一种持续的、有趣的体验"，追求理想中的无限时空和乐趣。[7] 正如大英博物馆展示的一幅关于豫园的照片作为典型证据来描述中国古代"微缩自然世界"的主题思想，豫园的诗意就是在理想主义模式下产生的。

图 4.57　豫园：以人为本的空间尺度

然而，在罗沙姆园中，以农业景观和乡村尺度为基础，大部分的风景都是按照"第一自然"的风格建造的[116]，它是乡村景观风貌的片断，无

图 4.58　罗沙姆园：以农业机械化作业为本的空间尺度

a. 花园里的果园与草地：果园　　b. 花园里的蔬菜和花卉：厨房花园　　c. 花园里的伐木：野生树丛　　d. 花园里的奶牛

图4.59　罗沙姆园中诗意的形成

论它有多美，都透露出狂野和粗犷（图4.58）。例如，树林、围场、瀑布和河流都以1∶1的比例呈现，人物雕像也是以真实的比例呈现。此外，正如多默在写给其亲戚的信中所提到的那样，这个花园相当有生产力，卷心菜、生菜、洋葱、山花菜、葡萄、木贝蒂、梨、樱桃、葡萄、牛奶、鸡蛋和黄油等都可以在这个园林里得到。[133] 所以，罗沙姆园的场景，是用一种现实主义的方式建造出来的（图4.59）。不管怎么样，游客在游园时不只是出于好奇或冲动，更重要的是出于对花园的功能和意义的追寻。[112]

4.3.3.2　生成机制的差异性

为什么这两个园林形成如此不同的"诗意"？不妨从机制上去寻找其中的成因。

（1）园主的意图和情况不同

为了表达对父母的孝敬之意，潘允端以叙事的方式进行建园，希望其父母可以在上海城区的豫园中安享晚年。当然，要想在城里获得土地并不容易，园主人要不断地对花园进行细分，以充分利用土地。此外，庭院越小，越接近人的身体尺度，使用者就越容易接触到大自然；园林中的信息越丰富，就更容易引起人们强烈的体验；园林越错综复杂，使用者沉浸其中就越容易忘记墙外的嘈杂，而感到宁静与愉悦；同时显示小中见大的智慧，"螺蛳壳里做道场"的能力。从这方面看，豫园比罗沙姆园更复杂、更紧凑。然而，在罗沙姆园中，无论是正式或非正式景观，都能让身心神益且感愉悦。肯特在园林的东部区域规划设计了富于野趣的景观，塑造了具有戏剧性的风景，可以使多默向他的朋友们展示他的权力和财富；与此同时，在18世纪的内战之后木材短缺，园林中的树木还可以为家庭和市场提供必要的建筑材料。[133] 这种纯朴的乡村景观的管理和维护成本较低。所以，罗沙姆园的"诗意"还夹杂着实用主义物质效益的目的。

（2）不同的使用者及其生活方式

在罗沙姆园，基于农业的尺度和情节，造园者希望重塑一种新的乡村生活。[133][138] 用户可以在园内散步、跑步、跳舞、野餐、锻炼、进行园艺活动和工作。特别是，他们可以骑着马或拉着马车在园内游赏和工作。如托马斯·琼斯（Thomas Jones）的照片"罗沙姆园的景色"，以及肯特绘制的园林设计草图中一位绅士正骑着马，而一个园林工人骑着一个马车。[6][138] 因此，罗沙姆园可以在某种程度上被认为是一种诗意的机器。[133] 然而，没有任何证据表明游客可以在豫园中骑马参观。相反，豫园是为潘允端的家人和好友提供在其内散步的地方，需要适合人活动的尺度，园中空间分割的做法、"隐逸"的模式和主题性场景都适于人的日常生活和休闲活动。特别是在那个时候，大多数的中国女性由于裹小脚而不能自由奔跑。因而花园中的所有空间和物品（例如，庭院、步道和假山的洞穴）都需要适应他们的尺度、速度、活动内容和喜好，享受大自然的乐趣。如果他们在花园里走得慢一些，他们就能得到更多的信息，比如子园的名字、亭子里的诗句和窗户上的图案。实际上，大多数中国人都喜欢在花园漫步时四处看看景色，寻找其中的文学意境。因此，与罗沙姆园相比，豫园可以被认为是适合人体尺度的一个诗意栖居的地方。

（3）不同的设计者及其职业

豫园的最初设计者是园主潘允端与张南阳。和其他的中国传统学者一样，潘允端就像创作诗词或散文那样去建造这个园林，之后大多数的追随者也都是根据他的理念来修复和重建该园林的（图4.60）。

相比之下，罗沙姆园则是由一位专业的景观设计师肯特根据设计图纸建造的（图4.61），而这张图可能是由布里奇曼（Charles Bridgeman，1690—1738年，御用花园设计师）在1725年绘制。[131][132] 肯特以一个艺术家的眼光充分利用了这个地方不规则的地形和谢尔威尔谷河道的蜿蜒曲折，精心地采用自然景观、树木屏障、乡村原野进行装点。他在结合英国和意大利景观的同时，还受到古罗马的启发，尤其是在克劳德·洛林（Claude Lorraine）的剧院空间和视觉设计方面。[141][142][143] 最终，肯特在英国园林形式风格中融入了中国园林的不规则要素，并将其转变为自然风格。因此，

图 4.60a 豫园兰花展场景写意画
来源：上海旧闻

图 4.60b 豫园翠秀堂场景写意画
来源：图画日报.上海环球社，1910（59）：2

图 4.61a 由肯特绘制的罗沙姆园磨坊场景草图

图 4.61b 由肯特绘制的罗沙姆园剧场草图
来　源：Jourdain M. The Work of William Kent：artist, painter, designer and landscape gardener[M]. London：Country Life Limited, 1948：163

罗沙姆园的诗意特征是相当复杂的。

（4）不同的哲学思想

一般来说，上海古典园林等中国园林很好地诠释了自然主义哲学。[7][9][140] 什么样的哲学思想对园林中的诗意结构有着深刻的影响？海派古典园林的建造实际上体现了一种道教的哲学思想，映射了《易经》的基本变化法则（图 4.62）。根据《易经》，太极生两仪，包括阳、阴；两仪生四相，即春、夏、秋、冬四种象征符号❶；成为最初的"太极"。最终层次顺序得到了很好的界定，这可以用来解释自然变化的规律。[97][122]

❶ 易经与分形的区别在于两者演化的过程有所不同：前者是衍生，后者是迭代。

这也适用于对园林产生及其诗歌形态的解释。实际上，中国的园主人、设计师、建造者和文人都是秉承道家天人合一的自然主义思想意识，并运用这种思想浓缩和安排园林空间及其元素。同时在重建、修复和描绘花园中，通过创造理想的场景和对象来表达哲学思想，就像在不同年代、地点的诗歌和绘画中反复出现的那样，它们追求一种无休止的诗意，"无限可能的再现和节奏"。[7]

然而，18 世纪英国园林呈现出不同价值观。享乐主义在 17、18 世纪的英国比较流行。[139] 尽管自然哲学缺乏论证，在《花园》（1685）（图 4.63）一文中，坦伯扬了享乐主义。在 1690 年撰写的《诗歌》一文中，他还暗示"不管我们是否承认，快乐可以说是每个人的目标。"[139][141] 因此，18 世纪享乐主义可能是英国花园的基本准则，它最终在造园过程中形成了一种集体意识。在罗沙姆园中，多默的个人情感在不知不觉中与这种社会追求吻合，然后形成了主题为"征服的祈祷"的诗歌。

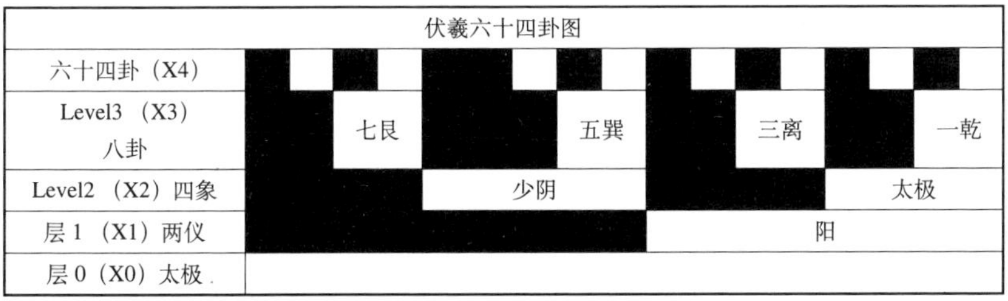

伏羲六十四卦图							
六十四卦（X4）							
Level3（X3）八卦		七艮		五巽		三离	一乾
Level2（X2）四象			少阴				太极
层 1（X1）两仪					阳		
层 0（X0）太极							

图 4.62 易经的几何图示（变化的规律）
来源：根据南怀瑾.易经系别讲[M].上海：复旦大学出版社，1997：330 改编

小结

图 4.63 "伊壁鸠鲁花园"中神庙的解释(水彩、维多利亚和阿尔伯特博物馆)
来源:建筑评论,106(12):393

尽管豫园和罗沙姆园在一定程度上富有类似诗歌的格律、想象和修辞,但由于内在动因和设计方法不同,这两处园林拥有不同的诗意形成的机制,传达出不同的主题、感受和意义。以节点—边缘结构和完整的分形叙事体系为基础,豫园的诗词以理想主义的方式产生,给潘氏父母、访客提供了愉悦、安详的感受。相比之下,在乡野景色和农业尺度的基础上,罗沙姆园中视觉绘画式的诗意,是以现实主义的方式来控制的。它传达了将军多默对征服、快乐和利益的渴望。诗意的形成也与哲学思想有关:道家思想对于豫园的结构有着深远的影响;相比较的是,现代享乐主义对罗沙姆园的建造有着直接影响。此外,园主的目的、使用者的生活方式和设计师的职业特点等这些因素也会给豫园和罗沙姆园带来不同的诗意(表4.6)。当然,关于中英园林之间的关系,仍有待研究讨论。

不管怎样,今天的设计师可以从豫园和罗沙姆园诗意的形成方式中得到启发。诗意除了通常指的诗歌内涵之外,也是指建筑环境中的节奏、修辞与意义;形成诗意需要一套复杂机制与方法。诗意在建筑环境中形成主要是由于内部因素(如词汇、联系和结构)和外部因素(如文学、绘画、地理、经济和哲学)共同作用的结果(表4.7)。❶

❶ 本章撰写过程中得到了乔纳森(Jonathan Hill)教授的多次指点与帮助。

豫园和罗沙姆园诗意生成比较研究　　　　　表 4.6

	豫园:海派古典园林	罗沙姆园:经典风景园林
背景		
1. 私家园林	古典/文化遗产	
2. 建筑体量密集	体量小/密度高(20,000M²)	体量大/相对密集(100,000M²)
3. 不规则结构	非线性、复杂的	非规则的、自然的
4. 手法	人工	自然
5. 诗意	安详的愉悦	征服的喜悦
相似性(诗意的内涵)		
(a) 节奏:头韵韵律的特性	重复的表现手法;同种元素	具有代表性的雕塑不断重复
(b) 可能的假想:联动	潘允端、王勃等诗人的诗歌	亚历山大·波普的诗
(c) 修辞:系和解	墙/建筑和文字	植物隔断/走廊和终点
相似的原因		
1. 可能的交往	沈福宗访问牛津(1684—1685年)	坦伯的《花园》出版于1685/承德皇家园林风景版画
2. 设计方法	中国文学	英国文学
	国画(园林)	意大利绘画
	中国古典园林	英式—欧洲—中国园林
3. 情感与环境的互动	"深度心理学":主人的情绪投射到外部世界	环境心理学与深度心理学:跟踪与预测

续表

	豫园：海派古典园林	罗沙姆园：经典风景园林
差异（诗意配置的主题 / 机制）		
1. 主题与含义	孝顺	征服
2. 物质结构支撑	不规则的节点边缘：花园中的花园和故事中的故事	混合的：正式的和非正式的路径节点
3. 连接系统	树枝状的水道内有蜿蜒的人行道，形成"环中环"	要素组成及远景、对位轴线
4. 词汇	水景，建筑元素，封闭边缘，文字 / 图像，完整的叙述系统，人工	绿色和地形，树木和树林，开放边界，终端和雕像，很少文本，自然和野生
5. 模式和风格	可编辑的单元空间，故事叙述的场景	剧场景观；地形和园艺
	意义的控制	视景的控制
	微型复制品	农业范围 / 规模（1:1），混合景观
	象征意义和理想主义	文化唯物主义和现实主义
不同的原因		
1. 园主人的目的	身处闹市让父母享受他们的日常生活 / 表达孝心的情感	显示权力 / 乐趣和利益
2. 使用者和生活方式	以人为尺度的理想的地方	牧场式尺度的诗意场所
3. 设计者和从业者	文学性；代表性	艺术家和景观设计师；复合英国乡村和意大利风格的风景；改造
4. 哲学思想	易经的道教思想：忠孝仁义规则的变化	花园中现代享乐主义：道德准则

花园中诗意生成的元素　　表 4.7

	元素名称		参照和注释
1	内涵	韵律	重复 / 相似 / 闪现 / 蒙太奇
2		想象	图像 / 符号 / 典故 / 隐喻 / 明喻 形状 / 视觉 / 声音 / 感觉 / 结构 / 意义
3		语义	概念 / 思想 / 意义 / 故事 客体的场景 / 元素 事件 / 活动 集体精神与个人情感的融合 （委托者 / 园主人、设计师、使用者和访问者）
4	内在机制	联结修辞	节点边缘元素的位置 材料和细节的选择 物体 / 单元场景的设计
5		结构	元素的布局和分配 物体与场景的交互 / 共生
6		词汇	文字、题名、诗意、对联、图像、物体、材料
7	外在机制	哲学	道教思想、享乐主义
8		文学	诗、小说
9		风景画	理想主义 / 超现实主义，唯物主义 / 现实主义；中国、欧洲
10		园艺	园艺学，地形
11		自然地貌	第一自然，第二自然和第三自然
12		管理	财产

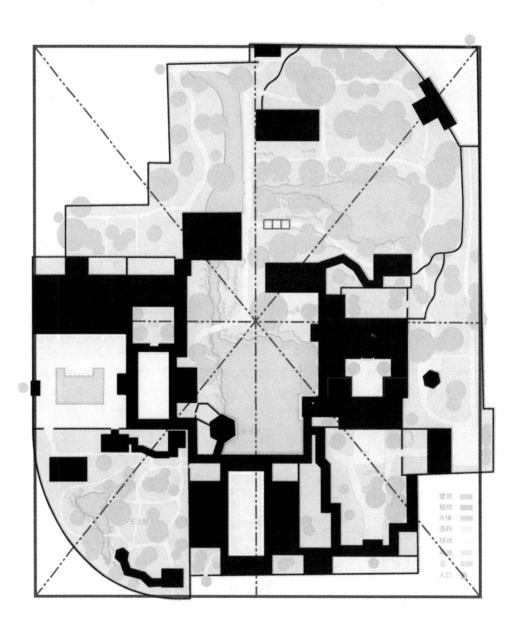

第 5 章　海派古典园林景观叙事的空间连接度评测

景观叙事在海派古典园林中的效果如何？目前难以进行系统的、全面的理性评价，但是可以针对一些具体指标进行理性认知与评测诊断。本章运用空间句法这一相对理性的分析技术，借助计算机软件探寻海派古典园林景观叙事的空间连接与可理解度，即，这些叙事性场景、载体与信息是否能被游客看到？看到的机会有多少？这是评价景观叙事效果的前提。

5.1　分析原理：空间句法与其在平面认知中的应用

传统定性的研究方法难以理性度量评测园林景观叙事的效果，随着计算机技术的发展与应用，借助于新的技术手段与研究方法，可以从一个不同的视角来审视园林空间关系。

空间句法（space syntax）产生于20世纪70年代末，由伦敦大学教授比尔·希利尔（Bill Hillier）及其领导的小组首次提出并应用。空间句法理论是一种新的描述建筑与城市空间模式的语言[27]，基于空间与社会之间的关联逻辑，比尔·希利尔认为，个人或者社会对建成空间的认知是整体性的"领悟"过程，我们不可能先分析各个局部空间，然后归纳成为"真实的整体空间"；而是研究不同空间部分放置在一起形成整体的组构方式，关键是分析如何把空间组织在一起。因此，我们不能孤立地分析局部空间，而应从系统、整体和发展的角度来考察空间组构关系。希利尔进一步认为，空间组构强烈地影响人的流动。影响步行活动的主要因素是空间布局（configuration）与交互边界（interactive frontages）。[142]54

空间句法成功地运用计算机软件使得空间布局中的相互依存关系可视化，为定量化度量空间连接关系（connectivity）及其认知带来了可分析的理性工具。目前这一分析方法主要建立在空间的二维平面基础上，特别是对于自组织的步行空间系统分析比较有效。园林空间同样具有典型的步行系统及其自组织特征。

目前，已有一些学者运用比尔·希利尔的空间句法来描述中国园林中的空间结构及其复杂性[143]；有学者利用 Depthmap 空间句法分析软件，从视线可达性等度量指标对同一个园林空间的结构布局特征、历史演变进行分析[144]；或者应用凸空间分析法来考察园林中主体寻路行为与视觉可达性之间的关系，以及游览路线选择倾向[145]；或者利用空间连接度等指标来量化比较不同园林空间的可见性及其围合属性的异同点等。[146] 无疑，空间句法建立了在步行行为、视觉认识和空间组构之间的内在关系，从而为描述和分析园林空间及其复杂属性提供了可表达的工具。[147] 但是，这些量化的数据与造园者的意图／园林所传达的意义之间存在怎样的关联有待诠释。

本章的研究方法是，利用 Depthmap 软件，对各园林进行 VGA（Visibility Graph Analysis）分析，以连接度（connectivity）为主要指标参数，理性测量空间组构及其关联关系，用色彩直观呈现空间之间的渗透与连通关系。[73]

在本次 VGA 分析中，数值最高的赋予红色，数值最低的赋予蓝色，中间段为渐变，最终形成全局或者局部的连接度分析图。连接度分析可以反映空间场景中观景点与其他视点间的可见性、可达性关系，可表达从某一点能看到多大的范围，当然也可以反映该点能被多大区域内的视点直接看到。也就是说，在园林中可以根据连接度数值高低来判断园中景点或者景观场景的叙事信息被阅读到的机会。

各类分析数值由图中颜色的色相分层与渐变来区分，直观地看出各个空间的连接与可达性。由红色依次向冷色调过渡；色彩越暖，代表值越高，表示可达性、连接度越高；色彩越冷，代表值最低，表示可达性、连接度越低。即，高值场景表示视野开阔，该区域的叙事载体与信息越容易被看到；低值场景表示视野被遮挡程度高，私密性较强，该区域的叙事载体与信息被看到的机会要少（图 5.1）。

本书研究主要选取连接度作为主要评测指标，其原因在于连接度是空间组构的重要参数。研究对象以人观看园林场景中的叙事载体作为参照，连接度可以很好地帮助我们将园中场景的可见程度可视化，通过计算所得数据将不可言表的认知体验进行理性分析。❶

本次评测主要基于各园林平面中的可视区域。根据各园林的平面图、实景地图、历史资料以及现场核对勘察，绘制出适合句法软件使用的 dxf 图纸。平面设定的截面选择在视觉认知的常规高度——普通人眼高度 1.5 米左右。基于这一高度绘制园林平面：绘出建筑墙体，敞廊用柱子代替，保留院门洞，但将建筑门窗以及花窗视为实体墙；高灌木以及小乔木以树冠为实体❷，孤植的大乔木以树干代替；假山 1.5 米以上视为实体。❸

海派古典园林具有园中有园的空间结构，每个园林中都能划分出多个子园，从而又形成故事中又包含故事的叙事特征。针对这样的空间结构和叙事特征，本章对海派古典园林的 VGA 分析❹，对象从全园整体空间系统到子园空间，再到庭院场景空间。本次研究的目的是：重点探寻认知、评测空间连接度数值与景观叙事载体之间的耦合关系。

5.2 连接度分析

通过对每一个园林的整体与其子园局部进行空间句法分析，使之量化与可视化，进而考察每一个场景的连接度及其与周边关系。

❶ 除连接度参数外，整合度（Integration）也常作为视觉分析指标，衡量该点被区域内其他各点看到的难易程度，数值越高表示该点在整个空间更容易被看到，越容易吸引视线的关注。

❷ 考虑到春夏两个季度的反差太大，所以时间段选取春秋季节。

❸ 本次分析未考虑园林建筑二层以及假山上部的连接度。

❹ 在使用空间句法计算连接度的过程中，格网最小单位选用 200mm × 200mm。

连接度：弱 ▇▇▇ 强
图 5.1 空间句法分析示意
（见彩图 2）

5.2.1 各园连接度分析

5.2.1.1 豫园中的连接度分析

本节通过对豫园全园可视区域（图 5.2a）的空间句法分析发现，豫园中连接度最强区域主要分布在得意楼子园和玉华堂子园（图 5.2b 红色区域），其中积玉水廊场景连接度高。两个子园的空间都较为开敞，水面开阔，中心区域遮挡较少；内部单元空间界定多为柔性边界（树木、敞廊等），相互贯通，甚至相互粘连在一起；从功能看，得意楼（图 5.3a）和积玉水廊都是会客、赏景宴游等公共性较强活动的举行场所；其与周边子园与庭院的出入口较多，可达性好。因而可见性较高，空间连接度高。

豫园中连接度最弱区域主要分布在三穗堂子园和内园等（图 5.2b），例如位于三穗堂子园北部的翠秀堂庭院（图 5.3b），内园可以观西侧庭院等。此外，建筑附属的庭院空间，如老君殿东侧庭院、点春堂东侧等，连接度值也较低。从空间上看，这些庭院空间往往较为狭小、封闭，且建筑、山石、植被等园林要素密度较高。从功能上看，这些建筑设定的功能较为私密，如翠秀堂为园主人议事场所，老君殿旁的附属庭院和藏书楼需要宁静，因此与周边庭院接口较少，进而导致空间的连接度不高。

其他区域连接度处于平均强度，例如点春堂西侧区域（图 5.2b）。点春堂西南角场景空间的连接度值较高，该场景空间南北较为通透。从功能看，点春堂及其戏台是公共性、开放性较高的场所；其与西侧的万花堂子园有出入口相连通，可达性尚好。从空间边界来看，该场景空间除了西侧为实体的围墙边界，其他围合以树木等非连续性的边界为主。因而，这一区域可见性与连接度尚可。当然，每一个具体位置的连接度有所不同。

5.2.1.2 醉白池中的连接度分析

醉白池可视区域（图 5.4a）中连接度最强区域主要分布在园林中心的水池区域（图 5.4b）。不同于豫园连接度高值区多中心分布的特点，醉白池中的连接度最强区分布呈现单中心。具体从空间来看，连接度高值区分布

图 5.2a 豫园空间体验区域

图 5.2b 豫园空间连接度分析（见彩图 3）

图 5.3a 豫园空间连接度最强区域：得意楼景区

图 5.3b 豫园空间连接度最弱区域：翠秀堂庭院

在水面区域，这一区域较为开阔，渗透性较好；从功能上看，池上草堂为公共性会客交往场所，需要好的视野，同时与四周场景渗透性较好。因而该区域连接度较高（图 5.5a）。

醉白池连接度最弱区域主要分布在玉兰园以及宝成楼的附属庭院等。这些庭院空间主要以实体院墙围合为主，封闭性都较强；玉兰园虽空间尺度尚可，但绿化稠密（图 5.5b）；而其他建筑附属庭院空间狭小，与周边的连通较弱。因而连接度数最弱。

醉白池连接度平均强度区域主要分布在园林北部乐天轩周边、南侧的碑刻廊以及园林西侧的雪海堂庭院。从空间角度看，醉白池北部乐天轩周边空间边界围合较弱；南侧的碑刻廊庭院则南北通透性较好。这些地方的实际情况与分析较符合。而醉白池西侧的雪海堂庭院功能公共性强，与四侧庭院都有出入口联通，实际连接情况比分析结果要好。

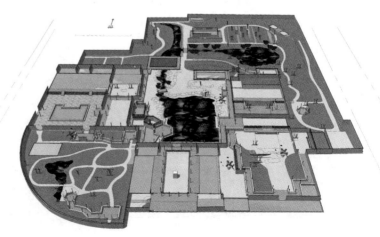

图 5.4b 醉白池空间连接度分析（见彩图 10）　图 5.4a 醉白池空间体验区域

图 5.5a 醉白池空间连接度最强区域：池上草堂　　图 5.5b 醉白池空间连接度最弱区域：玉兰园

5.2.1.3 曲水园中的连接度分析

对曲水园全园可见区域（图 5.6）的 VGA 分析发现，曲水园中视域连接度最强区域主要分布在南侧的荷花池场景和北侧的莲花池场景区域（图 5.7）。荷花池场景中的喜雨桥场景连接度值为全园最高。从空间上看，荷花池场景和莲花池场景均以水面为主，四周都以树木、亭子等柔性边界围合；空间较为开敞，与周边的渗透性好，视线可达性高。这与分析结果相匹配。在喜雨桥处，南北空间贯通，向东侧望视线也较深远，所以此处成为全园的视域连接度值最高位置。

曲水园连接度最弱区域主要分布在御书楼的庭院以及东南部植物庭院等处。花神堂前面的附属庭院，空间狭小，四边都以实体围墙或墙面为边界，空间封闭性强，与周边庭院没有直接连通。南部植物庭院内植物分布密集，且有围墙，与西侧和北侧的空间相对独立，所以空间较为封闭，可见性较低。因而，这些区域连接度较弱。

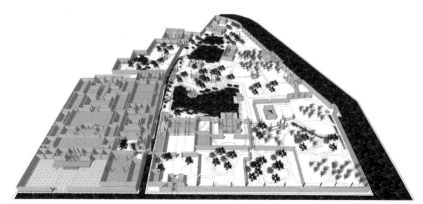 

图 5.6　曲水园空间体验区域　　　　　　　　　　　　　　　　图 5.7　曲水园空间连接度分析（见彩图 13）

曲水园连接度中值区域主要分布在西入口庭院区和南入口庭院区等场景。这些场景空间较为开敞，与周边庭院场景相通，视线可达性尚可。因此，空间连接尚可。

5.2.1.4 秋霞圃中的连接度分析

对秋霞圃全园可视区域（图 5.8）的空间句法分析发现，秋霞圃连接度最强区域主要分布在三隐堂前庭院场景和桃花潭场景（图 5.9）。三隐堂前场景以水面为主，较为开敞，周边主要以植物等柔性边界围合，且在东北、西北、东南和西南方向都有视觉廊道与周边庭院联通，所以该场景可达性较好，连接度值最高。桃花潭场景也以水面为主，由南侧假山、东侧围墙、西北侧植物等柔性边界围合，空间开敞，东西方向视线较为深远；与周边庭院可达性较好。因此，分析结果显示该处的连接度值较高。

连接度最弱区域主要分布在清镜塘区西侧的假山区域、桃花潭南侧的假山区域和丛桂轩附近、城隍庙大殿附属庭院以及三隐堂后面的附属庭院等。清镜塘区西侧和桃花潭南侧的假山区域，树木和亭子等构筑物分布密集，视线可达性弱；丛桂轩附近场景，由于西侧为实体围墙边界，南侧和北侧以茂密的植物为边界，东侧只有较狭小的空间与桃花潭场景相连，因而可达性较弱，视域连接度值也较低。城隍庙大殿和三隐堂的附属庭院，四面都以实体的围墙或建筑外墙面围合，空间较为狭小，封闭性强，与周边庭院没有直接的对外连通，因而视域连接度值很低。

秋霞圃连接度中值区域主要分布在庙邑区庭院等。庙邑区庭院场景位于秋霞圃的入口处，空间较为开敞。从功能看，庙邑区庭院为公共空间，该空间南侧连通园外，东侧与清镜塘子园相连通，西侧与桃花潭子园相连通，可达方便。这与分析结果有一定的关联。

5.2.1.5 古猗园中的连接度分析

对古猗园全园可视区域（图 5.10）的连接度分析发现，古猗园中连接度最强区域主要分布在园林中央的戏鹅池子园。其中不系舟前的水面为全

图 5.9 秋霞圃空间连接度分析（见彩图 16）

图 5.8 秋霞圃空间体验区域

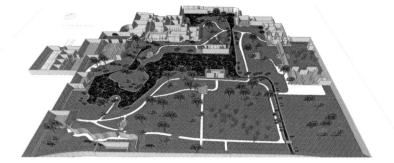

图 5.10 古猗园空间体验区域

图 5.11 古猗园空间连接度分析（见彩图 7）

园视域连接度最高处（图 5.11）。从空间角度看，戏鹅池场景以水面为主，空间开阔，场景边界除了南侧为较实的竹枝山假山外，其他几个方向都以树木和零星建筑等组成的柔性边界围合，场景与四周多个方向视线相通，空间渗透性强。戏鹅池为全园中心，周围围绕一圈景观建筑，是整个园子的活动中心和景观中心，在全园中连接度值也最高。

古猗园连接度最弱区域主要分布在西南侧入口庭院、北部改建区庭院、南厅庭院等区域。西南侧入口庭院，四周以实体围墙围合，空间狭小，只有两个门洞与外界相联通，视线可达性较弱，视域连接度值也较低。北部改建区庭院和南厅附属庭院，作为建筑附属庭院都由实体围墙和建筑外墙面围合而成，空间封闭性强，视线可达性较低，视域连接度值也较低。竹枝山南侧场景没有明确的空间边界，密布乔灌木等植被，空间较为离散，视线可达性较弱，故连接度值也较低。

古猗园中连接度中值区域主要分布梅花厅、竹枝山南侧等区域。这些场景都以花木为边界围合而成，植物密度较低，场景边界较为通透，场景空间与外界渗透性较好，两个场景空间相对开敞。两个场景与外界视线联通性强，视线可达性较好，也就导致连接度值处于平均（或以上）。

5.2.2 总体连接度分布规律

5.2.2.1 全园连接度最强区域分布特征

从上述 5 个园林的分析结果来看，全园连接度高值分布有以下 3 个特点。

第一，连接度高值区分布通常呈现多中心状态。除醉白池之外，园林中连接度较高的区域不只有一处。如在豫园中，连接度高值分别出现在得意楼子园、玉华堂子园中；在曲水园中，连接度高值分别出现在荷花池子园、清籁山房子园中；在秋霞圃中，连接度高值分别出现在清镜堂景区、桃花潭景区等子园中；在古猗园中，连接度高值分别出现在戏鹅池景区、逸野堂景区等子园。这种多中心分布的特征，印证了前文中提到的网络特征。多中心特征有助于塑造有放有收、系与解交替出现，有助于形成跌宕起伏的空间体验效果。

第二，连接度最强分布区位较显明。通过对 5 个海派古典园林的全园层面空间连接度进行分析（表 5.1）可以发现，5 个园林中连接度数值最大的区域大多位于园林的中心景区，也就是最接近园林平面中心的场景连接度数值最高。如豫园连接度最大值的场景位于得意楼景区；醉白池连接度最大值的场景分布在中心处的池上草堂子园；曲水园连接度最大值的场景位于荷花池区域；古猗园连接度最强的场景分布在戏鹅池景区。这主要因为园林的中心景区通常为水面，视野最为开阔，与周边场景的空间渗透性好；与周边庭院的连结较多，可视性较好。但是秋霞圃例外，连接度最大值的场景分布在清镜堂子园，并非在园林的中心。这一部分是后来改扩建而成的，水面相对尺度较大，开阔完整，周边遮挡较少。

第三，主体建筑与场景往往连接度数值较高。例如，豫园的玉华堂、万花楼；醉白池的池上草堂；曲水园的得月轩、竹榭、玉字廊；秋霞圃的三隐堂、碧梧轩、舟而不游；古猗园的不系舟、白鹤亭等。从数据中不难发现（表 5.2），其中大部分建筑连接值超过全园最高值的 50%，这些构筑物及其场景都有很好的视野，处于开敞区域，视线可达性好，连接值也就比较高。

空间连接度统计　　　　　　　　　　　　　　表 5.1

		全园分析数值比较		子园分析数值比较	
		最强值	最弱值	最强值	最弱值
豫园	全园	26674	1		
	三穗堂区（A）	9295	17	9303	1
	万花楼区（B）	11405	17	9639	15
	点春堂区（C）	16130	14	14469	12
	得意楼区（D）	26674	17	23928	6
	玉华堂区（E）	25620	14	25194	6
	内园区（F）	10125	1	7818	2
醉白池	全园	18504	3		
	雪海堂区（A）	9400	3	9138	48
	池上草堂区（B）	18504	9	16441	9
	宝成楼区（C）	5255	24	5213	20
	碑刻廊区（D）	14223	35	4145	17
	玉兰园区（E）	6904	45	4411	49
曲水园	全园	26595	5		
	凝和堂区（A）	11416	13	6398	31
	荷花池区（B）	26595	17	23032	9
	有觉堂区（C）	2174	81	1298	20
	清籁山房区（D）	15788	30	14769	28
	植物庭院（E）	4639	5	5089	6
	西入口庭院（F）	12796	23	12482	17

续表

		全园分析数值比较		子园分析数值比较	
		最强值	最弱值	最强值	最弱值
秋霞圃	全园	37516	4		
	清镜堂区（A）	37516	15	37505	10
	桃花潭区（B）	34737	4	34736	1
	凝霞阁区（C）	10867	25	10793	35
	庙邑区（D）	29494	24	29366	26
古猗园	全园	36870	4		
	逸野堂区（A）	30702	4	16432	13
	竹枝山区（B）	27847	21	13773	6
	柳带轩区（C）	14050	18	7841	102
	戏鹅池区（D）	36870	32	22834	45
	梅花厅区（E）	36742	58	8658	28

注：A、B、C、D、E、F为各子园的代码，详见前文第2章。

代表性园林建筑的连接度数值结果　　　　表5.2

	豫园	醉白池	曲水园	秋霞圃	古猗园
楼	万花楼（7253/27.2%） 藏书楼（201/0.8%）	宝成楼（962/5.2%）	御书楼（182/0.6%）		
阁	听涛阁（11133/41.7%）		听橹阁（2788/10.5%）	凝霞阁（3442/9.2%） 霁霞阁（99/0.3%）	浮筠阁（8797/23.9%）
堂	玉华堂（12283/46.0%） 翠秀堂（1677/6.3%）	雪海堂（8172/44.2%）、 池上草堂（12424/67.1%）	花神堂（2613/9.8%） 凝和堂（2982/11.2%）	三隐堂（33287/88.7%） 扶疏堂（4752/12.7%）	逸野堂（9048/24.5%） 春藻堂（699/1.9%）
轩	九狮轩（12631/47.4%） 静宜轩（1747/6.5%）	卧树轩（5395/29.2%） 乐天轩（3756/20.3%）	得月轩（15134/56.9%）	碧梧轩（18745/50.0%） 丛桂轩（2550/6.8%）	柳带轩（5543/15.0%） 鸢飞鱼跃轩 （14011/38.0%）
斋			咏真斋（3024/11.4%）	数雨斋（6475/17.3%） 闲研斋（7977/21.3%）	
榭	鱼乐榭（1592/6.0%）	花露涵香榭（5063/27.4%） 莲叶东南榭（7608/41.1%）	竹榭（12326/46.3%） 迎曦亭（18435/69%） 喜雨桥（23655/89%） 天光云影（21624/81%）	依依小榭 （5560/14.8%）	藕香榭（13066/35.4%）
舫	亦舫（2300/8.6%）	疑舫（1420/7.7%）	舟居非水舫 （1421/5.3%）	舟而不游 （22637/60.3%）	不系舟（15355/41.6%）
廊	积玉水廊5626/21.1%） 复廊（1348/5.1%）	碑刻画廊（17687/95.6%）	玉字廊（15130/56.9%） 绿波廊（3059/11.5%）	觅句廊（10045/26.8%）	绘月廊（7407/20.1%） 梅花碑廊 （6328/17.2%）
亭	挹秀亭（304/1.1%） 井亭（6671/25.0%）	半山半水半书窗 （11057/59.8%） 雪梅亭（1625/8.8%）	涌翠亭（1034/3.9%） 小濠梁（20755/78%） 恍对飞来（18664/70%）	补亭（2843/7.6%） 洗句亭（10220/27.2%）	补缺亭（956/2.6%） 白鹤亭（21183/57.4%）

注：百分比为连接度数值与全园最高值的比例。
来源：刁嘉辉绘制

5.2.2.2 全园连接度最弱区域分布特征

园林中连接度数值较低的区域表明该位置可见性不佳，可达性较弱。连接度数值较低区域在海派古典园林中的分布主要有以下两种类型：

第一种类型是较为封闭、私密的场景或庭院，往往连接度值较低。比如豫园中的藏书楼区域，原是主人藏书阅读的地方，醉白池中的宝成楼子园，是主人住宿休息的地方，这些区域较为私密，需要安静的环境，其空间连接度值都较低。类似的还有曲水园的御书楼、秋霞圃的晚香居、古猗园的清碧山房等。这些建筑与场景连接度较低，可见性和可达性也较差，主要原因是空间层级较深，庭院较紧凑也较封闭，最初的使用功能都需要相对僻静的环境。

距离最高值中心非常近的封闭庭院也会出现连接度数值较低的情况，如秋霞圃凝霞阁区连接度数值较低，而一墙之隔的荷花池场景连接度较高，两者相差3倍之多。这样的效果形成强烈的视野收放变化，让游客出现豁然开朗的空间体验。

第二种类型是在庭院的边缘区域或附属区域。大致有三种原因。其一，这些空间通常狭小，较为闭塞。如豫园中的翠秀堂庭院，前为大假山，后为院墙，占地局促，可达性较弱。其二，这些区域绿植较密集。如秋霞圃清镜堂区的西侧、醉白池中的玉兰园。但是，一些区域虽然连接度较低，但实际的可达性较高。如前面提到的豫园中的三穗堂、秋霞圃中的凝霞阁景区，还有醉白池的雪海堂区域，这些区域直接连着主入口。

5.2.2.3 子园空间连接度分布特点

对5个海派古典园林中各个子园分别进行连接度分析可以发现一些与全园类似的特点。第一，连接度最强的场景大都位于视觉中心，如豫园的三穗堂、曲水园的清籁山房等，表明海派古典园林中的子园都有较强的动静与主从关系。第二，不同子园场景的连接度数值跟该子园场景的空间大小有关系。开敞空间较大、出入口较多的场景，连接度数值普遍较高。如曲水园的喜雨桥、豫园的得意楼等，这些公共性较强的子园视线可达性一般都较好，视野开阔，适于园主开展节庆宴游活动。而静心修养研读的庭院通常视域连接度数值较低，如醉白池的宝成楼是园主人住宿休息的地方，私密性要求较高，空间相对较为封闭，视野不开敞。

(1) 子园与全园比较分析

本章分别对5个海派古典园林从全园和各个子园的不同尺度进行了视域连接度分析。为了比较两个尺度下分析结果的差异，将全园尺度与子园尺度下各子园的视域连接度最高值情况进行对比分析，发现各子园在全园分析的连接度最高值和子园分析的连接度最高值具有一致性（图5.12—图5.16）。以秋霞圃为例，全园分析时4个子园的连接度从高到低排序为：清镜堂、桃花潭、庙邑、凝霞阁；局部分析时4个子园的连接度从高到低排序同样是：清镜堂、桃花潭、庙邑、凝霞阁。但每个子园独立分析时连接度最高值普遍都低于全园分析时的最高值。但是结果也显示，古猗园不同于其他 4 个园林，全局分析时的连接度与局部分析时的连接度二者差距较明显。

如果子园分析连接度最高值与全园分析最高值接近，表明该子园可见性、可达性受全园环境的影响较小，也就是说子园的相对封闭、独立性与自组织性较强。其连接度受到整体影响的因素较少，仅是边界上门洞的开启就会对子园分析结果产生一定影响。

在传统的海派古典园林中，大多数子园都较为独立，形成一个个具有分主题的小天地。而子园分析连接度最高值与全园分析最高值差距较大，则表明该子园较为开敞，各子园之间大多没有明确的边界，相互依存度比较高，子园连接性、可达性受全园整体环境的影响较大。古猗园由于现代化改造较明显，全园形成了一整个大空间，原有的界定围合院落的廊墙大多不复存在，所以其子园分析连接度最高值与全园分析最高值差距较大（图 5.16），与其他 4 个海派古典园林迥异。

（2）全园分析与子园分析的对比

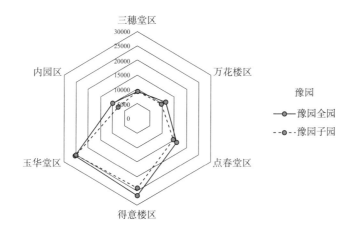

图 5.12 豫园视域连接度全园分析与子园分析对比

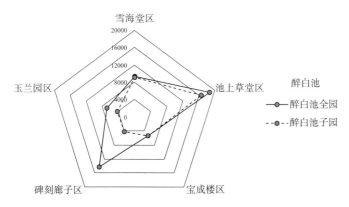

图 5.13 醉白池视域连接度全园分析与子园分析对比

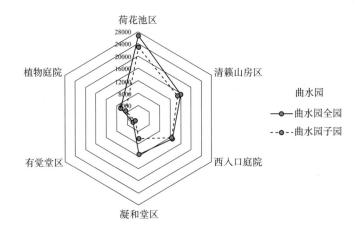

图 5.14 曲水园视域连接度
全园分析与子园分析对比

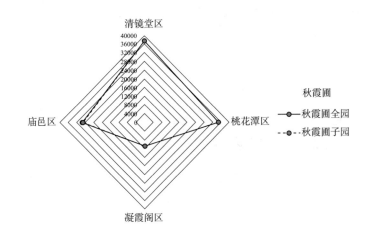

图 5.15 秋霞圃视域连接度
全园分析与子园分析对比

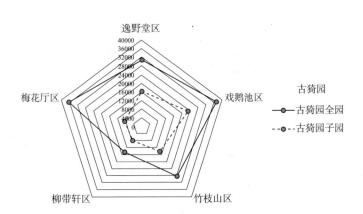

图 5.16 古猗园视域连接度
全园分析与子园分析对比

5.3 空间连接度与景观叙事的耦合关系

基于上述分析，用空间句法计算获得的连接度指标与园林物质空间的属性之间存在着一定的作用关系，但是连接度与园林最初表达的语义之间存在怎样的耦合关联尚待理清。

5.3.1 连接度极值与叙事信息密度的相关性

为了理清物质空间的连接度属性与空间语义（叙事信息）之间的关系，将两组关系进行对照分析。第一组对比，是将全园的连接度分析图与叙事载体在全园中的分布图进行对照研究。这里叙事载体包括主题性的构筑物、代表性的景石、寓意的树木以及特殊隐喻的水面等物质性景观要素（表5.3）。第二组对比，是将全园的连接度图谱与叙事媒介（信息）在全园中的分布图进行对照。叙事媒介主要包括匾额（题名）、楹联、典故等文学性文本。以秋霞圃为例，对比的结果中可以直观看到，秋霞圃桃花潭子园连接度数值高值区域涵盖了舟而不游轩/池上草堂（22637/60.3%）、碧梧轩（18745/50.0%）、碧光亭（6484/17.3%）、丛桂轩（2550/6.8%）、桃花潭（34737/92.5%）等5个以上的叙事载体，相比其他区域叙事载体分布相对密集（表5.2、表5.3）。根据《秋霞圃志》等记载以及实地考察，粗略计算桃花潭景区至少呈现过17幅楹联。现存的对联包括碧梧轩的两幅楹联、池上草堂的4幅楹联、碧光亭的两幅楹联、丛桂轩的1幅楹联，不包括匾额等，占整个园林楹联的32%（表5.4）。即，桃花潭区域的叙事信息的丰富程度远高于其他区域。这两组关系反映出空间连接度数值高低与叙事媒介的丰富程度呈正相关。正是这种物质空间的美景与文学媒介的虚拟意象交相辉映，共同塑造了秋霞圃的文化意境："碧水映朱鳞，荇藻清如鉴。渔夫扣舷时，犹疑落花片。"[148]

也就是说，空间连接度高的区域，通常是（子）园林（分）主题表现的重点场景。由于这些场景处于视线集聚的开敞空间，与周边场景空间的连接性、渗透力极强，在该区域集中设置叙事载体及其叙事信息，是最容易被游客看到、感知到的；同时这些场景的塑造最初就是基于文学意境来的，因此身临其境，非常容易被唤起认知与语义上的共鸣。例如，秋霞圃的桃花潭子园屏山堂区域连接度最高，最佳视点以及被观察的景点位于池水的尽端。每天傍晚，位于此处朝向西水面，就能观赏"落日"以及水中霞光的美景，这正是该园林的叙事主题"秋日霞光"的真实写照。正是这一主题的主导，围绕这一场景设置了一系列丰富的叙事载体与关联的文学性的媒介。再如，前文提到的曲水园得月轩场景连接度较高，叙事载体分布也较密集。特色的物质环境共同塑造了赏月的文学意境："楼台瞑色深，此间月先到。画壁素光流，纵横披荇藻。道人证空明，夜夜来香照。"❶

但是，叙事信息丰富的场景未必是连接度高值区域。或者说，连接较弱的场景也可能会拥有较丰富的叙事信息。豫园主题信息比较密集的子园，

---

❶ 来自曲水园二十四咏邑人金二溪，引自上海市青浦区绿化管理署，曲水园[M]. 上海：上海文化出版社，2009:158。

如三穗堂、万花楼景区,并未呈现高的连接度。古猗园的凝和堂景区叙事信息也比较丰富,但是分析结果显示这个区域连接度较低。

连接度与叙事载体分布　　　　　　　　　　　　　　　　表 5.3

园林	代表性场景名称	场景分布位置	空间连接度	主要叙事载体
豫园	流觞亭场景	得意楼子园	26459,较强 占全园最高值比例 99.2%	丰富:得月楼、流觞亭、得意池塘
	凤舞鸾鸣戏台场景	点春堂子园	7614,较低 占全园最高值比例 28.5%	一般:点春堂、凤舞栾吟
醉白池	醉白池场景	池上草堂子园	17596,较强 占全园最高值比例 95.3%	丰富:池上草堂、四面厅、醉白清荷
	晚香亭场景	玉兰子园	2544,较弱 占全园最高值比例 13.7%	较少:晚香亭
曲水园	荷花池场景	荷花池景区	21785,较强 占全园最高值比例 81.9%	丰富:小濠梁、迎曦亭、恍对飞来亭、大荷花池
	西入口场景	西入口景区	4624,较弱 占全园最高值比例 17.4%	较少:碑廊
秋霞圃	桃花潭场景	桃花潭子园	33905,较强 占全园最高值比例 89.4%	丰富:碧梧轩、碧光亭、池上草堂、涉趣桥、桃花潭
	补亭场景	三隐堂子园	10576,较弱 占全园最高值比例 28.2%	较少:补亭
古猗园	戏鹅池场景	戏鹅池子园	30480,较强 占全园最高值比例 82.7%	丰富:不系舟、浮筠阁、戏鹅池、梅花厅
	绘月廊场景	梅花厅子园	11481,较弱 占全园最高值比例 31.1%	一般:绘月、花木

秋霞圃桃花潭区的主要楹联　　　　　　　　　　　　　　表 5.4

叙事载体	作者	相关楹联
池上草堂	戴松	景物未全非玩月吟风红尘恍隔三千丈 兴废安足论背山面水小筑于今六十年
	黄世祚	二三楼小筑临池论茗作清谈无限秋霞兴废感 六十载流光似水赏荷留纪念适当夏日蕴隆时
	冯诚求	秋风池上莲初实,春雨庭前草不除
	冯诚求	莫问沧桑只馀鸟语花香自耽乐趣 且过岁月尚有骚人逸士共遣闲情
	周承忠	山水有清音引流种树以为休息所 春秋多佳日游目骋怀极视听之娱
	周承忠	池上春光早丽日迟迟天朗气清惠风和畅 草堂霜气晴秋风飒飒水流花放疏雨相过
碧梧轩	冯诚求	四面围峦大地烟云此独静,十年树木洛阳花草与同春
	周承忠	绿杨春蔼白苔夏香丹桂秋青松冬秀 年年月月暮暮朝朝无古无今好景随时恍幽赏 霞阁东崇山亭西岭华池南绕镜塘北环 左左右右前前后后可望可即清光满座绝尘怀
	秦瘦鸥	秋色满园古木寒潭堪入画,霞光遍地苍苔朱实促题诗
	周承忠	春风扇微和见树木交荫时鸟变声亦复欢尔有喜 晴山开叠嶂其西南诸峰林壑尤美望之蔚然而深

续表

叙事载体	作者	相关楹联
碧梧轩	周承忠	桃李茂密桐竹成荫倚岩听绪风极林泉致 廊庑四绕阑楯周接扫雪开幽径与宾客游
碧光亭	忍夫	栏前观荷数鱼乐无穷，亭中吟诗赏月意更浓
	周承忠	快哉此亭翼然临与池上，知者乐水从之宛在中央
	浦文球	对月凭栏此得少佳趣，涉江放棹幽人别有闲情
	周承忠	天地自久长清风明月不用买，寒暑有代谢水色山光总入诗
	周承忠	数山水于往古，极天地之大观
	周承忠	游鳞萃灵沼泽，好鸟鸣高枝
	周承忠	月在水上，人在镜中
丛桂轩	顾振乐 周承忠	茶饮不系舟壶中得益，诗吟丛桂轩纸上留香
		轩窗四敞幽禽静鸣为怀山中趣爱此岩下缘 桂树丛生连枝相缪不是人间移从月里来

备注：整个园子的楹联分布可参见书后附表。
来源：《秋霞圃志》，p36-49

5.3.2 连接度极值与叙事主题的相关性

空间连接度的高值在一定程度上与叙事载体所表现的主题氛围具有内在关联。如豫园连接度最高值 26674 位于得意楼子园。这一景区所展现的语义与意境（"得意"）与豫园总体的主题（"愉悦"）是相匹配的。内园连接度最强为 10125，呈现在古戏台前面的庭院空间。这与内园最初的公共性功能相匹配，该部分属于城隍庙，直接与之相通，后为钱业公所祈神议事的场所。醉白池全园最高连接度为 18504，处于中心池上草堂区，而该景区是园林主题之所在。曲水园连接度最高值 26595，位于荷花池区，周边有一主题建筑，与"曲水流觞"的叙事主题一脉相承。古猗园全园连接度最高值 36780，位于戏鹅池区，周边又有若干建筑和竹枝山与整个园林的"绿竹猗猗"主题相匹配。但是，秋霞圃连接度最高值 37516 位于清镜堂区（参见表 5.1）。但是连接度最弱处并不表示该区域没有叙事主题或者叙事信息较少。如曲水园凝和堂的连接度不高，但是具有较丰富的叙事信息。

例如，以天景中"明月"为主题意象的豫园得月楼和曲水园得月轩，通过空间句法分析，其所在区域的视线连接度数值均不约而同地达到了全园最高值，古猗园中为观月而设计的绘月廊数值也超过了平均值。探究其原因可以发现，以"月"为主题意象特征往往给人的联想是皓月当空、广阔开敞的场景氛围，因此场所中较少出现遮景障碍要素，以留出较大的空间作为观赏；其次，为了在视觉上距离天空明月更近，其主体建筑高度往往成为场景中的最高处。因此，建筑前场预留出一定空间，以便保持一个相对尺度的距离，让观察者更好地来观赏建筑与明月美景。这些空间特质均使得该区域的连接度数值更大。反之，当空间环境营造隐逸宁静的氛围时，该区域的连接度数值很低。同样在曲水园得月轩的西侧，一廊之隔的御书楼，连接度非常低。该建筑是存放明思宗皇帝册封沈恩为城隍神的圣旨。鉴于这样的特殊功能，确保一定的私密，并非向所有人开放，楼前小院比较封闭，进入层级较深，因而可达性也较弱；同时，院内木梳卉稀，增添了一种肃穆宁静的氛围。可见，连接度数值与其功能氛围相吻合。

5.3.3 连接度极值分布与叙事结构的关联性

海派古典园林中连接度高值区域呈多中心分布。这种空间特点利于园林叙事主题的演绎与拓展；这种多中心结构模式也印证了前文阐述海派古典园林景观叙事结构的网络特征。这种空间多中心的特征为叙事主题的统一性与多样性提供了条件与框架。

例如，曲水园中高值区域分别设在荷花池区、清籁山房子园等多个区域（图5-7），而这些区域聚集了大量的叙事载体与媒介（图5.17、表5.5）。荷花池子园共包含至少10个叙事载体的诗词叙述（图5.17、图5.18），分别为恍对飞来（18664/70%）、迎曦亭（18435/69%）、小濠梁（20755/78%）、玉字廊（15130/56.9%）、喜雨桥（23655/89%）、天光云影（21624/81%）等（参见表5.2）。这些相关叙事媒介（诗词等）占总量的40%。在清籁山房子园至少有镜心炉、清籁山房等两处景点。另外有觉堂区虽然数值不高，但从空间可达性上非常靠近全园的视觉中心，在有觉堂子园中也有6个叙事载体的诗词描写，分别为有觉堂、得月轩、夕阳红半楼、舟居非水、迎仙阁、坡仙亭。这一区域的叙事媒介（诗词等）占总量的30%。这些诗词并非仅仅点缀在场景空间之中，而是相对集中分布，呈现多中心结构。与物质空间结构相呼应。同时这些诗词作为一种文学线索将曲水园中"离散"的、相对独立的场景串联成一副完整的《二十四咏》景图（现仅有二十景保留）（图5.19）。

无独有偶，秋霞圃的3个连接度高值区域对应着3个子园：桃花潭（图5.20）、清镜堂以及城隍庙等。这3个景区最初属于三个不同主体——龚氏、金氏与沈氏，各自拥有相对独立的主题。后来以"秋日霞光"为主题将这3个部分整合为一个完整的秋霞圃。空间句法的连接度高值分布呈现多中心特点很好地佐证了这一点。

也就是说，无论是曲水园，还是秋霞圃，文学叙事结构布局特点与空间句法连接度分析获得的数据分布存在着较大程度的耦合。此外，这种连接度高值区域的多中心分布与叙事媒介的分布特征之间存在相互印证关系。

曲水园文学语义信息空间分布情况　　　　表5.5

意象信息来源	荷花池子园	清籁山房子园	西入口庭院	凝和堂子园	有觉堂子园	植物庭院
曲水园《二十四咏》中关于叙事载体的诗词描写	恍对飞来、迎曦亭、小濠梁、玉字廊、喜雨桥、濯锦矶、天光云影、虬龙洞、二桥	镜心炉、清籁山房	无	凝和堂、花神堂	有觉堂、得月轩、夕阳红半楼、舟居非水、迎仙阁、坡仙亭	无
空间连接度	21560	15357	21400	3580	1680	2540

小结

本章基于空间句法对海派古典园林空间的连接度分析，从园林叙事主题、叙事信息、叙事结构三方面，来讨论之间的关联性。

空间连接度数值分布与物质空间的结构存在显性的关联。一般而言，全园连接度最高之处位于开阔的水面。连接度数值的高低与子园面积/规模的大小呈现正相关关系。子园与子园之间的连接度数值存在一个梯度差，数值最大的子园往往是园林的中心区域，与周边庭院有较好的渗透关系。连接度较低的区域或者场景通常空间比较狭小、封闭。这在五大园林中均有例证。

图 5.17 曲水园文学性要素布置平面

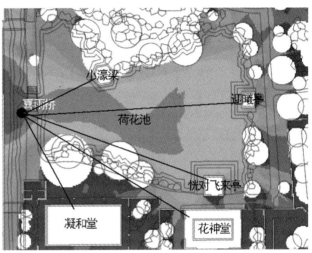

图 5.18 曲水园荷花池场景连接度与叙事载体关系分析（见彩图 32）

图 5.19 曲水园《二十四咏》分布图，以一首《二十四咏》贯穿全园场景

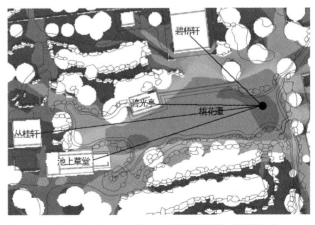

图 5.20 秋霞圃桃花潭场景连接度与叙事载体关系分析（见彩图 33）

连接度数值分布与园林叙事主题/结构存在隐性的关联。空间连接度高值分布区域与园林叙事主题存在较高的契合度。不同主题场景通常有与之相适应的空间属性特征，例如得月楼、得月轩等以天景为主导的场景。其观景点的连接度数值不约而同出现最高值，说明园林场景中占主导的叙事主题特征决定了场景空间的物质布局，进而与连接度产生对应关系。连接度数值分布的多中心特点与叙事结构的网络特征存在一定的耦合性。前文提到的曲水园、秋霞圃、豫园、古猗园（图 5.21）等都可以印证这一点。

空间连接度数值大小与叙事载体信息和数量存在一定的关系。连接度高值区域通常是叙事载体和信息分布的密集区域。高值场景中通常主体建筑有两个或两个以上，场景中具有开阔的水面，诗词及楹联等文学语义数量非常丰富；例如秋霞圃天光云影场景有碧梧轩、池上草堂等。中值场景通常至少有一个主体建筑；再如秋霞圃城隍庙场景中有前庭，辅之以适量的文学诗词及楹联等。低值场景出现的通常为一个次要建筑，且场景中水面出现的概率较小，诗词及楹联等文学语义数量也较少。在子园中，数值最高的点通常为主题场景及其信息展示点。处于连接度高值区域的场景主题比较显明，这些场景最容易可达可见、被理解。叙事载体与信息较少的区域，特别是以绿化植物为主的庭院，往往连接度较低。

换言之，平面中基于空间句法的连接度数值分析，一定程度上可以进行评测海派古典园林中的景观叙事主题分布、载体信息强度以及叙事结构特征。如果空间场景处于连接度高值区域，那么叙事主题较显明、载体要素较丰富、叙事信息容易被可见认知，可以根据具体数值来评测其景观叙事的强弱。如果连接度高值区域出现多处，那么景观叙事存在不同层级的分主题及网络化的结构特征；中心越多，子园演化的多样性越丰富。

当然，空间句法在运用中出现了一些挑战与问题。

第一，由于软件 Depthmap 应用有前提条件，即研究区域的边界需要封闭。而实际上一些园林的出入口或者边界与周边环境粘连在一起，互为借景。这以曲水园与古猗园最为典型。鉴于软件适用需要，人为地分割界定分析范围，分析结果存在误差。这也导致一些入口庭院区域实际的可达性较高，而连接度分析结果较低。此外，还有一些叙事载体与信息丰富的场景未必都处于连接度高值区域，句法分析难以诠释评测。

第二，空间句法通常使用二维平面去分析空间之间的内在关系，而复杂的三维信息难以评测。在园林里，可以很明显地发现，每一个场景、每一个界面都设置着"自由"的窗花和多样化的主题雕饰，这形成了比二维的单元空间要复杂的空间认知与文学语义。

第三，空间句法的研究聚焦于社会组织和建成环境之间的自组织关系，而对人类和自然景观之间自组织关系的解析未必有效。[27][149] 如植物/山石的视线边界不像建筑/墙体一样明确;园林中有堆石成景等,有些亭/台筑于山坡上,与其他建筑不在同一标高基础上,这些对空间句法的运用造成一定影响。也就是说,空间句法擅长研究边界清晰的人工环境,而对于自然环境的分析较弱。但人类与自然世界的关系是海派古典园林关注的重要内容之一,如董其昌(1555—1636年)静坐在房间内欣赏远处的"高山"和近处的"白池",与其周边的鲜花和修竹进行交流,享受着宁静的乡村生活。❶这种意境难以在句法连接度中得到认知与评测。

❶ 董其昌,明代画家,上海松江人,"华亭画派"杰出代表。

正如希利尔自己所言,空间句法并不意味着组构完全决定了人流,或者它的作用是放之四海皆准的。[147] 在一些案例中,组构的影响比较弱。所以,要理解园林中的文化魅力或者预测设计结果就需要一些额外的信息。这些附加的信息包括一些相关因素,如主要吸引物和美学偏好等因素。

图 5.21 醉白池场景(见彩图 68)

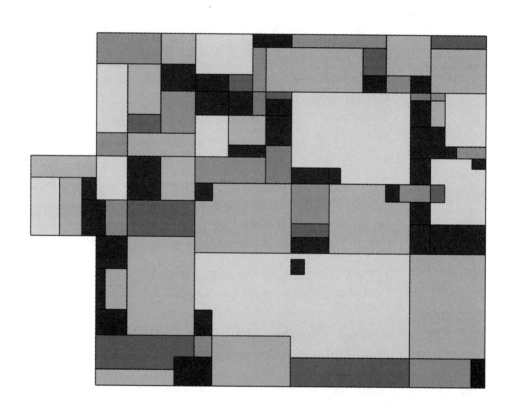

第 6 章 海派古典园林景观叙事的视觉关注度评测

空间句法连接度的分析主要是平面的组构特征与被认知的机会,并没有把主体人对三维场景的真实感知反映出来。实际上,在游园过程中三维场景界面中的信息对于观察者认知理解是不可或缺的,即游客是在三维场景中通过视觉获得环境信息。由于园林场景中的叙事信息复杂多样,观察者关注到的信息量庞大,景观叙事语义是否被认知?叙事信息是否被有效地阅读到?通常参观者难以将其观察到的对象准确且完整地呈现出来。视线追踪技术可以解决这一难题。

如果说空间句法分析评测侧重在叙事场景的空间关系及其可见程度,那么视线追踪分析评测侧重在观察主体的主观感知及其对三维场景中相关叙事信息的关注程度。❶本章应用视线追踪技术,针对园林中的代表性场景来定量评测人们在园林场景观赏过程中对各叙事载体、信息的兴趣偏好。

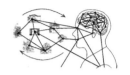

图 6.1 主客体交互示意

❶ 对于景观环境质量的评测,通常有环境质量评价模型、美誉度评价法、SD 解析法、栖息地生态分析等。关于景观文化或者文学语义的理性认知评价尚没有专题的系统研究。

6.1 分析原理:视线追踪技术与其在场景认知中的应用

视线追踪技术(Gaze tracking)主要是通过"眼睛—眼动仪"实现人机界面互动,判断人们对现实或者虚拟场景及其叙事要素的注视焦点。所谓眼动,就是指人眼获取外界视觉信息所发生的运动。眼动的三种基本类型为注视、眼跳与追随。而每一个个体眼动特征与主体的心理过程密切相关,它反映出大脑如何搜集和筛选信息,从而构建使用者主体与环境客体之间的关系(图 6.1)。

眼动实验就是借助眼动仪器(eye tracker)与相关软件,监测、记录观察者在看特定场景时的眼动轨迹,并进行相关的数据分析,从而精准全面捕捉人在场景认知中所感兴趣的热点(图 6.2)。眼动实验呈现的主要结果是眼动热点图(heat map/fixation map)。眼动热点图就是将眼球运动信息叠加在视景图像上,形成注视点(位置)、注视持续时间(fixation duration)、注视频次(fixation Frequency)。热点图能具体、直观和全面地反映被试者对观察对象各处的不同关注度及其分布情况。注视轨迹图(gaze plot)展现被试

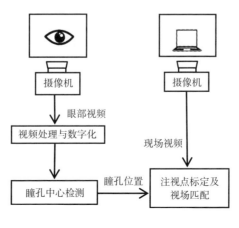

图 6.2 视线追寻技术——眼动实验原理

者眼动随着时间的注视点变化情况。热点图虽为注视点的详细情况及其顺序的信息，但是具有更高的理解度与整体性。

视线追踪技术需要采用特定的步骤与方法来展开分析。首先，通过眼动实验精准实时追踪人们观察场景图像时的注视点、轨迹、时长等指标；其次，通过记录与分析眼动热点图、眼动轨迹、眼动的方向等相关数据，来考察观察者眼睛变化的规律、视觉认知及其心理行为；进而推断被试者的关注对象与视觉偏好，来评测场景与其语义的可读性与有效性。

西方的视线追踪研究开始于19世纪末和20世纪初。美国学者麦克沃思（Mackworth）和莫兰迪（Morandi）较早将三维场景图片用于眼动实验之中。即，通过将场景图片分成若干区域，每一块区域对应特定的信息，然后让被试者浏览图片并记录眼动信息，分析不同区域信息被关注的情况，结果表明被试者关注的位置大都集中在信息量大的区域，且对信息量大的区域注视时间早，注视次数多，时间长。[150][151] 目前这一技术已经在广告图形、车辆驾驶、游戏与电脑产品设计、地铁指示系统等领域得到实际运用。

在景观建筑方面，国外眼动的最新研究成果包括城乡景观和街景图像的视觉偏好等研究。比利时学者杜邦、奥姆斯等（Lien Dupont，Kristien Ooms，Marc Antrop）运用视线追踪技术来研究潜在使用者对景观的视觉评价。作者认为以往欧洲设计师关注使用者的参与设计，但是不知道他们是如何感知与评价的。作者选取了42个被试者（其中包括21个专业人士、21个非专业人士）对74张乡村与城镇景观图片自由浏览，来寻找观察者对于景观要素的关注习惯以及对不同类型景观的关注偏好。结果发现：专业人士的视觉关注比门外汉更加整体；相比城镇景观，乡村景观更加容易被关注。[152] 韩国学者李昌鲁（Chang No Lee）等以街景为对象进行眼动实验，从被试者凝视不同街道场景图片来考察步行者的视觉偏好。实验选取三条街道作为研究案例，并在场景中选取道路、街道设施、建筑立面、环境小品、天景等要素，对30名被试者的眼动进行追踪统计分析，确定感兴趣要素和关注度。该项目研究的目的是为提升街道环境品质提供有效引导。[153]

近两年来，建筑学领域开始关注这一新技术。韩国亨圭教授(Hyeongkyu)的团队运用视线追踪技术来探讨"人们在观察建筑时会关注哪些地方"这一问题。发现被试者对于建筑立面中的门、窗关注度较高。该研究虽然有一些基本数据，但是缺乏热点图，图与数据之间缺乏对应。[154] 此类应用研究只是对单一建筑元素或景观进行研究，尚未发现对建筑、场所与景物多要素的集合场景进行研究；也没有发现针对记忆信息的采集、呈现与评价进行专题研究。[152] 在国内，这一技术主要运用在心理学、医学、计算机技术、教育等领域。2000年之后，在工业产品设计领域，视线追踪技术得到运用，主要体现在三个方面：其一，主体认知与特定产品吸引区域的映射机制，运用视线追踪测试实验，探索产品信息中的离散性，提取产品造型中的关键几何特征[155]；其二，通过主体的视觉特征相似性与差异性来了解用户体验偏好，改进设计产品，优化用户视觉体验[156]；其三，运用眼动技术和多指标用户体验评价，对不同风格的产品方案进行理性评价与选择。[157] 视线追踪技术自 2016 年起开始被建筑学者关注，主要应用在使用者对地域民居建筑特征的关注度研究[158]、不同风格的建筑造型评价、对线性建筑形态与非线性建筑典型案例评价，或者对于场景中不同建筑元素的视觉兴趣点分析[159][160][163]，或者通过数据分析找到其中的偏好与用户认知规律，对于要素与场景背景视觉特征的差异进行比较研究。国内关于眼动分析在视觉景观中的应用，主要从文化地理、景观方案与实景、建筑造型分析评价等方面展开了研究。张卫东等学者较早采用眼动实验方法，观察 52 位学生对 20 幅观赏性高低不同的城市绿化景观图片的关注点与关注时间，并进行了对比分析，揭示了观赏城市绿化景观的基本特征以及对于设计的启示。[161] 李学芹等学者进一步深化了眼动技术在景观实景中的研究，将眼动兴趣区域分为主体建筑、自然景观、人物、背景等要素进行数据统计，分析被试者对相关要素的关注度强弱，着力探讨旅游者在欣赏风景时的眼动规律与视觉偏好。[162] 笔者在 2016 年在地域民居建筑方案甄选、既有建筑改造评价中应用了眼动追踪实验。[163]

上述国内外各类视线追踪技术的应用研究尚未引入到传统园林之中。另外，尚未发现对一系列、多要素的场景集合进行对比研究，更没有发现针对叙事信息进行不同文化群体对比实验的研究。然而，笔者认为眼动分析技术为传统园林的叙事认知评测提供了新的切入点，一方面可以揭示多样化的主体对于海派园林文化语义的认知规律，另一方面让海派文化基因更加易于理解把握与传播传承。

下文将借助视线追踪技术与三维场景眼动实验，试图解答三个问题：

其一，场景中怎样的叙事载体容易被关注？其二，场景叙事信息与观察者的视觉偏好之间存在着正相关吗？其三，海派古典园林中的叙事信息能被不同文化背景的外国被试者认知吗？最终探寻使用者的视觉认知与园林所表达的文学语义之间的耦合关系。

6.1.1 实验方案

6.1.1.1 实验设计

针对前文阐述的三个实验目的，本次研究包括两个实验：第一个是关于本土被试者的视觉偏好；第二个是关于外国不同文化背景的被试者的视觉偏好。实验所采用的眼动指标主要是注视次数与注视持续时间——笔者称之为"视觉关注度"。被试者对目标区域的注视次数越多，注视时间越长，则关注度越高。

❶ 最初实验使用了 15 张照片，其中 5 张场景照片的实验结果与预期目标关联性不大，未纳入最后的分析。

❷ 眼动实验主要由杜力同学负责，由蒋宏、杨晓虎、汪玉霞做技术指导，高冀峰、Farid 等同学协助，被试志愿者来自上海交通大学船舶海洋与建筑工程学院、媒体与传播学院、软件学院、外国语学院、图书馆、学生工作办公室、后勤集团等。眼动实验数据与相关分析来自杜力（传统园林文学意象的视觉认知解析——以海派古典园林为例[D].上海交通大学硕士学位论文，2017）。

❸ 图片眼动实验通常在 2000ms—10000ms，由于园林场景信息量较大，选择停留时间较长。

图 6.3　眼动仪校准

图 6.4　眼动实验场景

图 6.5　眼动实验记录与问卷

实验一将考察本土被试者对叙事场景及其载体的视觉认知。这一实验中，15 位本土被试者被邀请看 5 个园林中 5 张连接度较强的场景照片，以及 5 张连接度较弱的场景照片。❶ 每一张照片随机出现，持续时间 10 秒。我们通过眼动仪对被试者的视线热点与轨迹进行追踪、观察与记录，重点考察 3 个方面的内容：本土被试者对于同一类代表性场景中不同类型叙事载体的视觉关注度（注视次数与持续时间）；本土被试者对不同类型场景（即不同连接度的代表性场景）的视觉关注度（注视次数与持续时间），进而来揭示被试者的视觉关注度与叙事信息强度之间的映射机制。

实验二将考察不同文化背景的外国被试者对叙事场景及其载体的视觉偏好。15 位外国被试者被要求观看 10 张来自不同园林的代表性场景照片。所有照片随机出现，持续时间同样为 10 秒。被试者的眼动热点与轨迹被实时记录。实验重点关注 3 个方面的内容：考察外国被试者对于同一类代表性场景中不同叙事要素的视觉关注度（注视次数与持续时间）；考察外国被试者对不同连接度场景的视觉关注度（注视次数与持续时间）。结合实验一的数据，对比考察国内外不同被试者对叙事场景与载体视觉认知的相似性与差异性，从而来探寻使用者的视觉认知与造园者所表达的文学语义之间的耦合关系。

6.1.1.2　实验步骤

实验主要任务是被试者在观看图片时记录目标点停留位置，并对获取的相关数据进行统计分析。整个过程包括编程设计、场景照片选择与处理、被试者的选择、校对核准、视线追踪实验、实验记录、问卷调查反馈以及数据分析（图 6.3）。❷

第一步，眼动仪校准。对每个被试者进行眼动实验前首先需要进行眼动仪校准，校准成功后正式开始实验。校准的指标包括瞳孔直径、瞳孔宽度、注视点的 x 轴、y 轴坐标以及注视时间（图 6.4）。

第二步，实验引导。为了引导被试者顺利进入测试状态和保证实验的可比性，眼动实验开始时，首先对被试者给予统一的引导语："开始实验，屏幕上将按顺序呈现一组园林照片，按照你平时的观看习惯进行浏览。"

第三步，实验记录。按固定顺序让每个被试者观看所选定的园林场景照片，每幅照片观看时间 10000ms❸，实验全过程通过眼动仪记录数据，照片呈现结束，眼动记录同时结束（图 6.5）。

第四步，问卷调查。仪器测试结束后，让每个被试者按照主观感受指出图片中吸引视线关注的区域位置、对场景各处的记忆情况，以便进一步核实被试者试验的视觉选择。利用问卷调查获取被试者对于园林景观叙事信息的主观评价（图 6.6）。

第五步，数据统计分析。眼动测试结束后，对实验数据的统计分析主要包括以下 3 个方面：针对叙事载体要素的统计、针对不同连接度场景的统计、针对不同测试组的统计。

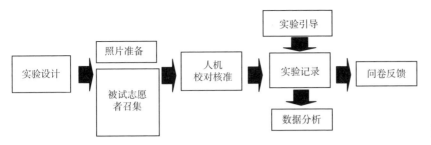

图 6.6 眼动实验流程

6.1.1.3 被试者选择

A、B 两组被试者参与了眼动实验,其中中国人与外国人各 15 人(表 6.1),年龄在 12—50 岁❶;被试者无色盲和色弱等眼疾,且裸眼视力或者矫正视力都在 1.0 以上。A 组被试者甄选的原则是对中国传统文化具有一定程度的了解和熟悉度。甄选的被试者均出生并成长在中国,长期接受传统教育熏陶,对中国传统文化较为了解,对古典园林具有一定的文化认知。B 组被试者甄选的原则是对中国传统文化较为陌生;被试者来自伊朗、韩国、巴基斯坦等其他文化背景的国家,为入学新生,在上海生活的时间较短。设置对照组的目的在于分析不同文化背景的被试者对传统园林场景及其语义的视觉关注是否存在差异性与相似性。30 位被试者主要为上海交通大学闵行校区在校本科生、硕士研究生、博士研究生以及教职工,本科以上学历占 67%,具有良好的教育背景;男性约占 57%。

❶ 眼动实验被试者通常不少于 10 位。

实验被试者基本信息 表 6.1

组别	序号	国籍	年龄	性别	受教育程度	组别	序号	国籍	年龄	性别	受教育程度
A 组	01	中国	50	女	教师	B 组	16	伊朗	27	女	研究生
	02	中国	22	女	本科生		17	伊朗	32	女	研究生
	03	中国	15	女	中学生		18	伊朗	32	女	研究生
	04	中国	21	男	本科生		19	伊朗	32	男	研究生
	05	中国	25	男	研究生		20	韩国	30	女	研究生
	06	中国	20	男	本科生		21	巴基斯坦	25	男	研究生
	07	中国	20	男	本科生		22	巴基斯坦	24	男	研究生
	08	中国	20	男	本科生		23	布隆迪	29	男	研究生
	09	中国	20	女	本科生		24	赞比亚	27	男	研究生
	10	中国	25	男	研究生		25	伊朗	23	女	研究生
	11	中国	12	男	小学生		26	伊朗	28	男	研究生
	12	中国	25	女	研究生		27	伊朗	32	男	研究生
	13	中国	24	男	研究生		28	伊朗	28	男	研究生
	14	中国	25	男	研究生		29	伊朗	32	男	研究生
	15	中国	19	男	本科生		30	缅甸	31	女	研究生

来源:杜力绘制

6.1.1.4 实验设备与场地

本次实验采用加拿大 SR Research Ltd. 公司出产的 EyeLink 眼动仪，运用 Experiment builder 软件进行测试。EyeLink 眼动仪为固定式设备。根据眼动仪设备的特点和眼动实验的需求，实验地点选择在上海交通大学闵行校区眼动实验室。实验室具有隔音、防震、避光、温度适宜的环境，可以有效防止被试者在实验过程中受到各种环境干扰。

6.1.2 实验材料

10 张场景照片被用来作为眼动实验的观察对象。每一个园林有两张代表性场景照片，每张照片精度约为 960×1200 像素。场景照片选择主要依据三个原则。

第一，所处空间位置避免雷同，每个园林中甄选的两张照片要属于不同的场景或者不同子园/景区。第二，叙事信息的代表性，无论是哪一个时期建造的场景，拥有的文学媒介或多或少，能够展现其不同的特征。第三，空间连接度的典型性，即每一个园林中较强或者较弱连接度的典型场景。选择的依据参照前文空间句法的分析结果。连接度较强场景的一般特征是：视野开阔，画面中远景—中景—近景层次丰富；通常主体建筑有两个或以上，叙事载体与内涵信息丰富；有鲜明的水景呈现；有天景。连接度较弱场景的一般特征是：视野适中，画面层次较少；建筑有一个或者没有，叙事载体及其信息数量较少；花木数量较多；有局部水面或者没有；无明显天际线。

这些场景图片的甄选过程包括三个步骤：主要根据空间句法连接度分析结果，参照数值、叙事主题、历史资料以及现场考察，每个古典园林选取两个场景；然后到现场寻找最佳点选择不同视角拍摄若干场景照片约 30 张；最后，向专业人士征求意见，从中选取具有代表性的场景照片，每个场景一张，最终确定每个园林的两张场景照片，一共 10 张照片。[73]

参照前文对于海派古典园林叙事载体的介绍，对每一张场景照片进行区域划分，分为建筑、花木、山石、水景、地景、天景等要素区域，作为研究对象中的具体区域。

豫园中的代表性场景有两个（图 6.7、图 6.8）。场景 1-1，即流觞亭场景，位于豫园中心景区得意楼子园，介于得意楼与得月楼之间（图 6.9）。该处在全园的空间连接度较强，约占全园最高值比例 99.2%。如前文所述，该场景中得月楼、流觞亭、水景等有鲜明的文学意境信息。实验照片近景为景观植物、石驳岸、得意池塘，中景为流觞亭，远景为假山石头与得月楼（图 6.10）。

场景 1-2，即凤舞鸾鸣戏台场景，位于豫园东北侧景区点春堂子园，点春堂西南侧（图 6.11）。该处在全园的空间连接度约占全园最高值比例 28.5%，空间连接相对较弱。场景中的主角凤舞鸾鸣戏台拥有文学性信息。实验照片近景为点春堂与庭院地面，中景为戏台与景观植物，远景为假山石等（图 6.12）。

第 6 章　海派古典园林景观叙事的视觉关注度评测　167

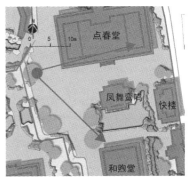

图 6.7　场景 1-1、1-2 在豫园中的区位　　图 6.8a　场景 1-1 视线示意　　图 6.8b　场景 1-2 视线示意

图 6.9　场景 1-1 实景照片（见彩图 34）　　图 6.10a　场景 1-1 建筑要素　　图 6.10b　场景 1-1 花木要素

图 6.10c　场景 1-1 水景要素　　图 6.10d　场景 1-1 山石要素　　图 6.10e　场景 1-1 天景要素

图 6.11　场景 1-2 实景照片（见彩图 35）　　图 6.12a　场景 1-2 建筑要素　　图 6.12b　场景 1-2 花木要素

图 6.12c　场景 1-2 山石要素　　图 6.12d　场景 1-2 天景要素

醉白池中的代表性场景有两个（图6.13、图6.14）。场景2-1，即醉白池场景，位于园林中心景区的池上草堂子园（图6.15）。该处在全园的连接度较强，约占全园最高值比例95.3%。场景中池上草堂、四面厅、醉白池等均有丰富的文学性信息。实验照片近景为醉白池湖面，中景为古香樟树和古桥，远景为池上草堂和四面厅（图6.16）。场景2-2，即晚香亭场景，位于醉白池南侧的玉兰子园（图6.17）。该处在全园的连接度较弱，占全园最高值比例13.7%。该场景部分为改扩建，文学性信息相对较少。实验照片近景为乔木，中景为晚香亭，背景为景观廊（图6.18）。

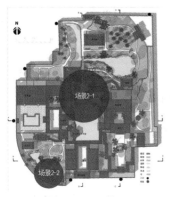

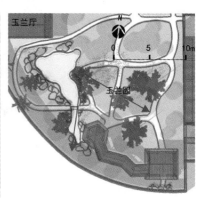

图6.13　场景2-1、2-2在醉白池中的区位　　图6.14a　场景2-1视线示意　　图6.14b　场景2-2视线示意

图6.15　场景2-1实景照片（见彩图36）　　图6.16a　场景2-1建筑要素　　图6.16b　场景2-1花木要素

图6.16c　场景2-1水景要素　　图6.16d　场景2-1山石要素　　图6.16e　场景2-1天景要素

图6.17　场景2-2实景照片（见彩图37）　　图6.18a　场景2-2建筑要素　　图6.18b　场景2-2花木要素

图 6.18c　场景 2-2 山石要素　　　　图 6.18d　场景 2-2 天景要素

　　曲水园中的代表性场景有两个（图 6.19、图 6.20）。场景 3-1，即荷花池场景，位于曲水园的中心景区（图 6.21）。该处在全园的连接度较强，约占全园最高值比例 81.9%。该场景中恍对飞来亭、迎曦亭和小濠梁等有较多文学性信息。实验照片近景为荷花池，中景为小濠梁，远景为迎曦亭和恍对飞来亭（图 6.22）。

　　场景 3-2，即西入口场景，位于曲水园的西北庭院，其空间连接度较弱，约占全园最高值比例 17.4%。该场景近景为柱石和乔木树干，中景为景廊和灌木，远景为碑刻廊。其中碑刻廊有文学性信息（图 6.23、图 6.24）。

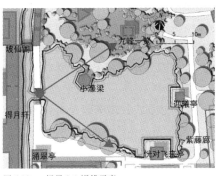

图 6.19　场景 3-1、3-2 在曲水　图 6.20a　场景 3-1 视线示意　　　　图 6.20b　场景 3-2 视线示意
园中的区位

图 6.21　场景 3-1 实景照片（见彩图 38）　图 6.22a　场景 3-1 建筑要素　　图 6.22b　场景 3-1 花木要素

图 6.22c　场景 3-1 水景要素　　　图 6.22d　场景 3-1 山石要素　　　图 6.22e　场景 3-1 天景要素

图 6.23　场景 3-2 实景照片（见彩图 39）　　图 6.24a　场景 3-2 建筑要素　　图 6.24b　场景 3-2 花木要素

图 6.24c　场景 3-2 山石要素　　图 6.24d　场景 3-2 天景要素

秋霞圃代表性场景甄选了两个（图 6.25、图 6.26）。场景 4-1，即桃花潭场景，位于全园的核心桃花潭子园（图 6.27）。该场景在全园的空间连接度较强，占全园最高值比例 89.4%。该场景中桃花潭、碧光亭、丛桂轩和池上草堂等拥有丰富的、主题鲜明的文学性信息。实验照片近景为碧梧轩、桃花潭水面、植物和水岸护栏，中景为碧光亭，远景为丛桂轩和池上草堂（图 6.28）。

场景 4-2，即补亭场景，位于三隐堂子园西侧（图 6.29）。该处在全园的空间连接度相对较弱，约占全园最高值比例 28%。该场景为后来增建的园景，文学性信息较弱。实验照片近景为树木，中景为水景驳岸和地面灌木，远景为补亭（图 6.30）。

 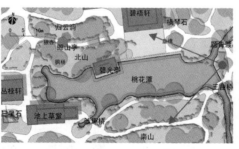

图 6.25　场景 4-1、4-2 在　图 6.26a　场景 4-1 视线示意　　　　　图 6.26b　场景 4-2 视线示意
秋霞圃中的区位

图 6.27　场景 4-1 实景照片（见彩图 40）　图 6.28a　场景 4-1 建筑要素　　图 6.28b　场景 4-1 花木要素

图6.28c　场景4-1山石要素

图6.28d　场景4-1天景要素

图6.29　场景4-2实景照片（见彩图41）

图6.30a　场景4-2建筑要素

图6.30b　场景4-2花木要素

图6.30c　场景4-2水景要素

图6.30d　场景4-2山石要素

图6.30e　场景4-2天景要素

古猗园中的代表性场景有两个（图6.31、图6.32）。场景5-1，即戏鹅池场景，位于整个园林中心的戏鹅池子园（图6.33）。该场景在全园的空间连接度较强，约占全园最高值比例为82.7%。由前文所述，该场景中荷花池、不系舟、浮筠阁等具有较丰富的文学性信息。实验照片近景为荷花和石驳岸，中景为不系舟、浮筠阁，远景为梅花厅和植物（图6.34）。

场景5-2，即绘月廊场景，位于梅花厅景区（图6.35）。该场景在全园的空间连接度较弱，约占全园最高值比例31.1%。该场景文学性信息集中体现在绘月廊处。实验图片的近景为灌木和白墙，中景为绘月廊入口，远景为绘月长廊和花木（图6.36）。

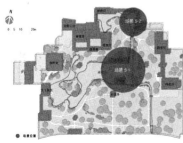
图6.31　场景5-1、5-2在古猗园中的区位

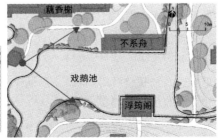
图6.32a　场景5-1视线示意

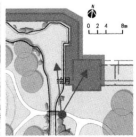
图6.32b　场景5-2视线示意

图 6.33　场景 5-1 实景照片（见彩图 42）　　图 6.34a　场景 5-1 建筑要素　　图 6.34b　场景 5-1 花木要素

图 6.34c　场景 5-1 水景要素　　图 6.34d　场景 5-1 山石要素　　图 6.34e　场景 5-1 天景要素

图 6.35　场景 5-2 实景照片（见彩图 43）　　图 6.36a　场景 5-2 建筑要素　　图 6.36b　场景 5-2 花木要素

图 6.36c　场景 5-2 水景要素　　图 6.36d　场景 5-2 山石要素　　图 6.36e　场景 5-2 天景要素

6.2　眼动实验结果

结合两个实验的数据，从眼动热点及其注视频次来考察每一个园林中主体视觉认知的特征与规律。

1. 豫园中不同场景的视觉关注特征。从注视热点图来看，场景 1-1 眼动热点相对集中，主要有两个，分布在远景的假山石区域与中景处的流觞亭区域，且注视持续时间较长；除两个热点之外，被试者关注的是近景的假山与远处的得月楼区域（图 6.37）。场景 1-2 眼动热点较多，分布广泛，分别对焦于远处的假山石、中景的戏台区域以及作为干扰要素的人物，吸引被试者的要素较多（图 6.38）。从注视次数来看，豫园 1-1 场景的总注

图 6.37　场景 1-1 眼动研究实验结果（见彩图 44）　　图 6.38　场景 1-2 眼动研究实验结果（见彩图 45）

视次数为 359，远高于场景 1-2 的注视次数 246（表 6.2），这表明被试者对于场景 1-1 的信息更感兴趣。从具体的载体来看，建筑被关注的次数最多，其次是山石、花木、水景与地景，而天景被关注的次数最少。综合注视热点与次数来看，被试者对豫园两个场景中的假山石比较感兴趣，对建筑的信息比较关注。

豫园景观叙事载体注视次数统计　　　　　　　　　　　　表 6.2

场景		叙事载体						合计
		建筑	花木	山石	水景	天景	地景	
1-1	热点数目 A	39	50	70	22	1	5	359
	热点数目 B	50	49	40	30	1	2	
1-2	热点数目 A	44	25	19	0	3	17	246
	热点数目 B	51	31	40	0	3	13	
合计		184	155	169	52	8	37	605

来源：杜力绘制

2. 醉白池中不同场景的视觉关注特征。从所有被试者的注视热点图来看，场景 2-1 眼动热点主要有 1 个，集中在池上草堂建筑区域，逐渐向周边的花木递减（图 6.39）。也就是说，这一区域的信息具有明显的吸引力；热点图还显示对于主要注视点的注视持续时间较长，表明被试者对该区域信息的认知心理过程较长。场景 2-2 眼动热点主要积聚在地景中的垃圾箱上，说明被试者对其上的信息感兴趣。但是，注视点的主要分布区域是晚香亭的整体意象，即晚香亭具有一定的吸引力（图 6.40）。从注视次数来看，醉白池 2-2 场景的总注视次数为 357，高于场景 2-1 的注视次数 3.13（表 6.3），这说明被试者对场景 2-2 的信息更感兴趣，花费的视觉注意力更多。从载体要素来看，建筑被关注的次数最多，其次是花木。此外，地景与水景也获得了一定的关注。这些关注一定程度上反映了被试者的好奇心。

图 6.39 场景 2-1 眼动研究实验结果（见彩图 46）　　图 6.40 场景 2-2 眼动研究实验结果（见彩图 47）

醉白池景观叙事载体注视次数统计　　　　　　　　　表 6.3

场景		叙事载体						合计
		建筑	花木	山石	水景	天景	地景	
2-1	热点数目 A	48	79	12	29	1	5	313
	热点数目 B	40	69	5	20	2	3	
2-2	热点数目 A	143	36	5	0	1	5	357
	热点数目 B	76	40	6	0	0	45	
合计		307	224	28	49	4	58	670

来源：杜力绘制

3. 曲水园中不同场景的视觉关注特征。从 30 位被试者的注视热点图来看，场景 3-1 眼动热点分布集中，位于远处的恍对飞来亭建筑上，且注视时间明显较长，映射了这一建筑的信息具有明显的吸引力（图 6.41）。除此之外，被试者对迎曦亭、小濠梁等建筑也比较关注。场景 3-2 眼动热点依次为近处的景石、花木以及建筑，说明近处的景观石头最具有吸引力（图 6.42）。从注视次数来看，场景 3-1 的总注视次数为 365，高于场景 3-2 的注视次数 355（表 6.4），这说明被试者更感兴趣场景 3-1。在各种景观叙事载体中，建筑与花木被关注度较高；山石与水景被注视的机会次之。整合注视热点与次数的数据来看，被试者对于场景中的景园建筑与山石比较感兴趣。

曲水园景观叙事载体注视次数统计　　　　　　　　　表 6.4

场景		叙事载体						合计
		建筑	花木	山石	水景	天景	地景	
3-1	热点数目 A	78	39	8	68	3	0	365
	热点数目 B	62	50	7	43	7	0	
3-2	热点数目 A	47	82	46	0	0	6	355
	热点数目 B	67	64	39	0	2	2	
合计		254	235	100	111	12	8	720

来源：杜力绘制

图 6.41　场景 3-1 眼动研究实验结果（见彩图 48）　　图 6.42　场景 3-2 眼动研究实验结果（见彩图 49）

4. 秋霞圃中不同场景的视觉关注特征。从全部被试者的注视热点图来看，场景 4-1 眼动热点分布呈现多点，主要分布在中景的碧梧轩以及远景的碧光亭、池上草堂等建筑上（图 6.43）。同时，远景建筑的注视时间明显较长，反映了这一建筑的信息具有明显的吸引力。除此之外，被试者对水景也有视觉关注。场景 4-2 眼动热点分布集中，聚焦远景处的补亭，说明被试者对这一建筑的信息非常感兴趣（图 6.44）。从注视次数来看，场景 4-1 的总注视次数为 368，高于场景 4-2 的注视次数 373（表 6.5），这说明被试者对场景 4-2 的视觉偏好比起场景 4-1 程度略高。从叙事载体来看，被关注的要素依次为花木、建筑、水景、地景以及山石等。结合注视热点与次数两个因素，秋霞圃实验场景中建筑与花木被关注的机会较多。

秋霞圃景观叙事载体注视次数统计　　表 6.5

场景		叙事载体						合计
		建筑	花木	山石	水景	天景	地景	
4-1	热点数目 A	62	43	20	63	1	5	368
	热点数目 B	60	55	16	38	1	4	
4-2	热点数目 A	50	79	22	0	2	31	373
	热点数目 B	51	78	14	5	1	40	
合计		223	255	72	106	5	80	741

来源：杜力绘制

图 6.43　场景 4-1 眼动研究实验结果（见彩图 50）　　图 6.44　场景 4-2 眼动研究实验结果（见彩图 51）

5. 古猗园中不同场景的视觉关注特征。从所有被试者的注视热点图来看，场景 5-1 眼动热点主要集中在近景的不系舟，其次是浮筠阁。对不系舟的注视持续时间占主导，这反映了被试者对不系舟的信息具有明显的视觉偏好（图 6.45）。场景 5-2 眼动热点分布集中明确，说明近处的绘月廊具有较强的吸引力（图 6.46）。从注视次数来看，场景 5-1 的总注视次数为 439，明显高于场景 5-2 的注视次数 380（表 6.6），这说明：比起场景 5-2，被试者对场景 5-1 的信息更感兴趣。而被试者对于载体的关注中，建筑占有绝对优势，植物次之；此外，被试者对戏鹅池水景也有较大兴趣。基于上述两个方面，被试者对建筑的视觉关注最多，其次是水景。

古猗园景观叙事载体注视次数统计　　　　表 6.6

场景		叙事载体						小计
		建筑	花木	山石	水景	天景	地景	
5-1	热点数目 A	75	61	18	83	2	4	439
	热点数目 B	68	58	7	56	2	5	
5.2	热点数目 A	94	62	6	12	1	3	380
	热点数目 B	94	81	7	15	0	5	
合计		331	262	38	166	5	17	819

来源：杜力绘制

6.3 视觉关注度与景观叙事的关联性分析

上文通过对五大园林中 10 个典型场景、6 种载体以及 A、B 两组 30 名被试者眼动实验数据的比较分析，下文将归纳海派古典园林场景中不同被试者的视觉认知规律，探寻主体的视觉关注与园林叙事信息之间的关联关系。

6.3.1 不同叙事要素的视觉关注度分析

首先，所有被试者对不同叙事载体的关注度呈现出不同的视觉偏好。依据眼动热点分布及注视持续时间来看，被试者最感兴趣的是建筑，如曲水园的恍对飞来亭、秋霞圃的池上草堂、古猗园的绘月廊等等；其次感兴趣的是景石，如豫园流觞亭场景中的假山石与点春堂凤舞鸾鸣场景中的假山

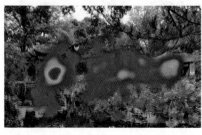

图 6.45　场景 5-1 眼动研究实验结果（见彩图 52）

图 6.46　场景 5-2 眼动研究实验结果（见彩图 53）

石、曲水园西入口场景中的景石等；接着是植物景观，最为典型的是醉白池场景中的古树。其他载体的眼动热点尚没有形成优势。

从总的注视频次来看，被关注机会从高到低依次是建筑、花木、水景、山石、地景以及天景。其中建筑与花木的被注视次数具有绝对优势，而天景和地景被关注的机会最少。被关注的叙事载体与其在画面中的位置、比例对于实验结果存在一定的影响但不是决定性的。例如，在秋霞圃场景4-2中，占主导的是前景的树木以及中景的树木，主题建筑补亭体量较小且隐在乔木后面。实验结果却清晰的表明：无论是本土的被试者还是外国的被试者，对建筑的关注具有明显的视觉偏好，远高于景观植物。相对照的是，叙事载体获得的注视次数与其在空间布局中的连接度呈现正相关的趋势，即在二维平面上连接度较强的叙事载体，其在三维场景中受到的关注度也普遍较高。例如，在古猗园场景5-1中，戏鹅池的连接度最高（36870），其次为不系舟（15355），再次为浮筠阁（8797）。与之相对应的关系，戏鹅池被注视的次数最多（139），其次为不系舟（77），再次为浮筠阁（48）（表6.7）。当然，对场景中的所有建筑的注视次数总和明显高于其他要素。

古猗园场景 5-1 中叙事载体与注视次数对比　　　　表 6.7

叙事载体	不系舟	浮筠阁	戏鹅池
空间连接度	15355	8797	36870
被试的注视次数	77	48	139

来源：杜力绘制

依据上述注视频次与注视持续时间，对景观载体的关注度可以分为自高到低3个层级：第一个层级是建筑与花木；第二个层级是水景与石景；第三个层级是地景与天景。

从物质属性与审美角度来看，建筑相对其他景观载体（如花木、山石、水景、地景、天景）而言，其外在具有独特的色彩、形式、细部等，与周围环境产生较大的视觉反差，因此在场景认知中可识别度高。从文学意象与语义内涵来看，建筑往往包含有丰富的文学性信息，容易唤起有类似文化背景的被试者的文化共鸣，且注视持续时间长。特别是海派古典园林的主题建筑往往体量较为华丽，通常是场景画面的主角，自然而然地成为主导型的视觉热点。由于植物景观在园中面积占比大，容易被无意识地关注到，因此，实验中花木的关注度仅次于建筑。

古典园林常被称作微缩的文人山水园，水景和石景在园中必不可少。水景对海派古典园林的特色具有积极作用，设置以水景为中心的场景，在水面周边布置叙事载体。同时，水面往往开阔、尺度较大，容易被参与实验的被试者所关注到。因此，实验结果显示水景与石景的注视次数也较多。

总之，实验结果表明：被试者对建筑最感兴趣，而对天景的兴趣最弱。这与建筑的信息丰富有直接关联（表6.8）。这里的建筑信息不仅包括屋顶、檐口、门窗、墙面等各部位的物质形态信息，更重要的是指匾额、对联等文学性信息。

五大海派园林叙事载体注视次数统计　　　　　　　表6.8

	叙事载体						
	建筑	花木	山石	水景	天景	地景	小计
豫园	184	155	169	52	8	37	605
醉白池	307	224	28	49	4	58	670
曲水园	254	235	100	111	12	8	720
秋霞圃	223	255	72	106	5	80	741
古猗园	331	262	38	166	5	17	819
合计	1299	1131	407	484	34	200	3555

其次，从不同场景来看，眼动分析结果可以归纳为：场景的空间连接度与其视觉关注度有一定的相关性，但不存在直接的因果或者正相关的函数关系。海派古典园林中，空间连接度强的场景中，物质空间范围宽阔，可达性好，视线层次较多。场景塑造中包含的叙事载体也较密集，特别是在海派古典园林的中心景区，要素类型多样，功能活动综合，叙事主题清晰，历史积淀深厚，文学语义丰富，因此这些区域场景会吸引较高的视觉关注。5个园林空间连接度较强的场景中，有3个场景被注视的次数高于连接度较弱的场景，如豫园场景1-1、曲水园场景3-1、古猗园场景5-1等空间连接度强的场景。通常这些区域叙事载体布局比较集聚，叙事信息量较大，因此此类场景比较吸引被试者。

但是，空间连接度低的场景获得的视觉关注度未必低。这取决于场景本身的叙事信息量。如果场景本身叙事信息少，视觉吸引力就会弱。但也存在空间连接度弱的场所视觉关注度较强的情况，也就是说，连接度较弱的空间同样可以布置主题清楚、信息量密集的叙事场景，从而提升在场的视觉关注度。如醉白池场景2-2是园林改扩建部分，虽然空间连接度并不占优势，处于边缘次要的景点，但是总注视次数高于处于中心景区的场景2-1。场景2-2中的叙事要素主次分明，主体建筑突出，画面有具体丰富的信息；而场景2-1中的两个主体建筑在整个场景中信息相对较少且模糊，自然的树木景色占主导，导致被试者对于整个场景的认知兴趣降低。

6.3.2　不同文化背景的视觉关注度分析

从实验结果可以发现，国内外被试者对于叙事载体的关注存在相似之处：均对建筑和花木较感兴趣，对于信息量大的场景视觉关注较多。对比每个场景中A、B两组的实验数据，可以发现不同文化教育背景被试者视觉关注的不同特征。

第一，关注不同的载体：主与次

国内外两组被试者对载体主题性的判断与选择有不同的反应。如在醉白池场景 2-1 中，A 组国内被试者的视觉注视集中在池上草堂以及四面厅（图 6.47）；而 B 组外国被试者视觉焦点在古树的分叉点，表现出对复杂系统的一种好奇与认知偏好（图 6.48）。其实，从景观叙事来说，建筑拥有的信息与场景主题关系比较紧密。例如，醉白池场景 2-2 中，主角是中景的晚香亭，该亭的名字与"幽香疏影宜摒俗，玉骨冰肌不染尘"的场景主题一脉相承。对比 A、B 两组的眼动热点图，发现 A 组国内的被试者注视热点聚焦在景观亭上（图 6.49）；而 B 组外国被试者的注视却集中在前景处的垃圾桶，而且注释持续时间长。垃圾桶这一物件是园林中的环境附属小品，与园林的叙事主题无关（图 6.50）。另外，豫园场景中的人物是外国被试者感兴趣的注视点；相对照的是，国内被试者对场景中的人物虽然有视线漂移但不是注视热点，本土被试者的视觉依然聚焦在假山石与建筑等园林本体要素上。也就是说，具有叙事信息的载体比较成功地吸引了中国本土被试者的视觉关注，没有被非主题的次要因素所干扰。

对场景中要素的偏好选择与被试者自己的认知背景与习惯分不开。由于国外被试者对园林造景的基本构成及其背景知识缺乏，也就难以理清园林场景中哪些载体是主要的，哪些信息与园林主题存在密切关系，哪些景观要素是值得关注的；哪些载体是次要的，哪些信息与园林主题没有紧密关系，哪些景观要素是不值得关注的。因此，国外被试者的注视热点与园林造园的文化意图之间缺乏紧密关联。

图 6.47 场景 2-1 眼动实验 A 组实验结果（见彩图 54）

图 6.48 场景 2-1 眼动实验 B 组实验结果（见彩图 55）

图 6.49 场景 2-2 眼动实验 A 组实验结果（见彩图 56）

图 6.50 场景 2-2 眼动实验 B 组实验结果（见彩图 57）

第二，关注不同的层面：语义与表象

进一步细化分析关注热点分布及其持续时间，发现 A 组被试者关注的要素与园林中文学性的叙事信息具有较强的对应性。最典型的实验是古猗园的场景。5-2 场景中，尽管 A、B 两组被试者均对中景的主题建筑绘月廊感兴趣，注视热点均落在这一建筑上。但是，A、B 两组注视热点的分布位置却不一样。国内被试者的注视焦点是建筑圆洞门匾额上的"绘月"两个字，且注视持续时间较长（图 6.51）。其实，"绘月"两字隐含了一种"明月当空，白墙疏影"的诗意场景，而外国被试者聚焦在门洞里复杂丰富的建筑细部上（图 6.52）。这充分表明具有本土文化背景的被试者对文学性信息具有鲜明的视觉偏好，对其中的信息感兴趣，潜意识地投入时间成本去认知、了解其中的内涵与意义。而文字及其背后的意义对外国被试者没有吸引力，而是本能地对建筑表象的形态与美学信息表现出较强的认知偏好。

这一实验结果直观地揭示了园林景观叙事要素的价值与作用。这种叙事信息可以成功吸引到本土被试者的注意力。

第三，注视不同的范围：整体与局部

在园林塑造中，载体只是叙事的一个要素，不是以表现自身特色为主，而是为更好地与其他要素组构在一起形成场景意象。不同文化背景下被试者对场景与叙事载体的视觉认知存在不同的习惯与偏好，往往会有选择地注视场景的局域与整体。因此，重点考察不同被试者对于场景中各要素的关注规律是研究的关键。实验表明，A、B 两组表现出完全不同的特征：A 组注视点多，视野相对整体全面；而 B 组相对集中，聚焦感兴趣的某一个点。

图 6.51　场景 5-2 眼动实验 A 组实验结果（见彩图 58）

图 6.52　场景 5-2 眼动实验 B 组实验结果（见彩图 59）

图 6.53　场景 3-1 眼动实验 A 组测试结果（见彩图 60）

图 6.54　场景 3-1 眼动实验 B 组测试结果（见彩图 61）

总体上看，具有中国文化背景的被试者（A组）对叙事场景的整体意象表现出更强的兴趣与偏好，而不是局限于对单个载体的认知。

例如，在曲水园中，场景3-1如前文所述呈现了《二十四咏》中"岑楼倚郭北，檐桷高于城，远览列峰翠，俯瞰澄潭清"的文学意境，设有小濠梁、迎曦亭和恍对飞来亭三景及湖光云影，暗示了场景的叙事题眼为建筑与水景。眼动热点图显示A组被试者有三个关注热点：恍对飞来亭、迎曦亭和小濠梁，且注视持续时间长（图6.53）；而B组的关注热点只聚焦在恍对飞来亭（图6.54）。这表明映射文学意象的三个主题性建筑均获得了本土被试者的持续性关注。从注视的频次来看，A组对三个建筑的注视次数（78）以及水景的注视次数（68）高于B组对建筑（62）与水景（43）的注视频次（表6.9）。这再一次说明A组本土被试者对富有文学性信息的载体有视觉偏好，这种倾向性明显高于B组没有中国文化背景的国外被试者。

曲水园场景3-1中叙事载体与关注点相关参数　　　　表6.9

叙事载体	小濠梁	迎曦亭	恍对飞来亭	荷花池
空间连接度	9204	2071	2072	26595
A组中国被试者注视频次	19	28	31	68
B组外国被试者注视频次	14	10	38	43
所有被试者注视频次	33	83	96	111

来源：杜力绘制

再如古猗园，场景5-1展现的是"十分春水双檐影，百叶莲花七里香"的文学意境，其中"春水"、"莲花"与"檐影"等叙事性题眼，对应实景中的荷花池与不系舟等叙事载体。尽管A组国内被试者和B组国外被试者对于古猗园中叙事载体的关注对象有重合区域，但是A组对建筑、水景、山石三个叙事载体的视觉关注度高于B组。从注视热点分布来看，A组本土被试者关注热点除了不系舟外，同时对浮筠阁以及荷花池关注的程度也较高；国内被试者视野呈散点分布，相对开阔，将近处的荷花以及远处的两个主题性建筑均纳入了整体认知之中（图6.55）。而B组国外被试者的眼动热点主要聚焦在场景中的单个建筑（图6.56）。从眼动实验中的注视次数

图6.55　场景5-1眼动实验A组测试结果
（见彩图62）

图6.56　场景5-1眼动实验B组测试结果
（见彩图63）

统计来看，A 组被试者对水景的注视次数为 83，对两个建筑的注视次数为 75，与诗句描绘的叙事性题眼契合度高。B 组被试者对建筑的注视次数为 68，聚焦在水景区域的注视次数为 56（表 6.10），有对应但是不紧密。可见建筑、荷花与水景等文学性载体对具有本土文化背景的 A 组被试者具有较强的吸引力与认知兴趣；尽管外国被试者对个别建筑与局部水景有一定的视觉偏好，但是对于文学性的场景意象认知意识不强。

眼动实验的这些结果直观、清晰地表明了海派古典园林场景中的叙事载体能够有效地被具有本土文化背景的国内被试者重点关注。相比没有中国文化背景的国外被试者，国内被试者对园林场景的视觉认知呈现了整体性的特征：试图通过对场景信息的全面视觉认知来了解其中的内涵语义及造园者的意图。

古猗园不同连接度场景的关注度　　　　表 6.10

注视次数	连接度强的场景	连接度弱的场景	建筑	水景
A 组被试者	243	178	75	83
B 组被试者	196	202	68	56
所有被试者	439	380	143	139

来源：杜力绘制

总体来说，在园林场景的视觉认知中，叙事载体受到的视觉关注度并不均等，存在着高低层级差异：建筑、花木被关注最多，两者在园林视觉认知中起重要作用；水景、石景被关注较多，这两种景观元素在一些主题性的场景中起到关键作用；关注度较低的叙事载体为天景和地景。

不同文化背景人群对同一类叙事载体的视觉解读存在着差异，相比国外被试者，具有中国文化背景的国内被试者的关注点与文学性叙事载体的分布区域具有较高的关联性；国内被试者视觉热点呈现散点状，但观察较为全面，习惯性地从整体上去认知把握场景的各种信息与意义；而国外被试者关注热点则更倾向于聚焦在感兴趣的一个点上。事实上，园林的语义不是局限在单个载体要素，而是各要素互相协作配合，共同营造一种有意义的场景。

总之，海派古典园林中的文学性叙事载体与本土被试者的视觉认知存在较高的耦合性。文学性叙事载体获得了主体的有效关注，充分反映了本土文化背景的主体在园林场景中的视觉认知规律与偏好。事实上，主体在认知过程中通过匾额、诗词楹联等碎片化的信息结合主体经验能够联想相关的诗画场景，唤起情感体验，从而产生美学升华与文化意境。

第 6 章 海派古典园林景观叙事的视觉关注度评测 183

图 6.57 豫园玉华堂场景

图 6.58 秋霞圃桃花潭场景（见彩图 70）

图 6.59 曲水园镜心庐场景（见彩图 69）

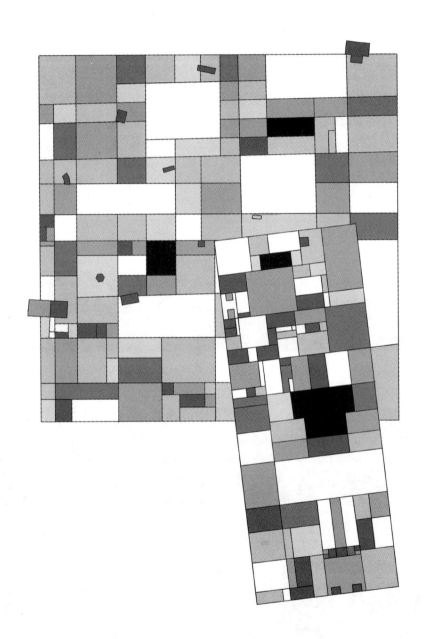

第 7 章 结语 多维认知与创新传承

7.1 海派古典园林景观叙事的多维认知

前文分析表明，物质要素分析、空间句法分析与视线追踪分析均可从某一个视角对海派古典园林景观叙事的有效性进行认知评测，但单一维度难以进行客观评价。为了进一步理清景观叙事的评测与各指标之间的关系，不妨从叙事文本、结构与语义三个层面来考查相互之间的矩阵关系。

首先是叙事要素的主题性与可识别性。这里的要素包括场景、物质载体、图案、匾额、对联等（参见附表1-附表5）。如果没有相关的叙事要素的支撑，海派古典园林的景观叙事性也就失去了物质基础。以豫园为例，正是40多栋园林建筑与其40多副匾额以及50多幅楹联构建了豫园景观叙事的基本音符（图7.1）。本书评测的一个方面就是叙事要素与园林主题关系是否紧

图 7.1 豫园文学媒介分布示意

密或者是否能让参观者认知识别。这可借助于文献阅读、现场考察等手段对这些媒介的数量、语义、形态特征等进行分析。如果主题性清晰、易读、特色鲜明，那么要素的可识别性强。前文第 2 章对每一个园林中的叙事要素进行了梳理，并在第 4 章以秋霞圃为例进行了叠图处理。这些方法可以用来认知测评景观叙事要素的可识别性。

其次是叙事结构的关联性与其场景的可见性。相关叙事要素如何编排，编排方式是否强化景观叙事的表征与体验，这直接关系到海派古典园林景观叙事的效果。第 3 章与第 5 章主要阐述了海派古典园林的组构特征与规律，并对豫园、醉白池等案例进行了生动的解析。本书将空间连接度作为一个评测指标，通过空间句法软件对整体与局部的空间连接度进行分析，可以量化诊断哪些场景与周边的空间渗透性较好，哪些场景比较可见可达。即，空间连接度可以用来测评场景的文学信息被看到的机会，同时也可以用来测评叙事场景与整体之间的关联关系。

第三是叙事语义的吸引力与认同性。叙事要素是基础，空间可达可见是前提，叙事语义被认知认同则是关键。本书借助于眼动实验，以场景及其各构成要素的视觉关注度（热点、持续时间与注视频次）来评测叙事场景的吸引力与认同性。前文第 6 章已经详细解析了视觉认知与园林景观叙事间的关系：通常叙事信息丰富的场景被关注的次数与机会就比较多。同时也指出，由于不同文化背景主体对语义的敏感性与理解力也不一样，景观叙事的效果会随之变化。

这些评测的对象、层面、指标与方法，相对独立，相互弥补，有一定的相关性，但不是正相关也非对立。如在海派古典园林中，根据意境需要，可在连接度较弱的场景中通过要素的增强组构、重构等，形成一个主题凸显、信息丰富、视觉关注度高的场景（表 7.1、表 7.2）。

海派古典园林景观叙事评测系统　　　　　　　　　　　　　　　　表 7.1

内容 / 目标 / 分项		维度 / 指标	要素认知评测 (physical)	空间认知评测 (spatial)	视觉认知评测 (visual-cultural)
			可识别性	连接度	关注度
海派古典园林景观叙事的有效性	要素：主题性 / 可读性		ÄÄ		
	结构：关联性 / 可见性			ÄÄ	
	语义：吸引力 / 认同性				ÄÄ
方法与技术手段			文献阅读 / 现场调研（时空）Mapping	空间句法（平面）Depthmap	眼动实验（立面）Gaze-tracking

备注 ÄÄ: 表示存在正相关性

海派古典园林景观叙事的评测示例　　　　　　　　　　　　　　　　表 7.2

园名	场景	要素的可识别性	空间连接度	视觉关注度	小计
豫园	1-1	ÄÄÄÄ	ÄÄÄÄ	ÄÄÄ	ÄÄÄÄÄÄÄÄÄÄÄ
	1-2	ÄÄ	ÄÄ	ÄÄ	ÄÄÄÄÄÄ

续表

园名	场景	要素的可识别性	空间连接度	视觉关注度	小计
醉白池	2-1	ÄÄÄÄ	ÄÄÄÄ	Ä	ÄÄÄÄÄÄÄÄÄ
	2-2	Ä	Ä	ÄÄÄ	ÄÄÄÄÄÄ
曲水园	3-1	ÄÄÄÄ	ÄÄÄÄ	ÄÄÄÄ	ÄÄÄÄÄÄÄÄÄÄÄÄ
	3-2	Ä	Ä	ÄÄÄ	ÄÄÄÄÄ
秋霞圃	4-1	ÄÄÄÄ	ÄÄÄÄ	ÄÄÄÄ	ÄÄÄÄÄÄÄÄÄÄÄÄ
	4-2	ÄÄ	Ä	ÄÄÄ	ÄÄÄÄÄÄ
古猗园	5-1	ÄÄÄÄ	ÄÄÄÄ	ÄÄÄ	ÄÄÄÄÄÄÄÄÄÄÄ
	5-2	ÄÄ	ÄÄ	ÄÄÄÄ	ÄÄÄÄÄÄÄÄ

备注：Ä 表示存在正相关性，依据前文中相关数据的相对值，Ä 的数量越多表示关联性越紧密。

归纳起来，本书从叙事载体、空间认知、视觉认知三个指标来评测海派古典园林景观叙事的效果。基于上述评测目标、内容与指标，对五大园林的 10 个典型场景进行初步评测。对比发现，这些场景的景观叙事效果可以分为三种类型。

第一种，海派园林景观叙事的最佳案例。此类场景叙事要素、叙事结构、叙事语义三个方面均与园林主题紧密关联；而且载体密集信息丰富，空间渗透性好，视觉认同度高。例如曲水园 3-1 场景以及秋霞圃 4-1 场景，园林语义在三个层面均得到了很好的表征（图 7.2、图 7.3）。景观叙事充分展现在物质载体、空间组构、视觉认知三个方面的指标上，即载体的可识别性强，空间的连接度强，视觉的关注度也高。这类场景绝大部分保留了海派古典园林原初的物质形态、空间特征以及造园者的意图，久而久之积淀为一种集体无意识，进而凝练为海派园林的文化密码。最有意义的是，这种文化密码对当代使用者依然充满着吸引力与视觉魅力。

第二种，海派园林景观叙事的一般案例。此类场景的景观叙事在物质载体、空间结构、视觉语义 3 个层面有一定的呈现和表征。例如醉白池场景 2-1 是该园林的核心场景，集中体现了造园者的意图，这在叙事载体的信息、空间连接度两个方面较好地获得了印证（图 7.4）。再如古猗园 5-2 场景空间连接度较弱，叙事载体有限，但是物质载体的叙事主题明确，视觉关注度较高。这类场景的主题或者题眼通常再现园林的文化，充满诗情画意，但在某一方面表征不足（图 7.5）。此类场景遗传了海派园林的文化基因，使用者对这种文化基因具有一定的视觉关注与情感认同。

第三种，海派园林景观叙事的反面案例。叙事载体、空间结构、视觉语义与叙事主题或者景观叙事的关联均较弱。例如曲水园场景 3-2，其叙事载体较少，空间连接度有限，视线关注度不高。这部分是新增加的园林景点，形态特征、空间模式、文化寓意呈现不足，与园林的原初意图存在较大差异，未能在表象与语义层面吸引使用者。

统计分析显示，在这三种类型中，第一种类型占 40%，第二种类型约占

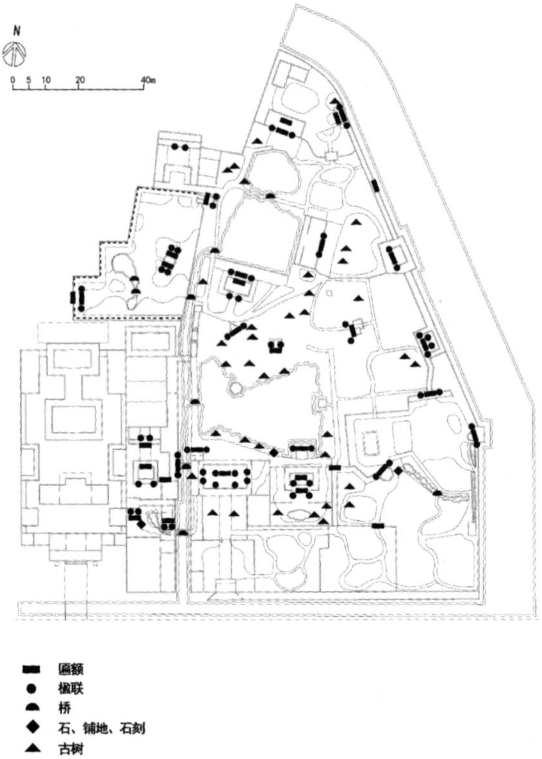

图 7.2 曲水园文学媒介分布示意

■ 匾额
● 楹联
▬ 桥
◆ 石、铺地、石刻
▲ 古树

图 7.3 秋霞圃文学媒介分布示意

■ 匾额
● 楹联
▬ 桥
◆ 石、铺地、石刻
▲ 古树

第 7 章 结语 多维认知与创新传承 189

图 7.4 醉白池文学媒介分布示意

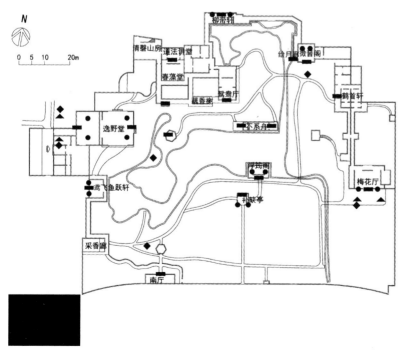

图 7.5 古猗园文学媒介分布示意

50%，无关联场景占 10%。这表明典型的海派古典园林场景绝大多数传承了文化基因；景观叙事的效果总体上获得了使用者的认知认可。同时，本研究引入交叉学科，使得空间认知、多样化建构、理性评价景观叙事也成为可能（表 7.3）。

景观叙事典型案例比较　　　　　　　　　　表 7.3

案例	景观叙事的最佳案例 秋霞圃场景 4-1	景观叙事的一般案例 古猗园场景 5-2	景观叙事的反面案例 曲水园场景 3-2
场景 照片	 （见彩图 40）	 （见彩图 43）	 （见彩图 39）
叙事 要素 分布		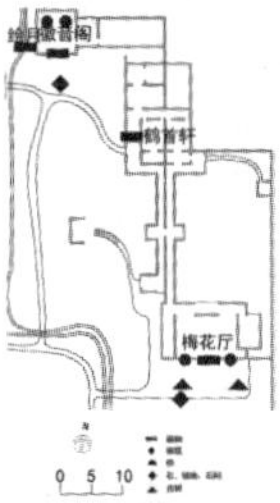	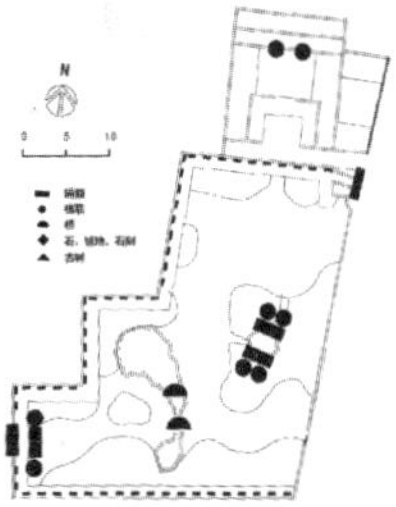
空间 连接 度	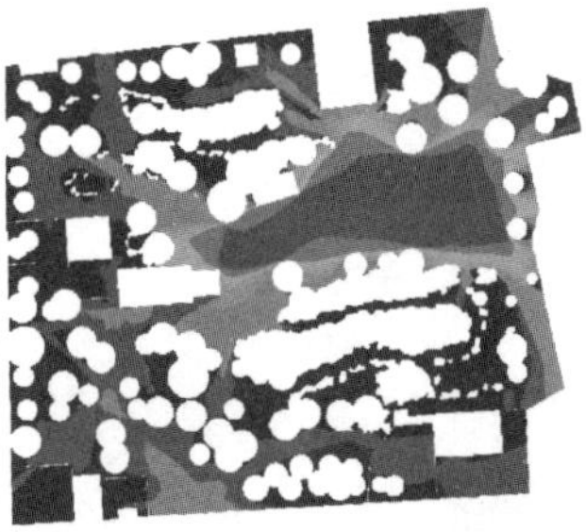 （见彩图 64）	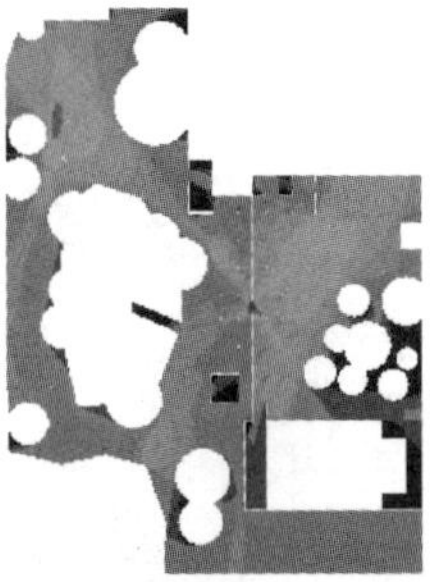 （见彩图 65）	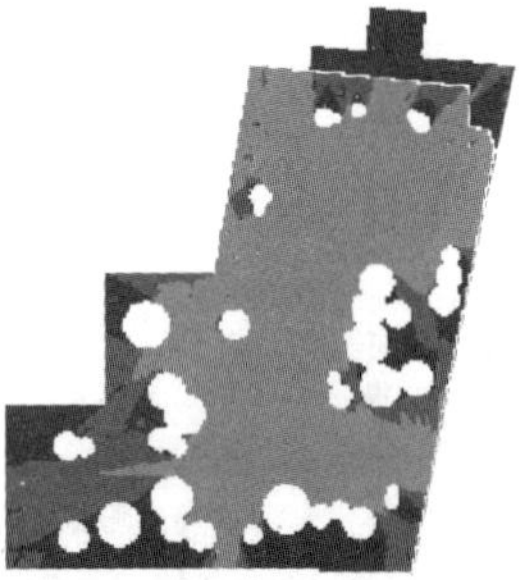 （见彩图 66）
视觉 关注 度	 （见彩图 50）	 （见彩图 53）	 （见彩图 49）

可见，文本分析、空间句法与视线追踪技术的综合应用，一方面为理性认知评测景观叙事效果提供新的方法，为理性解析海派古典园林的组构规律与其文化密码提供可视化的手段，另一方面为人居环境塑造中如何融入文化内涵、地域特色提供设计策略，或者为设计师表达的文化意图是否能被相关使用者有

效关注提供了理性思路。由于海派古典园林叙事比较复杂，如前文提到的还涉及生态、经济问题等等，评测的手段与工具需要多维拓展，科学评价。

不管怎样，随着人居环境的语境越来越复杂，人们对环境人文品质的要求日益增强，以经验为导向的设计难以胜任，正逐渐转变为以科学为导向的专业化设计，由物质形态维度转向社会文化维度，由设计师主导转向使用者个性化主导。人居环境设计既需要像基因工程这样的科学思维，也需要像绘画或者音乐之类的艺术气质。[164][165] 理性叙事设计不只是人文科学的咬文嚼字，也需要有效的、有针对性的技术手段（表 7.4）。但是，我们也不能走向另一个极端，一味地偏重自然科学的理性思维，而丢失了优秀传统文化中的精华，况且西方的理论或者方法往往有其适用边界的条件及其社会背景。

多维认知人居环境中的景观叙事　　　　　　　　表 7.4

		认知/表达阶段	建构阶段	评价阶段
人文科学（艺术引导）	文学	文化意义 Culture Meaning		质化
	社会学	社会逻辑 Social Logic		
	美学	视觉美学 Visual/ Gestalt		
	历史学	事件/记忆 Event / Memory		
	其他	故事/文脉 Story/ Context		
自然科学（科学引导）	计算机	形态语法/网络/分形/非线性/句法/代理/交互 Shape Grammar/ Network / Fractal /Non-Linear/ Syntax/Agent-Based Models/Interactive Design /		量化
	医学	认知心理 Cognitive Psychology		
	生态	生态技术/涌现技术 ECO-TEC/CFD-Fluent/ Emergency Tech		
	其他	信息 Information		

总之，本书尝试以五大海派古典园林作为案例，在园林叙事载体、空间与使用者认知之间建构一座联系的桥梁，运用空间句法与视线追踪技术对园林叙事认知进行解读，对叙事载体进行分类归纳，对空间、视觉认知进行纵横向分析，归纳各自特点并分析总结共性规律。同时，本研究也为未来人居环境文化意义的物化表征带来新的理论与路径，从而提升上海都市人居环境的人文品质与魅力。

7.2　海派古典园林文化的创新传承

上海在国际化、现代化的过程中，自身的地域特色、价值取向与文化精神变得越来越模糊。上海在文物保护、城乡风貌保护方面做了大量的工作，但是新建建筑、街区更新以及城市公园绿地，裹挟着西方文化理念与模式，在都市中不断涌现。这些外来的舶来品缺乏与本土文化的联系，邻里社区的情感需求、地方文脉传承遇到了资本全球化竞争的严重挑战。

如何让海派古典园林的文化基因在上海都市人居环境设计中得以传承呢？基于前文景观叙事的基本理论与方法，借助两个案例，抛砖引玉，来解读其中有可能性的途径与策略。

7.2.1 方塔园的故事

方塔园位于上海市松江区中山东路，占地约 172 亩，是以观赏历史文物为主的公园。该园林是由冯纪忠先生主持设计的，1981 年初步建成，是新中国成立后上海第一个海派古典园林文化融入现代公园的案例（图 7.6、图 7.7）。

该园林保留的文化景观载体非常丰富，包括宋代的方塔、望仙石桥，明代的照壁、兰瑞堂、五老峰与清代的天妃宫大殿等。每一个要素充满了历史故事与文化语义。

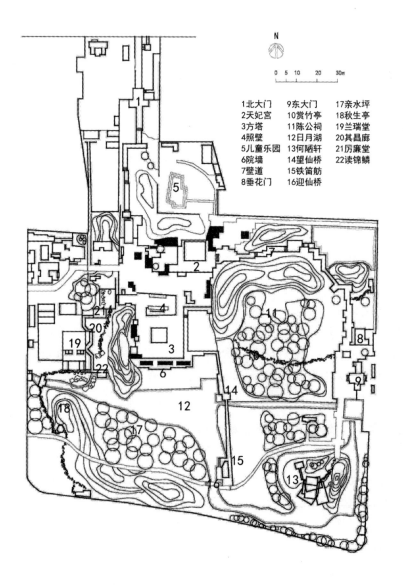

图 7.6 方塔园平面图

方塔，原名兴圣教寺塔，建于宋熙宁至元祐年间（1068—1093年），位于唐宋时期华亭县城中心。该塔高约42.5米，九级方形，为砖木结构。斗拱大部分保留宋代原物；券门上的月梁、外檐的罗汉枋等均为原物，是江南古塔中保存原有构件较多的一座。方塔是松江的记忆坐标，也是城市地标。该塔形态上沿袭唐代砖塔风格，特点是塔身瘦长，塔檐宽大。清代松江诗人黄霆用《竹枝词》生动地描绘了方塔的艺术特征："近海浮图三十六，怎如方塔最玲珑"（图7.8）。

图7.8　方塔

照壁为明代遗物。该照壁为砖刻浮雕，宽6.1米，高4.75米。该文物是上海最古老、最精美、保存最为完好的大型砖雕艺术。约30平方米的壁面雕刻了十分丰富的内容：中间刻有长着龙鳞、鹿角、狮尾、牛蹄的四不像凶猛巨兽；围绕这只巨兽周边刻画了由系列动物、树木、花卉和珍宝组成的古代神话场景（图7.9）。

天妃宫大殿建于清光绪九年（1883年），原位于上海河南路桥北境的天后宫，后因建设需要采用异地迁建的古迹保护方案，搬迁到方塔园中，并恢复原风貌。现为上海地区唯一幸存的妈祖庙遗迹。大殿为砖木结构，建筑面积330平方米，高17米。大殿面宽五楹，廊道萦回，梁柱粗硕，造型俊秀，气势恢宏，雕刻精美。2002年9月28日举行了"浦江妈祖开光典礼"和"上海方塔天妃宫开放仪式"（图7.10）。

图7.9　照壁

园中还保留了7株古树与大片竹林。其中竹林是在旧时私家竹园基础上扩建而成。

除了保留上述历史要素之外，冯先生采用创新的手法再现了一批具有传统韵味的景观要素：何陋轩、垂门、堑道以及方形水池等。

何陋轩位于东侧的一个小岛上，其实是一个景观茶室（图7.11）。冯先生的设计构思源于松江地区风土建筑的屋脊造型。"脊作强烈的弧形，这是他地未见的，地方特色日渐减少，颇惧其泯灭，尝呼吁保护或迁存，又想取其情态作为地方特色以继续，但是又不甘心照搬，确是存念已久"。于是，

图7.10　天妃宫大殿

图7.7　方塔园空间体验区域

冯先生用现代的构成手法重构了这一意象,"屋脊与檐口、墙段、护坡等等的弧线,共同组成上下、凹凸、向背、主题变奏的空实综合体。"一方面把意动凝固了起来,传承了传统建筑的韵味,另一方面又有创新与发展,使游者喝茶之际感受时光的变迁和时空转换。

"垂门"是位于东入口附近的一个过渡节点空间。该小品建筑虽采用了传统坡屋顶的形制,但是创新应用了现代钢结构替代以往的木斗拱作为支撑悬跳体系。同时,在两侧的墙体处理上设计了一个非常具有立体主义趣味的"门"——这个门处于开与关中间状态的瞬间意象,鼓励游客进行开放式的遐想(图7.12)。

堑道位于东侧垂门与天妃宫之间,一种非常现代化的景观语言。堑道虽然使用了地方的黄石材料,但是加工与砌筑的方法是非常规则理性的,与传统园林叠石的不规则完全不一样。一方面引导观者进入光影迷离的自然风景,另一方面,用心良苦地将观者引到了园林的核心空间(图7.13)。

方池位于公园东入口处,是衔接城市街道空间与公园内部的水渠。在入口处设方池,在海派园林中也是孤例。它是对海派古典园林入口内向性的一种彻底否定,但它还是来自古典园林的心灵深处,可以说是一种空间倒叙,一种暗示。方池的灵感来源是传统,但形式却是现代的。它既是城市街道空间的延伸,也是院内自然景观的泄露。它强调了入口,设置了悬念,同时巧妙地组织了入口人流。方池是城市的,也是园子的。城市与自然、内部与外部的交流对话在水面的倒影中悄然发生了,城市街道的故事、园子的故事随着匆匆的都市行人在不断地变化,过去的,现在的,还有未来的(图7.14)。

图7.11 何陋轩

图7.12 垂门

图7.13 堑道

图7.14 方池

图7.15 两片白墙

图7.16 九峰三泖一景

充满戏剧性的两片墙位于方塔四周。首先巧妙地借用一片写满历史故事的明代照壁，在主角出现之前再一次进行烘托；接着在塔与大水面草坪之间、塔与东侧的树林之间设置了两片超越时空的、有几分禅意的白墙。白墙的造型与色彩富有传统特色，但是两片墙理性的垂直构图，多处开口围而不封，这样的组合方式极具现代感。当观者登上塔楼时豁然开朗，发现居然在墙的背后隐藏着一个充满阳光、诗情画意的世外桃源，原来塔不是故事的终点，故事还在继续。当观者从南侧的草坪观看塔景时，白墙变成了塔的基座的有力延伸，成为对塔的竖向构图的烘托；白墙变成了一片舞台的帷幕，将园子过去的一切历史隐藏在背后的同时，将现实的美丽画面与塔的故事那样纯净地展现在草坡上的每一位观者的眼前，但依然能够感受到传统文化的存在；更让每一位观者感动的是，一片充满灵性的水面将塔影、白墙的幻象折向了未来，而且每一位的故事与梦随着飘荡的涟漪都可谱写在水中的白墙上（图7.15）。

此外，整个院子还再现了一组地域性文化景观，即将松江有名的"九峰三泖"意象融入整个园子的地形改造之中。设计师在公园中用现代园林地形设计手法塑造了9个大小不一、方向各异的土丘，局部开挖河池，设置疏林草坡，并在每一土丘区域设置相应的亭榭小品。不仅塑造了各种风景，同时围合、定义了局部的园林空间（图7.16）。

这些新加的叙事要素均源自传统，又摆脱了传统的束缚。如果说保留修复历史要素是这个园林的补叙的话，那么新增的这些景观要素则是这个园子的插叙。

如果说被保留的既有文化景观是指向过去的、结构性的，那么新增的文化景观则是指向未来的、解构性的。如果说那些构筑物是侧重在物与事的文化传承，那么桥、堑道、方池、庭院、大草坪、水面、地形则侧重在场与事的文化传承。

无论是保留的文化景观，还是新增的景观要素，那么多丰富多样、不同风格与语义的叙事载体如何有机地组构在一起？冯先生精心地编排了3条线索，将所有这些要素与故事纳入其中，而且不断设置悬念与情节空间，给游者创造各种惊喜。

线索一是从北入口（起）出发，经通道（承），到照壁（转），登方塔（高潮），访长廊与兰瑞堂（即楠木厅），游南岸草坪（合），再访何陋轩（尾声），见图7.17。

线索二是从东入口（起）出发，经垂门、堑道（承），到访天妃宫，观照壁（转），再登方塔（高潮），后游竹林与南岸草坪（合），见图7.18。

线索三是从游船码头（起）出发，经水榭，访大草坪与水面（承）、观方塔（高潮），访石舫（转），观宋望仙石桥（合），经方池，再到访何陋轩（尾声），见图7.19。

3条情节线索并行叙事,同时又有交点,而每一条线索均蕴含着许许多多曲折的故事;其中每一个文化景观均拥有相应的场景空间,借助于地形、院墙、台阶高差、植物等围合要素,塑造了一个个相对独立的叙事语境。同时,冯先生通过这3条线索来组织编排空间,将这些多样化的、片断式的故事连接整合在一起,最终呈现了"冗繁削尽留清瘦"的洗练,凸显各种文物古迹与文化景观。

不管游客选择哪一条线索,方塔无疑既是悬念,也是主题道具,同时还是高潮。方塔园的叙事设计不仅完美地诠释传承了上海的历史文物,而且展现了海派古典园林兼容并蓄的风格特征、园中园/故事中故事的结构特征、画中画的诗性特征,以及可持续的生态美学观念。

总的来说,方塔园的设计主要有以下特色:

一是兼容并蓄的风格倾向。无论是建筑的材料选择、历史年代,还是物质功能与宗教信仰,均能看到混搭的处理手法。比如,既有坡屋顶造型与现代钢结构、方池与自由河道、佛教与妈祖、祭祀与儿童游乐等等,呈现了传统与现代的共生景象。

二是园中园的塑造。根据空间的围合、功能安排等,整个公园可以分为4个部分。北侧的城市功能配套区、中间的遗址集中展示区、南侧的疏林草坡区以及东侧的竹林休闲区。其中每一个区域还可以细分成庭院空间。如中部区域还可以分为方塔园核心庭院、兰瑞堂花圃庭院、天妃宫祭祀区以及酒家服务区等。东部区域可以分为峰泖景观区、竹林景观区以及休闲茶室区。在东南侧,冯先生将自己的故事编入了一个充满浪漫色彩的小岛之中,小岛的主角便是称之为何陋轩的茶室。但是方塔园的园中园结构不同于海派古典园林中的结构。首先并没有采用大量的封闭性的院墙,而是巧妙地采用地形、水系、植物绿化以及建筑等要素。其次,空间结构布局不是均质的,而是呈现了鲜明的主次、疏密关系。这种园中园的格局有利于主题细化、视觉张力、功能安排以及运行管理。

三是在传统中求新求变的精神。方塔园可谓是遗址公园,但是冯先生并没有重现原有寺庙的大轴线,也没有采用古典园林的曲折环绕,而是因

图7.17 线索一

图7.18 线索二

图7.19 线索三

地制宜地变通组合，有所取舍地进行创新设计。上述论述中，无论是总体布局、路径与线索的设置、局部庭院与场景的塑造，还是景园建筑造型与细部设计，均体现了"不甘心照搬"的求新求变的海派精神；巧妙地通过补叙、插叙与并叙，将地方传统园林文化嫁接到现代公园景观之中。

正是这种风采与艺术特征，方塔园已经吸引了《牡丹亭》、《西厢记》、《窦娥冤》、《济公》、《聊斋》、《封神榜》、《祝枝山传奇》、《杨乃武与小白菜》等多部影视剧到园中取景拍摄。这也再一次印证了该园林的设计成功，也赋予了方塔园新的叙事内容。

7.2.2 上海商城的启示

上海商城建于 20 世纪 80 年代，位于上海市南京西路的北侧，与上海展览中心沿中轴线南北呼应。这是一个涉外的城市综合体项目，包含一栋五星级酒店、两栋公寓及零售商业裙房。由美国约翰·波特曼设计事务所设计（John C. Portman）。设计师吸收和借鉴了江南传统庭院空间的手法和中国的建筑造型元素，创作出了中西结合的建筑空间环境。

这一项目的成功之处很大程度上在于主入口庭院的吸引力和开放性，而不只是主体建筑的宏伟高大。上海商城三栋主体高层建筑围合一个半开敞的内庭院（图 7.20）。内庭院参照地方传统园林的造景手法垒石植树、造桥引水（图 7.21）。这一内庭院与裙房底层架空整合为一个城市公共空间，一个半私密半公共的庭院广场。这一公共空间向南京西路一侧完全开敞，也是三栋主体建筑办公、公寓和餐厅商业之间的过渡空间。

从叙事角度来解读，这一庭院广场的景观叙事要素，来自中国园林的湖石驳岸、水池植栽、小桥池鱼、斗拱、台基雕栏水榭、亭台及廊道等元素符号（图 7.22）。西方设计师难以区分海派古典园林与中国古典园林之间

图 7.20 上海商城入口庭院

图 7.21a 入口庭院场景一

图 7.22 入口庭院的湖石

图 7.21b 入口庭院场景二

图 7.23 庭院内的旋转楼梯

的异同，通常将中国的大传统误解为地方的小传统。不管怎样，设计师本意是试图反映"某一地域的本质"及其"独特的自然与文化特征"。除了中国古典园林的要素之外，也少不了螺旋楼梯、拱券门洞、瀑布、观光电梯、遮阳伞等现代景观元素（图 7.23）。而每一个要素在设计师手册中都有其出处与故事。

这些不同文化背景的要素如何妥帖地组织在一起？环路与游线在其中起了关键性的作用。尤其，波特曼倡导"人看人"是空间编排组织的基本准则。[166] 事实上，园林中"看"与"被看"的视线组织与现代酒店的视线设计存在异曲同工之处。遵循视觉规律、行为习惯与功能设置来确定游线布置以及交通环路，进而来设计相关的体验场景，串联起一系列的叙事要素。其中，设计师将这些异质性的叙事要素搁置在不同的场景之中，中间庭院更多地陈列传统要素，入口处的广场更多地设置了现代设施。同时，采用局部模块嵌入的方法，将传统要素融入现代酒店之中，如斗拱、艺术化的假山石等等。[167]

尽管这个项目的叙事结构并不清晰，但是要素、场景与路线的组构最终指向的是"共享"与"活力"。因此，这一庭院广场不仅成了文化活动的集散地、主体建筑的车流交通节点，也成了办公餐饮消费的第三场所，城市漫步游览的小港湾。而这种模式对上海都市空间的建构产生了深远的影响。正是基于这一点，笔者将上海商城甄选为一个景观叙事的案例。当然，这里的叙事主要来自两个方面：一是上述景观要素的能指与所指，隐含着故事；二是营造的庭院广场已经成为上海都市中一个代表性的公共空间，不断地续写着都市里的日常生活故事。

选择上海商城的第二个原因是：尽管波特曼并未有意识地运用海派古典园林的典型要素、结构、特征与智慧，但上海商城这一案例诠释与传承了海派文化的精神，具体体现在以下几个方面：

其一，体现了兼容并蓄的思想。现代建筑的底层架空与传统的内庭院、文化符号与现代商业设施、小尺度与大尺度、东方庭院与大瀑布以及城市综合体的设计理念均体现了混合包容、中西并置的风格。

其二，展现了公共性与私密性、商业性与公益性的共生。庭院广场向社会开放，围绕庭院广场周边设置双层商业界面，引入茶园咖啡厅、夏苑中餐厅、花筐日餐厅、帕兰朵意大利餐厅、丽嘉酒吧和大堂酒廊以及剧场、展览厅。这也展现了波特曼自身的特点——集建筑师、艺术家和房地产开发商三职于一身。

其三，呈现了"螺蛳壳里做道场"的能耐。在用地面积仅为 1.8 万平方米的场地中容纳了近 18 万建筑面积[168]，这样高密度、高容积率的情况下，还能在底层塑造一个开放的庭院广场。在南京西路这样一个交通非常有挑战的地段，完美地解决了交通、采光、商业、视觉享受与文化体验。

最后，拓展了创新求变的路径。在3个40多层的现代主义方盒子底下插入一个江南庭院/城市广场本身就是一种创举。由于庭院空间有限，因此设计师将传统的园林叙事要素进行简化，对于典型的建筑要素进行原型提炼，重点传达传统的独特性及其文化意义。

其实，人们可以从波特曼自己的文章中获得启示：

它既是哲学的，又是现实主义的。第一，我的建筑观首要是考虑对人文主义的关注，然后采用受独特文化和历史文脉影响的形式。第二，我的答复中有关实用主义的方面是由一个事实引起的，那就是：我们公司在上海市中心设计了一个非常重要的项目，而这个项目正体现了我们对中国建筑的见解。关于建筑物的设计，其实是对于一种独特的自然和文化特征——也就是某一地域本质的反映。每一个国家，每一个城市，都是独特的。要在中国的上海进行设计，是一场挑战。因为我们发现它的历史是那样的令人惊叹，它的文化人是如此的丰富多彩。同时，上海正在迅速地演变成一座现代化城市。为了使在中国的建筑富有意义，必须正视过去，承认现实，并充分意识到未来。[169]

由此可见，上海商城一方面叙述着波特曼个人的故事——面向"大众"文化和"城市"文脉的设计原则；另一方面展现了全球文化本地化的规律性途径[170]，或者说海派古典园林文化嵌入现代都市空间的可能性。

如果说方塔园是在自然、历史语境中进行的海派古典园林文化的创新传承，那么上海商城则是在都市、全球语境中进行的古典园林文化的创新传承；如果说方塔园是内生性的文化传承，那么上海商城则是移植性的传承；如果说方塔园是通过补叙、插叙、并序来整合传统与现代的话，那么上海商城是通过插叙来完成全球与本土的融合；如果说方塔园展现了景观叙事的系统方法（从要素、场景、结构、线索到意境），那么上海商城则是部分印证了景观叙事的场景策略（要素的建构）；如果说方塔园是解构主义的景观叙事，那么上海商城是结构主义的景观叙事。

不管怎样，期待更多的景观叙事作品来创新传承海派古典园林的文化精神。

7.24 方塔园场景

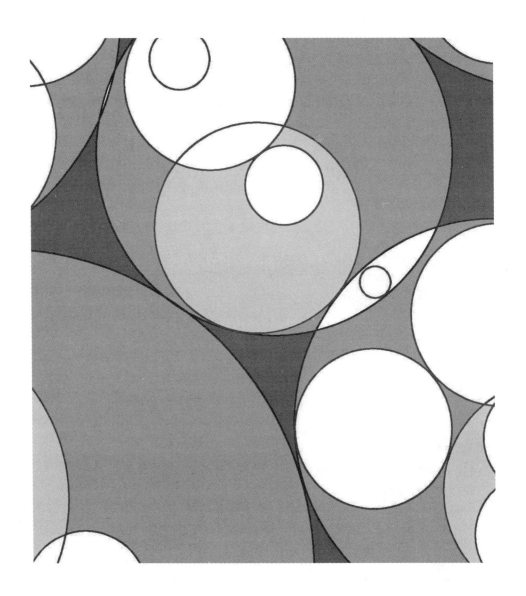

附1 From Syntax to Plot: the spatial language of a Chinese garden[❶]

Abstract: The essay presents a new spatial language of gardens, space plot. It uses Yuyuan, a classical garden in Shanghai, as a case study to describe and analyse the complex structure in different methods of spatial analysis, syntax and plot. By comparison, it points out four main limitations in the process of applying syntactic analysis which is unsuitable to express the meaning of the garden-making although it could explore the cognitive complexity of the garden to some extent. Instead, it argues that space plot demonstrates considerably the essence of structure and poetry-configuring of the garden. This new language, through narrative vocabulary, linkage, content and structure, offers an effective approach to linking the physical system with its meaning during the formulating process as well as the cognitive process.

Introduction

Various devices have been employed to depict Chinese gardens: maps, paintings, drawing, poem, novels, historical records and so on. Generally, Chinese scholars tend to use the language of humanities (e.g. literature and art), rather than that of physical science, to elaborate on the complexity of Chinese gardens[❷]. The western world has shown an interest in Chinese gardens since the seventeenth century. For example, William Temple introduced Chinese Garden in his essay "Upon the Gardens of Epicurus"[❸]. Keswick (1978) clearly examined the mystery of Chinese gardens with a similar language of philosophy, art and literature[❹]. In contrast, two different rational languages explored the complexity of Chinese gardens and architecture, e.g. shape grammar and space syntax.

George (1971) demonstrated that shapes might be as complex as anything else. He showed the possibility for shape grammars to interpret and generate existing design languages——the compositional conventions of Chinese lattice designs with five simple rules[❺]. His model made it easy and simple to understand Dye's grammars of Chinese Lattice Design, although it can't cover all the styles and patterns noted by Dye (1974) and Ji (1988)[❻]. George and his followers also furthered shape grammars to examine the Japanese tearooms, Taiwanese traditional houses, and Chinese traditional Architecture[❼]. Without predefined divisions, his mode is quite informal, paradigmatic and generative. However, little research has been done in the whole spatial structures in Chinese Architecture

---

[❶] 该文对应书中的第3章第3节关于海派古典园林的空间情节特征。最初写于2008年，笔者曾将该文投稿于2009年第7届空间句法会议SSS7，未正式发表。

[❷] See, Yigang Peng (1986). *Analysis of Chinese Classical Garden*. Beijing: China Architecture and Building Press; Dunzhen Liu (1987). *Classical Gardens in Suzhou*. Beijing: China Architecture and Building Press; Feng, Jizhong Feng (2003). *Building Life*. Shanghai: Shanghai Science & Technology Press; Cheng Ji (1988). *The Craft of Gardens*. Trans. Alison Hardie. New Haven, CT, and London: Yale University; Tingfeng Liu (2005). *Comparison Chinese Classical Garden with Japanese's*. Tianjing: Tianjing University Press; Jun Tong (1997). *Glimpses of Gardens in Eastern China*. Beijing: China Architecture and Building Press; Wang, Qiheng(1992). *Study on Fengshui*. Tianjing:Tianjing University; Guangya Zhu(1998). *Typology and Chinese Garden*. Beijing: China Architecture and Building Press;Weiquan Zhou (1999). *Classical Garden of China*. Beijing: Tsinghua University Press.

[❸] John Dixon Hunt (2000). *Greater perfections: practice of garden theory*. London: Thames & Hudson Ltd.

[❹] Maggie Keswick (1978). *The Chinese Garden: History, Art and Architecture*. London: Academy Editions; New York: St. Martin's Press.

[❺] Stiny George (1977) "Ice-ray: a note on the generation of Chinese lattice designs". *Environment and Planning* B4: 89-98.

[❻] Daniel Sheets Dye (1974). *Grammars of Chinese Lattice Design*. New York: Dover Publications Inc; Cheng Ji (1988). *The Craft of Gardens*. Trans. Alison Hardie. New Haven, CT, and London: Yale University.

[❼] A.I. Li(1999). "Expressing Parametric Dependence in Shape Grammars, with an Example from Traditional Chinese Architecture". Proceedings in the Fourth Conference of the Association of Computer Aided Architectural Design Research in Asia, CAADRIA, 265-274. In Shanghai, China.

and Chinese gardens. They mainly focused on the research of single objects, architectural elements, and the visual form of the solid. In other words, they ignored the generating rules of the void (i.e. spatial system) in Chinese gardens. Next, Hillier (1996) took the sheer physical and spatial complexity of the city and set up a series of non-discursive techniquethrough computer language as a simple but powerful strategy to detect patterns in the spatial organization[1]. Chang (2007) used the space syntax method to divide up, calculate and analyze 310 spatial units in the Lin Family Garden in Taiwan. She attempted to transform the complex space into quantifiable values and to describe the degree of the integration of every space and walkway[2]. Based on these data, she tried to find some new information from the structure, for instance, the walkways act as an important role in the garden. Could the data and quantification of space units describe the whole structure and meaning in the Chinese Garden?

The intention of this essay is simply to examine to what extent the method of space syntax can explore the complexity in Chinese gardens and to presentan alternative language to analyze the complexities of the structure in Chinese gardens in a syntactic sense and semantic way as well. It focuses on one of the private Chinese gardensin Shanghai----Yuyuan, which is located in the old downtown. It was originally laid out in 1559 by an officer named Yunduan Pan[3]. It took him twenty years to build the garden. Since then, it has been repaired and reorganized for several times[4]. Today Yuyuan Garden has an area of about five acres. However, it offers unexpected views and 'It is a fascinating architectural labyrinth, and contains almost all the delightful and surprising elements of a city garden'[5].

Spatial Syntax: cognitive complexity of the physical structure

In the master plan of Yuyuan garden, these enclosed courtyards or space cells are the basic component of the spatial structure[6], e.g., a walled yard, a courtyard garden enclosed by buildings, a front courtyard garden of a buildingetc (Figure 3.24,26). Although it is difficult to define how many mini-gardens are within the whole garden, it is clear that the garden covers seven main sub-gardens. Besides the open-sided section of Huxin Pavilion (G), the other six ones are in sequence: the subgarden of Sansui Hall (A), Wanhua Chamber (B), Dianchun Hall (C), Deyi Hall (D), Yuhua Hall (E) and the Inner Garden (F) (Figure3.23). Every subgarden is completely enclosed by walls with the gateways to connect each other and the spatial layouts of the garden could be represented as a pattern of convex spaces or visual field covering the layout[7]. What is the relationship between each space cell and the whole? The total depth from the

---

[1] Bill Hillier(1996). *Space is the Machine*. Cambridge: Cambridge University Press.

[2] Hui-ying Chang(2007). The Spatial Structure Form of Traditional Chinese Garden — A Case Study on The Lin Family Garden[D]. Tainan: Chenggong University.

[3] Shanghai Administration of Yuyuan, eds. (1999). *Yuyuan Garden*. Shanghai: Shanghai Fine Arts Press.

[4] Xuke Cheng and Tao Wang (2000). *The History of Garden in Shanghai*. Shanghai: Shanghai Academy of Social Science Press.

[5] Maggie Keswick(1978). *The Chinese Garden: History, Art and Architecture*. London: Academy Editions; New York: St. Martin's Press.125-127

[6] The section of Huxin Ting, belonging to the garden of Yuyuan, is the annexation of the main garden. It is completely open to the public now.

[7] Bill Hillier and K. Tzortzi (2005). 'Spatial Syntax: the language of museum space', in *A Companion to Museum Studies*. Ed. S. MacDonald, Chapter17. Oxford: Blackwell Publishing.

central courtyard of Deyi Hall, for example, could be examined (Figure3.24, see the top point). In Figure3.24, a few local-focused courtyards (black points) can be found to connect several tiny spaces and architectural spaces around it. Some of them are in routes with dead ends, others are probably linked in sequence, and one of these tiny spaces normally develops as a young local-focused courtyard space. In other words, every space cell in this structure enjoys a different degree of integrated or segregated relation between each other. According to Hillier's generic language (2005), there are mainly four types which space cells serve as in the global structure of the garden: 1-connected type (i.e. a dead end), more than one connection on the way to a dead end, 2-connected type on the circulation ring, and more than 2 connections on at least two rings. In Yuyuan, these local-focused courtyards usually have more than two connections and lie on at least one circulation ring, which links space cells within the branching system or across it. About 40% of space cells act as dead ends, which serve as functional architecture. More than 50% of space cells enjoy at least 2-linkages, which provide an alternative way back. Definitely this tree-like structure is different from those of a museum and city[1].

Besides the spatial structure, this kind of similarity and complexity between part and whole can be examined in the system of circulation. Embedded circulation system connects garden buildings, gateways and space cells as well[2]. Yet, some of them end in a scenic building, some split up at the turning points. The local leading routes can be found in this system when the connectivity of the walkways' structure is examined, which enjoy a high degree of integration, such as the twin corridor near Wanhua Chamber, zigzag bridge over the water in the front Deyi Luo, or the long corridor in Yuhua Courtyard. For instance, in the subgardens of Yuhua Hall and Deyi Hall, one of the central paths and its connection in the whole system of circulation is examined (red line in Figure 3.24,3.25), and it is clear that this path normally is shared by tiny circulations and subcirculations, and enjoys high-degree connectivity in the whole structure of circulation. Meanwhile, the embedded system of circulation system mostly leads to the distinguished feature of choice and change: numerous "T-junction" and "L-turning point" occur in the structure. That is to say, the circulation system with "junction and turn-point" (or "choice and change") creates a cognitive sense of complexity coloring the spatial structure (e.g., up and down, inside and outside, dark and bright), although sometimes it misleads the visitors. For example, one of the routes, which can connect most of the scenes and pavilions, shows the rhythm of choice and change. It is composed of walkway with shelters, outside paths, and

[1] Bill Hillier and J. Hanson (1984). *The Social Logic of Space*. Cambridge: Cambridge University Press.

[2] Yigang Peng. 1986. *Analysis of Chinese Classical Garden*. Beijing: China Architecture and Building Press; Maggie Keswick(1978). *The Chinese Garden: History, Art and Architecture*. London: Academy Editions; New York: St. Martin's Press.

interior passage. The frequency of changes has been examined: about 88 points of junction for possible choice (blue line, 52%), and about 80 turning points forcing the visitors to turn (pink line, 58%). Actually, whatever circles or subcircle, leading path or not (Figure3.25), most of the walkways in this irregular structure zigzag forward at different levels and provide the possibility of choice and change for the visitors. In such a way, more T-junction and L-turning points and more chances of experience are available.

Returning to the masterplan of the garden, in every space cell, there is another factor of the complexity in the garden: visual fields, i.e. convex isovists. Most elements, such as scenic buildings/walls, friendly plants and fantastic rocks, are arranged and gathered around the void, e.g. courtyard or waterscape, which define the physical boundaries of a space cell (Figure3.26). The distribution of these elements and the physical boundaries formulate the visual field of a space cell.

Broadly speaking, there are two kinds of edges to define convex isovists in space cells: distinct architectural edges, and ambiguous enclosure. Most subgardens in Yuyuan are remarkably 'divided by long, snaking walls, which undulate through the garden in regular curves to end in dragon-heads', elegant corridors and buildings[1]. The other one is ambiguous interface with open visual 'windows' instead of walls, such as trees, rocks, portico/ a facade of a building, and an open-sided corridor. Configuration of the convex isovists would be different if the size, dimension or the form of these objects has been changed. For instance, the subgarden of Deyi Hall can be divided into three tiny gardens by the loose interfaces defined by trees, and the gaps between trees/ pillars/ walls formulate visual 'windows' in the interface and lead to tiny gardens one after another, which makes convex isovists quite complex. So, with a different number of building / path/ plant / rock / water / edge and their relatively location, the shape and structure of the convex isovists in the garden would be extremely complex.

Representation of these elements and balance of these convex isovists in every space cell create an extraordinary sense of similarity and diversity of the part and the whole. Certainly, the convex isovists shape the visual experience of the viewers in the whole garden. For instance, in the subgarden of Yuhua Hall (Figure2.52-2.55), every space cell enjoys its own amazing shape and intersection. The right tiny-garden accommodates two buildings (Tingtao Ge and Hanbi Lou), one pond with several trees and rockeries around. The left tiny-garden of Cuangshu (library) Lou has one gallery, one library, one courtyard

---

[1] Maggie Keswick(1978). *The Chinese Garden: History, Art and Architecture*. London: Academy Editions; New York: St. Martin's Press:125

edged with trees and rockeries. The top tiny-garden contains a square-courtyard with waterscape in the corner and two buildings around it. The centric tiny-garden enjoys a "comparatively large" "lake" and a famous rockery surrounded by the main hall, zigzag corridors and walls. Every space cell enjoys different convex isovists, which gives rise to cognitive similarity and complexity when visitors are strolling in the subgarden of Yuhua Hall. In the whole garden, the rhythm of spaces could be experienced in the way of convex isovists: from small to big, from void to solid, from low to high, from here and there❶.

❶Jun Tong(1997). *Glimpses of Gardens in Eastern China.* Beijing: China Architecture and Building Press

Furthermore, the buildings, which cover about 18% of land area in the garden, act as distinctive edges of convex isovists in space cells. As an object (solid) at the edge of the courtyard, the building certainly shapes the form of visual fields. As a space, it can accommodate regular isovists and flexible activities. Whatever role it is, the building plays an inspiring and important role in the configuration and cognition of space cells in the garden. Similarly, the plant, the rockand other elements lead to the complex relation in the garden. Above all, with interactive space cells, richly interconnected routes and complesd visual edges, the cognitive complexity of the physical structure in the garden could be readable in a way of syntactic analysis, particularly in the accessibility of a space cell, connectivity of walkways and diversities of convex isovists (Figure3.24, 3.28) ❷. However, syntactic analysis can't show the configuring rules of physical structure, and can't be seen as a spatial expression of Chinese traditional culture, and meaning in the garden. There are several limitations in the process of applying syntactic analysis.

❷Albert-Laszlo Barabasi(2002). *Linked: The New Science of Networks.* Cambridge: Perseus Publishing; Passini, Romedi. 1984. *Wayfinding in Architecture.* New York: Van Nostrand Reinhold Company Inc.

First, space syntax normally uses the 2-D plans to analyze the inter-relation between spaces, but has not taken notice of the complex 3-D interface and its information. In the garden, it is obviously clear to notice 'random' windows with hundreds decorated patterns on the every wall (Figure3.42, 3.45), which lead to intricate convex isovists beyond the space cells.

Second, space syntax describes the cognitive properties of space units or the degree of inter-relation between spaces rather than the configurative feature of the whole structure in the garden, as space syntax is based on the interaction between visual experience /human activities and built environment. This logical language has rarely discovered the configuring rules of the garden spaces, which shape the essence of the spatial structure in the garden beyond visitors' visual imagination (Figure3.28) . The formulation of spatial structure in the garden is related to the philosophical ideas, cultural meaning, financial issue and management system rather than visual field.

[1] Bill Hillierand J. Hanson(1984). *The Social Logic of Space*. Cambridge: Cambridge University Press

[2] Yuanming Tao was an official, literati in Jin Dynasty; Qichang Dong was also an official, painter in Ming Dynasty; Ying Qiu, a painter in Ming Dynasty, particularly focused on the theme of historical figures and events in his works. During the Ming Dynasty (1368-1644) and Qing Dynasty (1644-1911), some wealthy families and retired officials moved to Shanghai and built private gardens there, one of which is Yuyuan Garden. Besides, Gu Yi Garden, ZuiBai Chi Garden, Qu Shui Garden and QiuXia Pu Garden, also enjoy high reputations of the tile of national cultural relics.

[3] John Dewey(1958). *Art as Experience*, 13th ed. New York:; Capricorn Books,p16; Keswick (1978), p105; also see, Thiis-Evensen (1987), p8

[4] John Dewey (1958), 128

[5] Keswick (1978)

[6] Although Jun Tong, Chongzhou Cheng and Xuke Chen deciphered the metaphysical meaning of objects, context of the gardens, tectonic language of the physical form and strategies of sequential spaces in a way of inter-disciplinary research,they normally focused on poetry of the objects-making or parts of the garden rather than the whole poetic network. Little evidence showed that they connected the narrative system and the physical structure in the garden. See, for example, Chongzhou Cheng, *Talk about Garden* (Jinan: Shandong' Pictorial Publishing House, 2002); Jun Tong, *Glimpses of Gardens in Eastern China* (Beijing:China Architecture and Building Press, 1997).

[7] Aristotle(1967). *Poetics*. Translated by Gerald F. Else. Ann Arbor: The University of Michigan Press.

[8] Herman, David (eds.) 1999. *Narratologies: New Perspectives on Narrative Analysis*. Columbus: The Ohio State University Wallace Martin (2005). *Recent Theories of Narrative*. New York:: Cornell University Press.

Third, it focuses on the relation between social organization and built environment rather than that between human beings and the natural landscape[1]. The Chinese Garden is mainly related to the regularities within the relation between natural world and human beings, instead of social organization. From Yuanming Tao (365-427) to Qichang Dong (1555-1636), most of the owners built the gardens in order to segregate form buzzes and noises of formal social lives and to enjoy the nature as much as possible. In Ying Qiu's (1494-1552) painting, a scholar sitting in a chamber, was watching the mountain and stream, communicating with the flowers and bamboo trees around him and enjoying the tranquillity of county-side life[2].

Last, the Chinese garden expresses personal inner feeling rather than the formal physical and social culture. Generally, two ways are usually linked to the interaction between the environment and a human being's feeling: "environmental psychology", and "depth psychology" [3], the feeling and poetry in Yuyuan is extremely influenced by the second way. That is to say, the designers' emotion and poetry 'projected' onto the garden in which he lived, studied and entertained[4]. The garden became autobiographical landscape in which most of the physical elements and organized system should stand for the character of the designer or owner[5], and most of them (whatever living trees or non-living stones) have been transformed, shaped and became subjective and man-made nature. What's more, a narrative system is absolutely employed by Yuyuan to express the owners' feeling. Thus, the garden conveys the owner's feeling, poetry and meanings beyond the rational diagram of space syntax through visual experience in physical environment.

What kind of language can be used to describe the configurative poetry in the system of Yuyuan?[6] As Aristotle(1967) wrote in the Poetics, two main factors of a plot, complex structure and deep feeling, would construct the finest tragedy[7]. Contemporary linguists also argue that the power of narrative lies in the linkage strategy of the structure (i.e. plots), rather than in the character of objects[8]. Thus, the method of space plot could be applied to demonstrate the configurative 'poetry'of Yuyuan to integrate the physical system with the narrative one[9].

Space Plot: configurative poetry of the garden's system
Embedded Stories on the Same Theme

Pan built this garden particularly for his paren ts to enjoy a tranquil and happy time in their old age, and called it "Yuyuan" (Figure 3.47), which means peace and pleasure is the theme (or topic) of garden-making. How can the objective be achieved? Several sub-topics can interpret the main topic simultaneously, such as Sansui Hall (harvest), Wanhua Chamber (thousands flowers), Dianchun Hall, Deyi Hall (joy), and Yuhua Hall (wealth). Although it is hard to find the original version of all these pavilions, the wonderful meaning of happiness is well demonstrated from every splendid hall and delicate subgarden with a similar subtopic, which offered a great chance for his family and himself to enjoy it. For instance, Deyi Hall was for enjoying the beauty of the nature (e.g. the sounds of wind and water); Wanhua Chamber was for flowers and precious stones; Dianchun Hall was for local opera; Yuhua Hall was a studio (Table1)❶.

Furthermore, every subtopic indicates stories which were depicted and developed by pavilions, courtyards, materials, details and scenarios of the subgarden (Table1). For example, in the subgarden of Sanhui Hall (Figure 3.39, Table1), windows and doors are decorated on the main halls with the images of rice, wheat, and vegetable, which are insignia of harvest, the subtopic of Sanhui Hall❷. Another example, the subgarden of Wanhua Chamber refers to a story of an old tree. It is said that Pan's father planted the ginkgo at the front of Wanhua Chamber and he enjoyed it very much. Every elegant hall or pavilion in this subgarden has its own use, activities and stories which are also matched with the subtopic of 'Wanhua'. Every tiny space cell, scenic building, object and detail in the subgarden represents the similar names, story, event, topic and feeling again and again. These sub-topics are derived from the main subject of the garden——'peace and pleasure'; meanwhile, they develop their own stories (Table1), but they neither copy nor photograph, rather, they try to interpret the main theme❸. Nevertheless, a leading storyline can be found in every subgarden. By doing so, the garden becomes more and more complex in a different version and dimension, while the meaning and feeling of the place becomes stronger and stronger by the user and for the user. At the same time, the narrative structure with 'stories in a story' is well connected with the physical structure at different levels and dimensions of the garden (Table1).

Meanwhile, four distinct relationships between stories formulate the whole structure of narrative to project onto the physical structure in the garden, e.g. the parallel topic, overlapping topic, single-embedded topic and double embedded topic. For instance, the storyline of thousands of flowers in the suborder of Wanhua Chamber is considerably independent from that of local opera in the suborder of Dianchun Hall; while the suborder of Deyi Hall shares a story of 'Shan Hui Chuan Mei' in a twin courtyard with Dianchun Hall. In the suborder of Dianchun hall, two paralleling plots unfold: one is connected with the performance of traditional drama; the other one is related to the story of the rebel

opposite

❾ According to *The Oxford English Dictionary*, here "poetry" mainly means the expression of elevated thought and deep feeling, "adapted to stir the imagination and emotions, both immediately and also through the harmonic suggestions latent in or implied by the words", materials, images and their scenario actually used. Certainly, 'poetry' in Yuyuan Garden is embodied within the dimension of literature rather than aesthetics, such as, in semantic linkage rather than visual relation, which is conveyed by stories, poems, names, images, materials, activities, and narrative structure in the garden. Various source, see, J. A. Simpson and E. S. C. Weiner, *The Oxford English Dictionary*. 2nd eds. (Oxford:Clarendon Press, 1989), 1120.

❶ Xuke Cheng and Tao Wang (2000). *The History of Garden in Shanghai*. Shanghai: Shanghai Academy of Social Science Press.

❷ Shanghai Administration of Yuyuan (1999); Cheng and Wang (2000)

❸ Keswick (1978)

set up by Xiaodao Hui (Table1). The story of Jiushi Xuan, for instance, is put into the Subtopic in the section of Deyi Hall. Redundant spaces are also available for creative users[1]: some undefined or useless spaces in the garden make it possible for users/clients to make their story and to reconfigure the garden, for instance, festival shows about folk stories are seen on the water in the section of Huxin Ting every year. Eventually, the whole structure of story-narrating in Yuyuan can be mapped onto the diagram of the physical structure).

In this regard, the integration of narrative system and physical structure in Yuyuan not only makes it possible for the designers and owners to develop their own stories during the process of reconfiguration but also offers a great chance for visitors and users to choose and imagine. Next, what kinds of vocabulary are used to narrate these stories/meanings in the garden?

Diverse Vocabulary Type and Placement

In the Chinese garden, people are used to describing literary allusions in the names of courtyards and buildings, in poems of "painting", and in the images of carving. In Yuyuan Garden, generally, three varied types of vocabulary, text, image and material, are employed to deliver the stories, and to connect the garden with deep feeling as an integrated whole.

Firstly, as Cao and Gao(1990) noted in the novel 'The Story of the Stone', without its distinguished words or texts[2], the Chinese garden and pavilion could never be regarded as finished, such as names, poetic couplets, and "the appreciative poems of visitors, often written to commemorate particularly enjoyable days or elegant gatherings"[3]. Every pavilion in Yuyuan Garden holds its own nice name (Figure 3.36, 3,37), such as Tingtao Ge (pavilion compounding with the sound of water), Jiyu Shui Lang (rainy corridor), Deyue Lou in the subgarden of Yuhua Hall. The gardener also made sure most of the objects and their scene in the garden are worth the name during the process of construction. In Yuyuan Garden, some names of pavilion are borrowed from popular poems. The title of Deyue Lou, for instance, with the idioms of "Hao Yue Qian Li" and "Han Tian Yi Lan" comes from a famous poetry sentence. The couplets and poem commonly are inscribed on the pillars of the pavilion (e.g., the stages in Dianchun Hall and Inner Garden), hanging on either side of the gates, or in the halls, are often written by famous calligraphers. The couplets and poems usually describe the scenario of the local scenery connected with an imaginative vision of the related events.

Secondly, images in the pavement, windows, and on the walls or roofs elaborate vivid allegory of peace and pleasure (Figure 3.41, 3.42). A series of brick carvings of "GuoZi Yi" and Twenty-four Picture, for instance, imply the feeling of filial piety

[1] Jonathan Hill(2003). *Actions of Architecture: Architects and Creative Users*. London: Routledge.

[2] Cao,Xueqinand EGao(1990). *The Story of the Stone*. Edited by Chinese Institution of Fine Arts. Beijing: The People's Literature Publishing House.Originally, it was pulished in 1763. XueqinCao (1738-1815) and EGao (1724-1765), were Chinese writers in Qing Dynasty. The novel *The Story of the Stone* is also *Dream of the red Chamber*.

[3] Keswick (1978), P150

of Pan to his parent[1]. These thoughts are conveyed from generation to generation. Again, numerous clay/wood sculptures of deer, cranes, figures and flowers with special literary story are decorating roofs of buildings, and door-heads (Figure 3.36). Plenty of ornamental images (e.g., animals and props with religious signals) are embeddedin windows, and pavement as well.

Finally, the distinctive sounds, light, water, color and trees, change from season to season[2], attract visitors to explore meanings beyond visual images in the garden, such as humanity, harmony, timelessness and dialectic.

Although these various texts, images and materials often serve as artifacts in the garden, they show the feeling of peace and pleasure and link the objects and courtyards in meaningful complexity to the scenery of the garden in the literary way, and rehash over the time by different users at different time (Lu, 2007).

Non-linear Linkage of Narrative

To create inspiring and effective narrative linkages, the designer normally employs diverse strategies based on probabilities of story-telling, such as flash in or out, jump off or on, and interlude[3]. For instance, nine sculptures of dragons, symbolizing immortality, are fixed up in the garden here and there. Some of them are flying on the garden walls; some are lying on the edge of a false mountain; some are hiding on the roof of a pavilion and others are riding on the gateways (Figure 3.40, 41, 42). Undoubtedly, they become a thematic prop or clue in the garden.

The storyline in the garden is above all an on-going process, unfolding stories in a non-linear[4] order rather than exploding at one moment. Most of this narrative information would flash in and out around this detour when visitors wander through the garden. Eventually, names of pavilion or poems of scenarios build up to the climax of the story[5]. Without these hints at due points in advance, the deep feeling and climax would be difficult to understand. In the subgarden of Sanhui, once again, the main topic of the storyline is 'harvest', and two embedded storylines, i.e. 'long-living' and 'domestic affair', are simultaneously developing in the subgarden(Figure 3.39). With regard to the topic of long-living, the storyline is quite intricate (Figure 3.47). The nice corridor connecting Sanhui Hall and Wuhua Hall, called "Jian Ru Jia Jing"(Figure3.46), means the visitor can catch the splendid landscape at his or her own pace. The idiom could be regarded as the tying part, while the whole corridor acts as an untying role during the process[6]. Unexpectedly, one elegant rockery, named "beautiful lady", is arranged in the middle of the walkway of the corridor, and suddenly cuts in on a queue (Figure 3.33, Points 7-8, Figure 3.24). It might be called a suspense which embedded a story in the corridor. Definitely, it brings about an "emotional shock of surprise" with an episode. Then the corridor leads to three

[1] Xuke Cheng and Tao Wang, *The History of Garden in Shanghai*. (Shanghai: Shanghai Academy of Social Science Press.2000),266. The poem is called, in Chinese, "近水楼台先得月".

[2] Jonathan Hill(2003). *Actions of Architecture: Architects and Creative Users*. London: Routledge; Shao Ming Lu (2007). *Space Plot*. Beijing: China Architectural and Building Press.

[3] Bernard Tschumi(2005). *Event-Cities 3: Concept vs. Context vs. Content*. Cambridge, Massachusetts: MIT.

[4] Non-linear normally covers two points: one means a story without storylinewith an open beginning/end; the other refers to an irregular order of the storyline. Here, this essay emphases the later meaning: different storylines with an irregular order overlap with each other.

[5] Lu (2007)

[6] In terms of the definition of tying and untying, see, for example, Aristotle (384-322 BC), *Poetics*. Translated by Gerald F. Else, (Ann Arbo: The University of Michigan Press, 1967), 49.

directions, among which is to the Wangjiang pavilion on top of the huge artificial mountain (Figure 3.24).

During the course of the spatial choreography, the system of space plot provides the designer with a flexible tool to project his complex poetry onto the physical structure, and hooks visitors' attention/ a suspense to the next scene step by step. What's more, these marvellous strategies of narrative stir up the visitor's imagination to discover the endless peace, pleasure and immortal in the garden beyond the structure.

Narrative in Space Cell: content -scenario

Besides the non-linear storyline in the whole structure, narrative, rather than visual interaction, combines a space cell and its elements into a poetic scenario as a unity. The choreography of elements within it could not be ignored. An important parameter of complexity which exists in a space cell is the theme of the designer, which is closely related to the content of a literary story. In other words, it is the story or poem that combines these elements together. Actually every scenic building and its scene share a poem and a story. In the subgarden of Sanhui Hall, for instance, what underpins the theme of Juan Yu Lou ('Yu', here, means rain) and its scenario is Bo Wang's (649-676) poem and story of Tengwang Ge Xu, which describes a special scene of one famous building, the weather and the mountains[1]. It is not difficult to find that the layout of the mountain, the water, and the pavilion in this section tend to imitate the scenario of Bo Wang's story. In addition, the poem is used to refine the construction of the scene. For instance, in the subgarden of Dianchun Hall, a space cell depicts the meaning of a poem, which can be experienced by visitors over time: The cloudy-like rockery, false mountain with endless spring, two-floor pavilion with elegant balustrade, and beautiful trees together sing out a poem[2]. Particularly, the content of a poem helps Cheng and his team to repair the scenario and its objects in the 1980's. Certainly, "not all meaning is verbal: the sensual and emotional aspects of garden art exist prior to and perhaps beyond words". Eventually, it becomes the context in the garden. The content of the poem provides a definitive coherence, meanings or concept to these elements in the garden. Therefore, a poem or literary story is not an ornament, but a soul of the spatial structure.

Of course, the system of space plot is mostly supported by the spatial/ narrative structure and these elements. The irregular physical structure provides sufficiently numerous and flexible routes and leads to a sequence of stories/ events, which offers huge possibilities for the narrator to employ the marvellous strategies and register in deep feeling beyond the need to identify the garden[3].

[1] Bo Wang (649-676), Chinese poet in Tang Dynasty, the author of the poem Tengwang Ge Xu 滕王阁序. The sentence described in the essay is called, in Chinese, "珠帘暮卷西山雨", which comes from his poem.

[2] Cheng and Wang (2000), op.cit., 265. The poem is called, in Chinese, "花木阴翳，虚槛对引，泉水萦洄，精庐数楹，流连不尽".

[3] Hunt (2000)

On the other hand, the narrative system is not simply a reflection of the geometric/ physical system, but can not be independent of it. What's more, the topics and poetry guide the designer to create, refine and organize the spaces and their elements, and non-linear storylines enable the designer to develop, re-edit and reorganize the spatial structure and its objects. At the left of the courtyard of Wanhua, for instance, a narrow space cell $B1^{ii}$ is enclosed by a zigzag corridor and a white wall (Figure 3.25). Small as it is without accessible walk ways, it is filled with green bamboos and vegetable (i.e. pleasure with thousands followers), which not only resonates with the subtopic of Wanhua Hall "thousands of flowers", but also reinforces the main topic of the Yuyuan garden "pleasure". Furthermore, these lattices of Wanhua Chamber are adorned with images of flowers and plants, such as plum blossom, orchid, bamboo, and chrysanthemun (Figure 3.27), which highly represent the subtopic again. The theme of the garden becomes a thread in the constructive process as well as in the cognitive one. Without the stories and narrative rhetoric, the physical structure would be discursive, the reconfiguration of the garden would be out of control, and the garden might lose the great sense of poetic coherence, deep feeling and elevated thought.

Therefore, the poetry of the garden could be explored in the configurative process, i.e. the narrative/physical structure, vocabulary, linking strategies, contents and contexts, which formulate the spatial language of the garden——space plot.

Conclusion

Space syntax is unsuitable to examine the meaning and feeling in the Chinese garden owing to four main limitations within a social dimension, although it could examine the cognitive complexity in the garden to some extent. In contrast, space plot demonstrates considerably the essence of structure both in the syntactic sense and semantic way. This new language of the garden space, through vocabulary, linkage, content and structure, offers an effective approach to linking the physical system with its poetry during the formulating process as well as the cognitive process (Table 2). In Yuyuan Garden, the visitor does not remain a cold spectator and is carried forward, "not by a restless desire to arrive at the final solution, but by the pleasure activity of the journey itself"[1]. This is mainly due to the configurative poetry of the garden-space plot.

[1] Dewey (1958), p5

Of course, every language has its own context. When and where could this new language of the garden's space be applied? What kind of philosophical ideas are related with it? Those should be clarified in the future.

Acknowledgements: Special acknowledgement goes to Iain Borden, Jonathan Hill, Bill Hillier and M Batty.

附2 Poetry-configuring in Yuyuan and Rousham Garden[1]

Abstract: The mechanism of poetry-configuring in Sino-English gardens might inspire (landscape) architects to make places today. Owing to a node-edges fractal structure, complete narrative system and Taoism, the poetry in Yuyuan garden is formulated in a way of idealism, which affordsa great sense of pleasure, peace and 'piousness'. In contrast, based on the agricultural scale and Epicureanism, the 'ambiguous' poetry in Rousham garden is certainly controlled by the vistas and objects in a way of 'realism', which mainly conveys the General Dormer's desire of 'subjugation'.

Introduction

The Chinese garden has been something of an enigma in the western world since Marco Polo's voyages in the thirteenth century[2]. Based on the travelers' tales, William Temple (1628-99) used a term "Sharawadgi" to describe the irregular way of layout in Chinese gardens[3]. In the eighteenth century, instead of speculating on the second-hand material, William Chambers (1723-96) viewed, through architectural experience, the decorative arts in Chinese gardens as a similar way of gothic aesthetics, and imitated a Chinese pagoda at Kew Gardens[4]. During the nineteenth century, the Chinese garden, as "chimera" and "splendid museum" has attracted English and French soldiers for its antiques[5]. In the twentieth century, Hunt and Keswick devoted themselves to investigating the arts of Chinese gardens with the views of philosophy, painting and literature[6], but the characteristic Chinese garden is still so grotesque as people don't know whether the garden stops or continues[7]. Contrarily, nowadays the English landscape is a welcome style in the Chinese park. What's the relationship between Chinese and English gardens? Compared with the direct interaction between Chinese and Japanese gardens (or European and English gardens), it might be vague, but the mystery between Sino-English gardens is still an interesting subject of (landscape) architectural study. Using two cases, Yuyuan in Shanghai and Rousham garden in Oxfordshire, the essay is to examine the similarities and differences between them in a way of mechanism and methodology, rather than the way of history and theory.

---

[1] 该文对应书中的第4章第3节跨文化视野下的比较研究。最初写于2009年作为笔者在伦敦大学UCL巴特莱特建筑学院做博士后的部分研究成果，未正式发表。

[2] MarcoPolo, *Travels in the Land of Kubilai Khan* (London: Penguin Books, 2005). Marco Polo first travelled to China in 1271. He has been to Beijing, Yangzhou and Hangzhou, where several famous gardens had been built.

[3] See S. Langand N. Pevsner. Sir William Temple and Sharawadgi, *The Architectural Review*, Vol 106 (December 1949):391-3; William Temple,"Upon the Gardens of Epicurus" (i.e. "Of Gardening, in the year of 1685"). In *Miscellanea, the Second Part (1690)*. Cambridge: Cambridge University. Originally published in 1685, just after Shen Fo-tsung visited London and Oxford in 1684-1685.

[4] WilliamChambers, "Designs of Chinese Building, Furniture, Dresses, Machines, and Utensils" (originally published in 1757). In *The Genius of the place: the English Landscape Garden 1620-1820*. Ed.John Dixon Hunt and Peter Wills(London: Paul Elek, 1975), pp. 283-8; William Chambers, *A Dissertation on Oriental Gardening* (London:?, 1772), See, http://ringmar.net/europeanfury/?page_id=121(accessed 28th Jan. 2009);

[5] As Victor Hugo(1802-1885) depicted in his "The Sack of the Summer Palace", *UNESCO Courier*, (November 1985). Originally it was a letter which Hugo wrote to Captain Butler on 25th November 1861. http://findarticles.com/p/articles/mi_m1310/is_1985_Nov/ai_4003606 (accessed 10th February. 2009). We also can find that plenty of objects/paintings have been collected in British Museum at that moment.

Comparable Cases: Yuyuan and Rousham Garden[1]

Yuyuan: a classical garden in Shanghai

Yuyuan is located in the old downtown of Shanghai. After the formulation of Shanghai in the mid-sixteenth century (Ming Dynasty), some wealthy families and retired officials moved to Shanghai and built private gardens there owing to the kind climate and location, one of which was Yuyuan Garden[2]. It was originally laid out in 1559 by an officer named Yunduan Pan[3]. It took him twenty years to build the garden. Since then, it has been repaired, reorganized and reconstructed several times. Now Yuyuan is one of the treasures of garden art in Jiangnan. Although it has an area of about five acres, or 20,000 square meters (Figure4.38), the garden offers unexpected views, as it accommodates almost all the surprising and delightful elements of a city garden, such as more than 30 buildings and their labyrinth[4].

Rousham Garden: a unique mixed English garden

Rousham garden, an eighteenth-century gardens in England, is located in the Cherwell Valley eight miles north of Oxford. The main building, Rousham House, has been owned by the family of Dormer since the 17th Century. The earlier gardens, kitchen gardens and a walled garden with a dovecote, are quite formal, dating from the 17th century. Between 1738 and 1741, the owner, General James Dormer (1679-1741), invited William Kent (1685-1748) to extend the house and reorganize the garden within the 25-acre garden, which heralded a new age in the English garden design, and it is regarded as the watershed[5]. Now most elements of the garden, such as seven arched Praeneste, the pyramid, the Townsend's Building, the ponds and cascades in Venus' Vale and the Cold Bath, still remain as Kent left (Figure 4.39)[6].

These two gardens are chosen as case studies because the author considers them as distinct examples of the poetry-configuring which have several comparable factors.

First, Yuyuan and Rousham are typical and enjoy high reputation of the tiles of national cultural relics in their own context. Second, serving as private gardens, both of them provide the places for their pleasure as well as the tools of binding their kinships/property together[7]. Third, both of them are quite small and densely-built gardens with a modest size. Yuyuan, of course, is dense but not crowed. Compared with a other eighteenth-century gardens in England (e.g. Stowe landscape garden and Blenheim Palace's garden), Rousham garden is considerably 'tiny' and dense. Forth, both of them are of irregularity in terms of the layout of the buildings, walkways and planting(Figure4.38,4.39) Especially,

---

opposite

[6] See, John Dixon Hunt, *Greater perfections: practice of garden theory* (London: Thames &Hudson Ltd, 2000); John Dixon Hunt, Verbal versus Visual Meanings in Garden History: The Case of Rousham. In *Garden History: issue, approaches, methods*. Hunt, John Dixon ed. (Washington, D.C.: Harvard University ,1992). pp 151-81; Maggie Keswick, The *Chinese Garden: History, Art and Architecture* (London: Academy Wditions; New York: St. Martin's Press, 1978). Maggie Keswick (1941-1995).

[7] Jean Baudrillard and Jean Nouvel, *The Singular Objects of Architecture*, translated by Robert Bononno (Minneapolis:the University of Minnesota Press, 2002); Maggie Keswick(1978), *op.cit*. p7.

[1] The term of 'Classical garden', in China, normally refers to the garden with a traditional style and value for a long time, particularly has been made in a historic period before the years of 1840s. Although Yuyuan was partially repaired after that time, it is commonly regarded as a classical garden in Shanghai. Restrictedly, Rousham garden is not a classical but mixed garden in England. Here, it is roughly called a classical garden.

[2] JunTong, *Glimpses of Gardens in Eastern China* (Beijing: China Architecture and Building Press, 1997); Yuezhi Xiong, *The History of Shanghai* (Shanghai: Shanghai People's Press, 1998); Xuke Cheng and Wang Tao, *The History of Garden in Shanghai* (Shanghai: Shanghai Academy of Social Science Press, 2000).

[3] Shanghai Administration of Yuyuan,*Yuyuan Garden*(Shanghai: Shanghai Fine Arts Press,1999).

[4] Maggie Keswick(1978), *op.cit*. pp.125-7; Xuke Cheng and Wang Tao(2000), *op.cit*.

[5] Ibid. John Dixon Hunt(2000).

previous page

[6] Various sources, see, for example, Development and Property Services. *Rousham(including Lower & Upper Heyford) Conversation Area Appraisal.* (Oxford, Cherwell District Council, 1996(5));Mavis Batey, The Way to View Rousham by Kent's Gardener, in *Garden History*, Vol. 11, No. 2 (Autumn, 1983) pp. 125-132; http://www.rousham.org/; http://en.wikipedia.org/wiki/Rousham_House;http://www.dicamillocompanion.com/Houses_hgpm.asp?ID=3455; http://www.britainexpress.com/counties/oxfordshire/houses/Rousham.htm (accessed 20th March, 2009).

[7] Simon Pugh, *Garden-nature-language* (Manchester: Manchester University Press, 1988).

[1] Wangwei (698-759) was a Chinese poet, painter in Tang Dynasty. Most of his works were quite simple but meaningful, which were mainly related to the ideas of Taoism.

[2] ChengJi, *The Craft of Gardens*, trans. Alison Hardie, (New Haven, CT, and London: Yale University, 1988), first published in 1582.

[3] Maggie Keswick(1978), *op.cit.*

[4] Jonathan Hill, *Actions of Architecture: Architects and Creative Users*(London: Routledge, 2003); Jonathan Hill, 'Drawing forth immaterial architecture', *Architectural Research Quarterly*. Vol10, (No1 2006), pp. 51-55.

[5] J. A. Simpson and E. S. C. Weiner, *The Oxford English Dictionary*. 2nd eds. (Oxford: Clarendon Press, 1989),p.1120.

[6] These words comes from one of lectures on Le Corbusier's journey to South America (1929-1930), source: RIBA Trust. Le Corbusier: The Art of Architecture, (Liverpool: The Crypt, Liverpool Metropolitan Cathedral, Exhibition, 02/10/2008-18/01/2009), 2nd Section: Le Corbusier1929-1930.

[7] JunTong(1997), *op.cit.*

the circulation systems in Yuyuan and Rousham are distributed asymmetrically. The open-sided corridors and non-linear walkways follow the boundary of the stream, twist up/down/through the mountains and disappear behind the landscape, all of which constitute the walkway systems and connect garden buildings and scenes: in Yuyuan, zigzaged circulations are embedded in a circulation system; in Rousham, these curved or straight paths link the terminals. Furthermore, the distinguishing feature of choice and change is very similar in the two systems, which undoubtedly comes from the irregular structures (Figure 4.40, 4.41). Last, these two gardens could be regarded as autobiographies, in which the poetry and meanings are embedded maximally. In Chinese gardens, as Cheng Ji Suggested, the layout of the objects, walkways, rivers and mountains should lie between being and non-being and give rise to the feeling expressed in Wang Wei's line[1] and his poem[2]. Particularly in Yuyuan, the garden became autobiographical landscape of Pan[3]. In the eighteenth century, as Hill mentioned, the appreciation of the picturesque gardens developed in England alongside the increasing value given to subjectivity, such as William Kent's design for Rousham garden[4].

Similarities of the Poetry-configuring

What does "poetry" mean? According to The Oxford English Dictionary, the first connotation of "poetry" refers figuratively to something resembling poetry, such as a similar metrical quality in terms of rhythm embedded in the form and structure. "Poetry" also means the expression of elevated thought and deep feeling, "adapted to stir the imagination and emotions, both immediately and also through the harmonic suggestions latent in or implied by the words", materials, images and their scenarioes are used[5]. Besides, as Le Corbusier (1929/1930) indicated, "techniques are at the very base of lyricism" [6]. In another words, "poetry" is also related to the technique and strategies of rhetoric in a way of literature and arts.

In terms of rhythm, the space cells and the homogeneous elements (e.g. pavilions/statues/ courtyards and scenes) are represented with rules in the gardens over and over again, which give rise to a similar metrical quality. In Yuyuan, a scenic building with a name and scenario is set up in every courtyard, which produces similarities. Particularly, the images of dragons resemble 'alliteration in the whole of spatial organization. As Tong noted in 1930s, like a symphony, garden's spaces and elements operate with different rhythm on numerous levels at the same time, from small to big, from void to solid, from low to high, from here and there[7]. In general, the poetic rhythm is generated in Yuyuan, mainly due to iterative representation with a node-edges based fractal model (Figure 4.40). In Rousham, by contrast, based on an axis-based network with open edge, visual terminals and corridors are represented in the way of rhythm (Figure 4.41). For example, several statues are employed along the river with a similar size and theatrical background, which could be constantly seen from the waterfront meadow, which create a special poetic effect resembling echoes[1].

With regards to the imaginary feelings and meanings, the harmonic landscape stirs the great sense of the associated painting and poem, projecting it onto the materials, images, color, light and scenarioes. The irregularity and ambiguity also provides the possibility of the imaginary and the sense of romance for the creative users/visitors. In the subgarden of Sanhui Hall (Yuyuan), for instance, what underpins the topic of Juan Yu Lou ('Yu' means rain) and its scenario is BoWang's (649-676) poem and his story of Tengwang Ge Xu, which describes a special scene of a famous building, the mountains and weather[2]. Without doubt, one of the meanings conveyed by the mountain, the water, and the pavilion in this subgarden is connected to the content of Wang's poem (Figure 4a). In Rousham, Hunt explored the relationship between pastoral landscape and Alexander Pope's poem[3]. In other words, the quality of the picturesque poetry which Kent conveys into the garden is similar to an imaginary landscape painting which Pope appreciates in his poem (Figure 4.43).

In terms of the rhetoric of poetry in the gardens, the designers normally employ diverse strategies based on probabilities of linkage, such as flash in or out, jump off or on and interlude[4]. To create inspiring and effective narrative linkages, two key strategies are normally used to choreograph the structure of the garden: 'tying' and 'untying'[5]. In the gardens, boundaries of scenes play a "tying" role in implying a poetic story in the next scenes; objects and its details exhibited in scenes often act as "untying" roles in highlighting the scenarios and their meanings. In Yuyuan, for example, the strategies of tying (Figure 4.44), such as names of the subsections of Dianchun, are frequently employed at the edges of space cells before the shift from the subgarden of Yuhua Hall. The idiom with the title of "Shan Hui Chuan Mei", hanging on the gateway of one small twin space cell which is situated between these two subgardens, vividly elaborates on the scenery behind it and serves as a tying role; while most of the elements in the next courtyard untie the story of "Shan Hui Chuan Mei". Besides, the twin space cell, as a unit, connects the two sungardens and acts as a tying role between them. In Rousham, the walls enclosed the kitchen garden and the visual corridor, e.g. Long walk formulated by trees, could serve as tying roles[6] (Figure 4.44, 45).

What's the reason for these similarities between Yuyuan and Rousham garden? Is there any relation between these classical Sino-English gardens? Although there

[1] Gerhard Bissell, 'Rousham inside and out', *Studies in the History of Gardens & Desiagn Landscapes*, 29:1,(2009), pp. 33-43.

[2] Xuke Cheng and Wang Tao(2000), *op.cit.*

[3] John Dixon Hunt (1992), *op.cit.*

[4] BernardTschumi, *Event-Cities 3: Concept vs. Context vs. Content* (Cambridge, Massachusetts: MIT, 2005).

[5] Aristotle. *Poetics*, translated by Gerald F. Else. (Ann Arbor: The University of Michigan Press,1967), p. 49.

[6] In terms of tying and untying, Pugh(1988) also mentioned in *Garden-nature-language* when he reviewed a letter related to Rousham garden in a way of experience rather than configuration.

is little evidence to show the direct/clear interactions, the possible discourse between William Temple and a Chinese, Shen Fo-tsung, might formulate the relation between them. William Temple's essay "Upon the Gardens of Epicurus" was published in the year of 1685, just after Shen Fo-tsung visited London and Oxford in 1684-1685[1]. Temple also illustrated an irregular layout of planting and routes in Chinese gardens, in which a distinct Chinese-style bridge was also exhibited (Figure 4.60). This kind of landscape and bridge used to be built in the Summer Palace (Beijing) and countryside around Nanjing/Suzhou at that monment, with which Shen, as a Nanjingnese, could have be familiar. During the journey in Oxford and London, Shen would make the some contributions to William Temple's ideas, essay and his illustration. Temple wight have met up with Shen and discussed the differences between European, English and Chinese gardens as Temple was composing his essay. Without doubt, Temple's essay about Sharawadgi offered a window for the Englishto take on the Chinese style in the eighteenth century[2]. That should be interesting aesthetics for Alexander Pope and William Kent, as the irregular character of the detour could be found in the plan of Pope's garden[3], a similar circulation in Rousham garden designed by Kent, too. That could be a possible relation between the Chinese garden and Rousham garden, while it is not key reason for the essence of the poetry-configuring in these two gardens.

Generally, the poetry in these two gardens has similarities, mostly due to the method of garden-design. Both of them are configured by the clients/owners (i.e. Pan and Dormer), professional designers (i.e. Pan and Nanyang Zhang[4] for Yuyuan; Bridgeman, Kent and Scheemakersfor Rousham garden) and poets (such as Bo Wang's poem in Yuyuan; Pope's contribution in Rousham). In Chinese gardens, Yuyuan too, landscape painting and literature are typically developing in parallel, frequently coincided, which play important roles in the generation of a poetic theme, and the garden-place records both what a poem narrates and a painting conveys[5]. Similarly in Rousham, as Pugh mentioned , 'According to Woodbridge, Pope as a regular visitor to Rousham from 1728, specifically in 1736 and1739, just before and just after William Kent started work', and "Kent's reworking of Rousham is thirty-five years after Pope's *Discourse on Pastoral Poetry* defined the pastoral as 'delightful'"[6]. Pugh also pointed out that Kent followed Pope by presenting a pastoral image of natural scenery[7]. Furthermore, Kent learnt a lot of Italian landscape painting and interior design of theatrical scenes in Roma[8]. Nevertheless, these two garden-designers/ owners dedicated themselves to endowing the whole gardens with the paintings and poetry through physical structures, landscape scenes and objects, and the poetry and painting are the actual parts they play in design and configuration of these gardens[9].

[1] S. Langand N. Pevsner (1949), *op.cit.*

[2] Ibid.

[3] John Serie, *A Plan of Mr. Pope's Garden* (Los Angeles:University of California, The Augustan Reprint Society, 1982), oringinally published in 1745.

[4] Nanyang Zhang designed and was responsible for the huge false mountain in the subgarden of Sanhui Hall.

[5] John Dixon Hunt(2000), *op.cit.*

[6] Woodbridge, 'William Kent's gardening: the Rousham letter', *Apollo*, 100(October 1974), pp.282-91, 286; Simon Pugh(1988), *op.cit.*, pp.15-18.

[7] Simon Pugh (1988), *op.cit.*

[8] Margaret Jourdain, *The Work of William Kent: artist, painter, designer and landscape gardener* (London: Country Life Limited, 1948).

[9] John Dixon Hunt (2000), *op.cit.*

So, whichever styles they are, literature (poem, allegory and novel), painting and gardening influence each other and work together, which gives rise to the similarities in Yuyuan and Rousham garden (Table 4.6, 4.7).

Furthermore, two ways, 'environmental psychology' and 'depth psychology', normally link the environment and human being's feelings[1]. The feelings in Yuyuan are extremely influenced by the second way. That is to say, the owner's feelings 'project' onto the elements and scenes of the garden in which he lived, studied and entertained[2]. Rousham garden, by contrast, is influenced by two ways: in the original parts and 'wild' landscape, the emotions of the designer follow the moods of rural nature; while the garden is built and changed partially according to the owner's emotion, particularly in eastern scenes and their statues. So it can be found that elements (whatever living trees or non-living stones) in these two gardens have been transformed, shaped and become subjective, which convey and stir possible imagination of poetry[3]. That is the right reason for the similar poetry-configuring in these two gardens.

However, Yuyuan and Rousham garden develop their own distinct language of poetry and the mechanism of the poetry-configuring.

Differences of the Poetry-configuring

Actually, these two gardens express different themes: piouness and sugjugation. In Yuyuan, the whole meaning is extremely clear, "Yuyuan", i.e. peace and pleasure, which is written on the door-head of the entrance of the garden and narrates the purpose of garden-configuring. Pan built this garden particularly for his parents to enjoy a tranquil and happy time in their old age (Figure 4.50). What's the theme in Rousham? Hunt argued that a couple of images of statues, carving and texts were related to a religious theme (e.g. Death)[4], but he has not inspected the essential meaning of the garden, for Temple argued that "death was nothing to us, being simply the privation of feeling"[5]. As a General, James Dormer could have a strong desire for sugjugation, i.e. to control pavilions, beasts (e.g. lion and horse), men(e.g. Shepherd, Dying Gladiator and Apollo), women (e.g. Venus,) and rural nature in the whole garden, where he could live and entertain with great pleasure. Sugjugation! Although it is not easy to be found in entirety of structures/objects and seems to be ambiguous, this could be the right theme of Rousham garden (Figure 4.51, 4.54).

How can the objective be achieved?

First of all, the different poetry is supported by different physical structures.

In Yuyuan, based on nodes and edges, the spatial structure is considerably fractal: gardens in one garden and stories in one story at different levels and

[1] Thomas Thiis-Evensen, *Archetypes in Architecture* (Oslo: Norwegian University Press, 1987), p.8; John Dewey, *Art as Experience*, 13th ed. (New York:: Capricorn Books, 1958). p.16, 246.

[2] John Dewey (1958), *op.cit.*

[3] Jonathan Hill (2006), *op.cit.*; Maggie Keswick(1978), *op.cit.*

[4] John Dixon Hunt(1992), *op.cit.*

[5] Richard Faber, *The Brave Courtier: Sir William Temple.* (London: Faber and Faber, 1983), p.139, in the section of 'ancient and modern'.

scales. The garden consists of seven main sub-gardens, e.g. the subgarden of Sansui Hall (A), Wanhua Chamber (B), Dianchun Hall (C), Deyi Hall (D), Yuhua Hall (E), and the Inner Garden (F) (Figure1a, 2a), and every subgarden is composed of tiny gardens. These enclosed space cells or tiny gardens are the basic component of the spatial structure (Figure 4.40), though it is quite difficult to find a landmark in the whole garden. At the same time, these enclosed subgardens interpret the theme of 'Yuyuan' simultaneously, and every subtopic also indicates stories which are depicted and developed by tiny-courtyards, pavilions, materials, details and texts. For instance, 'Deyi' Hall is for enjoying the beauty/ sounds of the nature, and 'Wanhua' Chamber is for flowers and precious stones❶. In such a way, the spatial structure with a narrative system represents the thematic feeling and meaning in a way of iteration over and over again. In contrast, based on visual linkages, the spatial structure in Rousham garden is mixed. There are also several sub-gardens in Rousham Garden: the kitchen gardens are enclosed by bricked-walls, and the eastern parts are open to countryside with ha-ha and river (Figure4.43), but the garden develops around one leading building--Rousham House. That's to say, it serves as a landmark in the garden, where Dormer could inspect everything in the garden . Although every sub-garden in Rousham has considerably different elements/ styles for different functions: fruits and vegetables in the kitchen garden, an old church in the west section; a bird-house in the pigeon garden and a meadow in the paddock❷, wild forest and gothic objects in the east parts imply the main idea of Dormer through a clear structure (Figure 4.41); most terminal points with theatrical scenes represent the possible theme——sugjugation. For example, in 1740, Dormer invited Scheemaker to design the special statue of 'Horse and Lion' between the formal and informal landscape.

Then, different linking systems show different feelings in the structures.

In yuyuan, the linking systems are composed of endless waterways , embedded pedestrian and poetic content/contexts , which overlap at different levels and scales beyond perceptibility and elaborate on the endless pleasure and meanings over and over again. The linkage systems have the power to conjure up all these related elements (solid) and mini-courtyards (void) and provide huge chances to establish possible interaction between space cells and their nodes (Figure 4.40, 4.41). Furthermore, the linking systems in Yuyuan tend to be in the semantic dimension rather than visual relation. That's to say, the poetry in Yuyuan Garden is embodied within the dimension of literature rather than aesthetics (Figure 4.47). For instance, one famous scene in the subgarden of Sanhui Hall depicts the context/scenario of

❶ Shanghai Administration of Yuyuan, Yuyuan Garden (Shanghai: Shanghai Fine Arts Press, 1999), Preface and Xuke Cheng, *The History of Garden in Shanghai*. (Shanghai: Shanghai Academy of Social Science Press, 2000), 261-9

❷ John DixonHunt and Peter Wills (ed.), *The Genius of the place: the English Landscape Garden* 1620-1820(London: Paul Elek, 1975).

a famous poem. These windows with a couple of images also deliver meanings of the places and define the edges of spaces. "It is very hard to draw clear distinctions between the painting of places, place-making and, by implication at least, writing about such places"[1]. Hence, in Yuyuan, the narrative linkage is a necessary approach to convey the owner's feelings and meanings beyond the physical environment, and the narrative system hooks the visitors' anxiety to discover the endless peace and pleasure in the garden. However, the whole structure in Rousham garden is combined by vistas' organization, and the location of pavilions/ statues normally are determined by the principle of composition and visual axis. For example, most terminals (e.g. the statues, pavilions) in eastern parts of Rousham, are controlled and connected by Kent's professional visual system. Margaret Jourdain revealed that "Kent's scheme was to create from these existing elements a sequence of painter-like compositions, so that each, when reached, opened a view to the next" immediate termination in forms of a statue, a vase/obelisk or a garden building[2]. Obviously, "Kent aimed at securing attractive vistas and prospects"[3]. For instance, Venus's Vale with a rustic frame to a cascade faces towards the river undergrowth and evergreen. The seven-arched portico (Praeneste) backed by trees overlooks the statue of Apollo and the river; and the view of the bridge is opened up to form a picturesque object at the farthest point[4]. In other words, everything in the Rousham garden could be inspected and mastered by the owner/client/user, which could match the meaning/ feeling of Dormer well . That could be the actual reason that the general asked Kent to re-design the garden. Besides the visual connection and composition, there are few narrative systems and strategies to link the meanings/feelings and the spatial structure in Rousham. No windows are decorated with images in the garden except the Rousham House. As an artist, Kent argued that the aesthetic idea (i.e.paintings, drawings and illustrations) more than the literal description of the experience is a substitute for the logical presentation of the poetry[5]. In such a sense, the 'poetry' in Rousham is being in visual arts rather than in verbal meanings, although a similar style/quality of beauty about rural landscape between Kent' garden and Pope's poem can be examined[6]. Yet, it doesn't mean the theatrical scene in Rousham couldn't convey the comprehensive meanings and feelings (Figure 4.45, 4.51).

[1] John Dixon Hunt(2000), *op.cit.*, p.144.

[2] MargaretJourdain(1948), *op.cit.*, p.76-77.

[3] Ibid.

[4] MargaretJourdain(1948), *op.cit.*, p.76-80.

[5] Simon Pugh(1988), *op.cit.*

[6] John Dixon Hunt(1992), *op.cit.*

Next, different vocabularies of the poetry are used in these gardens.

In Yuyuan, a great deal of water, covering about 38% of the land, is quite popular, which connects the garden spaces and expresses endless pleasure. In contrast, the green grass (e.g. slope and meadow) covers more than 50% of the land in Rousham garden and shows the sense of endless pleasure (Figure 4.41). Then, architectural elements, rather than natural elements, are employed in Yuyuan garden to define the garden-spaces and convey the meaning of the garden directly. Every subgarden has its own main hall with a meaningful name and couplets (Figure 4.44). Totally the garden buildings occupy 18% of the garden. However, in Rousham, trees/woods (about 20%), rather than architectural elements, define the garden-spaces and formulate the vistas (Figure 4.45). Furthermore, texts employed in Yuyuan are very diverse and readable within the complete system, such as names, poem, couplets and images, which act as references to express the meaning of the garden clearly (Figure 4.53-4.55). Compared with Yuyuan, the texts and narrative system adopted in Rousham are few and discrete, just the ownership of the objects, functional names on the list, the number of the years, and religious images on the building (Figure 4.59a). For example, a gothic seat is made by 'William Kent', a sculpture is called 'Lion and Horse' by 'P. Scheemaker 1740', a church is built in 'c.1200', religious signals/texts are printed on statues or windows[1]. Although it could rarely be found the direct relation between texts and theme, the main storyline encodes these statues through the projected mood of the figures (Figure 4.52, 4.54).

Additionally, different models and styles are employed in the gardens.

In Yuyuan, these landscape elements are normally symbol of the nature, as the designers imitate elements from the natural geography, such as waterscape, tree-scape and rock-scape, using different methods of transformation to fit the small world. With ideal building, path, plant, rock, water and their relatively location, a space cell as well as the whole garden actually acts as a miniature of the nature. What's more, this miniature and its elements can be editable according to meanings and situations (Figure 4.43). For instance, in the subgarden of Yuhua Hall, every space cell enjoys its own amazing props and interaction. The right tiny-garden accommodates two buildings (Tingtao Ge/Belvederes and Hanbi Lou/Tower); the left tiny-garden of Cuangshu (library) Lou has one gallery, one library, one pond edged with trees in the front of the library and one courtyard with false rockeries; the centric tiny-garden enjoys a huge "lake" and famous rockery and the main hall; and maze of walkways (e.g. bridge, corridors and paths) and waterways connect these tiny gardens . Most of the elements are man-made nature (Figure 4.53). So, in Chinese Gardens, there are normally "a series of miniature centers and the fact that the garden goes on and on interminably"; it is the miniature that provides "a continuously interesting experience" to pursue the limitless, idealist time, space and pleasure[2]. Particularly, as the British Museum shows, one of pictures of Yuyuan (i.e. vase-shaped door-way and its

---

[1] See the tourist map of Rousham.

[2] Charles Jencks, "Meanings of the Chinese Garden", in *The Chinese Garden: History, Art and Architecture*. Maggie Keswick, (London: Academy Editions, 1978), pp.193-200, p.200.

scene) is exhibited as typical evidence to describe the theme of 'the world in miniature' of ancient China. Under this circumstance, the poetry in Yuyuan is generated in a model of idealism (Figure 4.60). However, in Rousham, based on agricultural scales and rural dimensions (Figure 4.61), most of the landscape is built following the "first nature"[1] and serves as picturesque fragments of the rural landscape, whatever beautiful, wild or innocent it is. For example, the groves, paddock, cascade and river are (re) presented with the scale of 1: 1, and statues of figures are also made in real scale (Figure 4.43). Moreover, as John Macclay mentioned in a letter to the wife of the cousin of General Dormer, the garden is quite productive[2]. For instance, cabbages, coalworts, lettuce, onions, horseradish, grapes, mulbetty, pears, cherries, vine, milk, eggs and butter could be available in the garden[3]. So, the picturesque in Rousham is formulated in a way of cultural materialism/ realism (Figure 4.63). Nevertheless, the visitor is carried forward, not only by mechanical impulse of curiosity, but also by the pleasure and meaning of the journey itself[4].

[1] John Dixon Hunt (2000), *op.cit.*, p.51.

[2] Simon Pugh(1988), *op.cit.*, pp. 46-71.

[3] Ibid.

[4] John Dewey (1958), *op.cit.*

Why do these two gardens configure so different poetry?

First: different owners' purposes and situations. To express the feeling of filial piety, Pan built the garden-spaces with story-telling scenes for his parents to enjoy endless pleasure in Yuyuan within the downtown of Shanghai. Of course, it could not be easy to obtain a land estate in the town, and owners subdivided the garden constantly to make full use of the site. Besides, the smaller the courtyard, the more easily accessible for users and visitors to touch the nature; the denser information is habituated in the garden, the intenser feelings they can experience; the more intricate the garden, the more pleasure and possibility they get to forget the noise outside the walls. In such a sense, Yuyuan is more complex and dense than Rousham. In Rousham garden, however, whatever formal or informal parts, landscape serves as a tool of both pleasure and profit. Kent planted the wild landscape and made theatrical scenes in the eastern parts for Dormer to show his power/energy to his friends, particularly at the festival and holiday ; meanwhile, the groves could provide possible resource for the family and market to meet the need of building material due to the shortage of woods after the inner war in the eighteenth century[5]. Additionally, the wild rural landscape could made labour-free and low-cost management possible. So the poetry in Rousham is considerably expressed with a mixed purpose of profit (Figures 4.56-4.59).

[5] Simon Pugh(1988), *op.cit.*

Second: different users and their lifestyle. In Rousham, based on the agricultural dimension and plots, the gardeners developed the garden to present a new working country life owing to a rural professional[6]. The users can

[6] Margaret Jourdain(1948), *op.cit.*; John Dixon Hunt(1992), *op.cit.*; Simon Pugh (1988), *op.cit.*

walk, run, dance, picnic, exercise, and do gardening as well as work on the site. Particularly, they can ride a horse or a vehicle as they are walking or working. Thomas Jones' photos (e.g. " view of Rousham"), and those sketches of the garden drawn by Kent show that gentlemen were riding horses and a garden worker was assisted by a gharry[1]. So, Rousham could be viewed as a poetic machine for the beasts to some extent[2](Figures 4.58-4.59). However, it has no evidence showing that a visitor can ride a horse when visiting the Yuyuan Garden. Instead, based on the bodily scale, the garden is for Pan' parent/ family where they can stroll, and the spatial division, 'hide-seek' model and thematic scenes are suitable for ordinary lives and medium exercises. Especially, most of Chinese women at that time couldn't run freely because of their bound feet. Inevitably, all the spaces and objects in the garden (e.g., the courtyards, the walkways and the holes in the mountains) should meet their needs, regarding scale, speed, suitible activities and favourites, where they could enjoy the nature. If they were walking slower in the garden, they could obtain more information, such as, the name of the subgarden, the poem in the pavilion and the image in the windows. Actually most Chinese people would like to walk and watch around when roaming in the garden. Hence, compared with Rousham, Yuyuan could be regarded as a poetic place for the human body.

Third: different designers and their profession. The main original designer of Yuyuan is the owner of the garden, Yunduan Pan. Like the other traditional Chinese scholars, he built the garden as he composed poem or essay, and most followers represented, repaired and reorganized the garden according to his ideas. By contrast, a professional landscape designer, Kent, was appointed to remodel the Rousham garden's skeleton, which was probably drawn up by Charles Bridgeman (1690-1738, the royal gardener) in1725[3]. With an artist's eye, Kent made full use of an irregular shape of the site and the curve of the River Cherwell, and carefully mixed natural landscape, screens of trees, statues with rural wildness. He also combined the English and the Italian landscape (Figure 4.60), which was inspired by ancient Rome, particularly in the visual design of theatrical interior and landscape paintings of Claude Lorraine[4]. Eventually Kent transformed the formal style of English gardens into a natural one. So the poetry-configuring in Rousham is quite mixed.

Last: different philosophical ideas. Commonly, Chinese gardens illustrate the naturalist philosophy well[5]. What kind of philosophical ideas are profoundly related to the poetry-configuring in gardens. Taoism in *I Ching*! According to *The I Ching*, Taiji is iterated by two elementary forms, Yang and Yin, or Sun

---

[1] Margaret Jourdain(1948), *op.cit.*, p.163; John Dixon Hunt(1992), *op.cit.*, p.197.

[2] Simon Pugh(1988), *op.cit.*

[3] Development and Property Services. *Rousham (including Lower & Upper Heyford) Conversation Area Appraisal.* (Oxford, Cherwell District Council, 1996(5));Mavis Batey, The Way to View Rousham by Kent's Gardener, in *Garden History*, Vol. 11, No. 2 (Autumn, 1983) pp. 125-132.

[4] Margaret Jourdain(1948), *op.cit.*; Simon Pugh(1988), op.cit.

[5] JunTong(1997), *op.cit.*; Cheng Ji(1988), *op.cit.*; Maggie Keswick(1978), *op.cit.*

and Moon; then, Yang and Yin become young 'Taiji' iterated by four emblematic symbols, Spring, Summer, Autumn and Winter... Eventually, the hierarchical order with fractal❶ between levels is well defined (Figure 4.64), which could be formulated for interpretation of the law of change of nature❷. That is also suitable for explanation of the garden-generating and its poetry-configuring. Actually, most of the Chinese owners, designers, constructors and literati follow this naturalistic principle of Taoism to make an idealist miniature subconsciously when operating/arranging the garden spaces, elements and energies; meanwhile, they rebuilt, repair and represent gardens to express the philosophical idea by making ideal scenes and objects as seen in poetry and paintings at different ages/sites over and over again; particularly, they pursue an endless poetry "at an infinitely possible variety of overlapping rates and tempos" ❸. Owing to a different philosophical approach, however, English gardens in the eighteenth century were of a considerable different type. Epicureanism had a certain popularity in the seventeenth and eighteenth centuries England❹. In the essay 'Of Gardening' (1685), Temple praised Epicurus though the natural philosophy lacked demonstration. In the essay 'Of Poetry' (1690), he also implied that "pleasure could be said to be everybody's end, whether this were admitted or not"❺. So epicureanism could be the moral rule of the eighteenth century garden of Britain, which eventually formulated a collective spirit during the garden-making. In Rousham, the individual feeling of Dormer overlaps this collective pursuit unconsciously, and then, the theme of the poetry, 'sugjugation', is configured.

❶ The difference between the diagram of I Ching and fractal model is about the discharge during the process.

❷ James Legge, trans. *The I Ching: Book of Changes*. In *Sacred Books of the East*, vol. 16. (Oxford: Clarendon Press, 1899); Huaijing Nan, *Interpretation of I Ching* (Shanghai: Fudan University, 1997).

❸ Maggie Keswick(1978), *op.cit.*, p.133-4.

❹ Richard Faber(1983), *op.cit.*

❺ Ibid., p.137.; William Temple, "Of Peotry". In *Miscellanea, the Second Part* (Cambridge: Cambridge University,1690)

Table4.6 The Poetry-configuring: Comparative Study on Yuyuan and Rousham Garden

	Yuyuan: a Chinese garden in Shanghai	Rousham: an English garden in Oxfordshire
Comparable		
1. Private garden	Classical and typical	Mixed and watershed
2. Small and densely-built	Small and densely-built (20,000m²)	Small and densely-built (100,000M²)
3. Irregul ur Structure	Non-linear and complex	Informal and natural
4. Poetry	Pleasure	Pleasure
Similarities (Connotation of the poetry)		
(a) Rhythm: alliteration metrical quality	Iterative representation; homogeneous elements	Represented statues as echo
(b) Possible Imaginary: linkage	Bo Wang's poem	Alexander Pope's poem
(c) Rhetoric: tying and untying	Walls/buildings and texts	Walls/ visual corridor and terminal
The Reasons for Similarities		
1. Possible inter-relation	Shen Fo-tsung visited Oxford in 1684-1685	Temple's Of Garden published in 1685

续表

	Yuyuan: a Chinese garden in Shanghai	Rousham: an English garden in Oxfordshire
2. Design method	Chinese literature	English literature
	Chinese painting (landscape)	Italian painting (landscape)
	Chinese gardening	English-European-Chinese gardening
3. Interaction between feelings and environment	'depth psychology': the mood of the owner projects on to the outer world	'environmental psychology' and 'depth psychology': following and projected
Differences (Theme/ Mechanism of the poetry-configuring)		
1. Theme and meaning	piouness	subjugation
2. Physical structure supported	Node-edges with fractal: gardens in a garden and stories in a story	Mixed: Formal and informal, path-nodes
3. linking system	Tree-liked waterways, embedded walkways with 'circulations in a circulation'	Composition and vistas
4. Vocabulary	Waterscape, Architectural elements, enclosed edges, texts/images with a complete narrative system, man-made	Green and topography, trees and groves, open boundaries, Terminals and statues, few texts, natural and wild
5. Model and styles	Editable Space-cell, Scene with story-telling;	Theatrical scene; Topography and Horticulture
	Control of the meaning; Hide-and-seek	Control of the vistas
	Miniature(1: X)	Agriculture dimension/scale(1: 1),mixed landscape
	Symbolism and idealism	Cultural materialism/realism
Reasons for differences		
1. Owner's Porpuse/ situation	For parents to enjoy their everyday lives/ express the feeling of filial piety; in the downtown	Show the power/ pleasure as well as profit; countryside
2. User and lifestyle	Poetic machine for beasts	Ideal place for human body
3. Designer and profession	Literature; typical;	Artist and landscape designer; mixed the English countryside and the Italian landscape; transformation
4. Philosophical ideas	Taoism in I Ching: rules of change	Modern Epicureanism in Of Garden: moral rule

Table 4.7 Elements of poetry-configuring in gardening

		The title of Elements	References and Notes
1	connotation	Rhythm	Iteration/similarity/flash in/Montage
2		Imaginary	Images/symbols/allusions/metaphor/simile/ambiguity in ways of shape/sight/sound/sense/structure/meaning
3		Feeling/meaning	Concept/thought/meaning/Stories
			Scenario /context with object/element
			events/activities
			Overlapping Collective spirit and individual feeling (client/owner, designer, user and visitor)
4	Inner mechanism	Linkage and Rhetoric	Location of elements on the node-edge Choice of materials and details Shape of objects
5	Inner mechanism	Structure	Lay-out and distribution of elements Interaction/symbiosis of objects and scenarioes
6		Vocabulary	Text/name/poem/couplet, image, object/material

续表

	The title of Elements		References and Notes
7	Outer mechanism	Nuturalist Philosophy	Taoism/ Epicureanism
8		Literature	Poem/ Novel
9		Landscape painting	Idealism/Surrealism, Materialism/Realism; Chinese, European
10		Gardening	Horticulture, Topography
11		Geography	First nature, Second nature and Third nature
12		Financeand Management	Real Estate

Conclusion

Although these two gardens, Yuyuan and Rousham garden, enjoy a similar rhythm, imagination and rhetoric of poetry to some extent, owing to the possible inter-relation and design method, different mechanism of the poetry-configuring are employed by these two gardens, and they convey distinct themes, feelings and meanings. Based on a node-edges structure and a complete narrative system with fractal, the poetry in Yuyuan is generated in the way of idealism, which affords a great sense of pleasure, peace and 'piousness' to Pan's parents, visitors and miniatures. Based on countryside dimension and agricultural scale, the 'ambiguous' poetry in Rousham garden, in contrast, is certainly controlled by the composition and vistas in a way of 'realism', which conveys the General Dormer's desire of 'subjugation' and pleasure, as well as profit. The poetry-configuring is also related with the philosophical ideas: Taoism for Yuyuan and modern Epicureanism for Rousham. Besides, those factors (e.g. the situation, owner's purpose, user's lifestyle and designer's profession) give rise to different poetry in Yuyuan and Rousham garden (Table 4.6). However, there are still lots of discussions about the inter-relation between Sino-English gardens, which might be an effective vehicle to inspect the interaction of traditional culture between two countries.

Nevertheless, (landscape) architects today can be inspired by the poetry-configuring in Yuyuan and Rousham garden, not only the connotation of the poetry (i.e. rhythm, imaginary, rhetoric and meanings), but also the complex mechanism/method of the poetry-configuring in built environments. That's to say, the poetry is configured in places mainly due to inner factors (e.g. vocabulary, linkage and structure) and outer factors (e.g. Literature, Painting, Geography, Finance and Philosophy) (Table 4.7).

Acknowledgements

Great acknowledge goes to Jonathan Hill as this essay.

附表

豫园文学性媒介（楹联）　　　　　　　　　　　　　　　　　　　　　　　　　　　附表1

子园	建筑/设施/小品	位置	位置	楹联文字	撰写者	书写者
三穗堂区	三穗堂	堂内	门前柱	山墅深藏峰高树古，湖亭遥对桥曲波皱		
		堂内	堂内庭柱	秋水藕花潭蟾窟流辉楼台倒影涵金粟，晓风杨柳岸莺梭织翠村巷随声纬木棉	王萃馨	殷宝酥
		堂内		此即濠间非我无鱼皆乐境，恰来海上在山水有遗音		
		正堂	堂前石刻	海上名园	江泽民	江泽民
	仰山堂	堂内北侧	堂内庭柱	馆葡深亭高敞效敬恭于明神，山荤确水沧涟极林泉之幽致	毛祥麟	毛祥麟
	卷雨楼	楼内	楼内庭柱	邻碧上层楼，疏帘卷雨，幽间临风，乐与良朋数晨夕；送青仰灵岫，曲涧闻莺，闲亭放鹤，莫教佳日负春秋	俞樾	许宝骧
			楼内庭柱	楼高但任云飞去，池小能将月送来	沈炳垣	陶澍
	望江亭	亭内	亭柱	凌虚瞻极浦风帆梢头秋色，俯视挹层楼斛影石畔波光		
	翠秀堂	堂内	堂内庭柱	花香入室春风霭，曙色凝堂淑气浓		
万花楼区	亦舫	堂内	堂内庭柱	以舫为室何妨小，与石订交不碍奇	江湄	
	鱼乐榭	榭内	榭内	鱼乐人亦乐，水清心也清		
	两宜轩	轩内	榭内匾额两侧	闲秀秋水心无事，静得天和兴自浓	王涛	
	万花楼		楼内庭柱	桂馥兰芬水流山静，花明柳媚日朗风清		徐永章
			匾额两侧	春风放胆来梳柳，夜雨瞒人去润花	郑板桥	郑板桥
点春堂区	点春堂	堂内	堂内庭柱	胆量包空廓，心源留粹精	沈尹默	沈尹默
	打唱台(凤舞鸾鸣)		台正中壁	小刀会址忆陈刘，一片红巾起海陬；日月金钱昭日月，风流人物领风流。玲珑玉垒千钧重，曲折楼台万姓游；坐使湖山增彩色，豫园有史足千秋	郭沫若	郭沫若
			台东侧角柱	大地春回看处处柳眠兰笑，小园宛住听声声燕语莺歌		
			台南侧角柱	一曲薰风允矣阜财能解愠，三生拳石宛然含笑共争妍		
			台西侧角柱	花扫闲阶仰仙子凌波未去，榻悬高阁迟诗人扶杖邀游		
			台北侧角柱	遥望楼台斜倚夕阳添暮景，闲谈风月同浮大白趁良辰		
	快楼	楼檐	楼内庭柱	曲槛遥通沧海月，虚檐不隔泖云峰		
	和煦堂	堂内	匾额两侧	风媛鸟声碎，日高花影重	阮元	
		堂内		六艺笙簧百家枕籍，流声金石落纸云烟	徐渭仁	徐渭仁
玉华堂区	玉华堂	堂内	堂内庭柱	清妙合天机水色山光相上下，玲珑开胜景云轩月榭互参差		
			堂内	芳邻栋宇香雪缤纷庚岭□，遗迹岩阿灵株仿佛陈□□❶	张炳	闻诗
	得月楼	围墙月门外侧	围墙月门两侧	云捧月华缎如紫贝花无数，砥平土脉胎自乌泥泾有灵		
		围墙月门内侧	围墙月门内侧两侧	罗列峰峦阶除旧迹支机石，涵空杼轴亭榭新秋促织声		
			楼内庭柱	近水楼台先得月，临流泉石最宜秋	陈从周	陈从周
			楼内庭柱（现在跂织亭内）	劫过鹤归来喜花外众山依然无恙，主贤若忘返同叶根三宿未免有情	如山	如山

❶ 此处楹联中三字毁于"文革"，已无从得知。

续表

子园	建筑/设施/小品	位置	位置	楹联文字	撰写者	书写者
玉华堂区	绮藻堂	天井东端廊上	廊东墙	新桂香涵金粟影，支机圆转玉梭声		
			堂内庭柱	大海实能容且放过蛮布来航蜃楼作市，明月不常满乃令见天孙织锦神女凌波	王萃龢	王萃龢
			堂内庭柱（现在得月楼）	经纬皎星河勤策间阁同效绩，岩阿遭杖履履书平准尚留模	杨洵仁	
			堂内庭柱（现在三穗堂）	秋水藕花潭蟾窟流辉楼台倒影涵金粟，晓风杨柳岸莺梭织翠村巷随声纬木棉	王萃馨	殷宝龢
内园区域	静观厅	厅内	厅内庭柱	城池巩固似金汤看园林苍翠生意满前洵足开人眼界，大水渊源同玉牒对庙貌丹青威灵在上允宜荐我心		
		厅内"静观"上方	厅内庭柱	灵爽所凭池台依旧辟闻存片名园有记耐摩挲，劫灰幸免丹腹重新眼底沧桑此地能全宝护惜		
			厅内庭柱	沧桑惊迭变幸此地林泉无恙咸沐神庥，栋宇喜重新看满园花草有情俱含生意		
			厅内庭柱	人事咸茫茫御大灾捍大患仰赖神祇轮奂重瞻新栋宇，朋纵来济济集众思广众益无分宾主清幽共赏旧园林		
			厅内庭柱（现悬可以观）	世事几沧桑看危亭耸军高阁还云幸此地园林无恙，岁时陈俎豆愿玉烛和调薰弦解阜仗明神呵护有灵	秦祖泽/盛锺珊	
			厅内庭柱	岩壑在中庭对烟复云环何殊神岛，壶觞宜小驻觉流水花放别有人间		
	观涛楼		一层庭柱	且欣昵只窥岩壑，便抱清晖就白云	姚文栴	
			二层庭柱	山乃华黄以上，仙亦洪浮之流		
				别开茶熟香温地，补莳凌霜傲雪花	阮元	简照南
				得好友来如对月，有奇书读胜看花	石范	石范
	耸翠亭	亭内	亭柱	翼然阆苑蓬壶上，卓尔瑶池翠水间		
	古戏台		台柱	天增岁月人增寿，云想衣裳花想容	俞振飞	俞振飞
	别有天	廊内	廊内	《重修内园记》碑	况周颐	
	可以观	厅内	轩内庭柱	世事几沧桑看危亭耸军高阁还云幸此地园林无恙，岁时陈俎豆愿玉烛和调薰弦解阜仗明神呵护有灵	秦祖泽/盛锺珊	
			匾额两侧	喜看稻菽千重浪，寥廓江天万里霜		
湖心亭区	湖心亭	亭外檐	亭内庭柱	野烟千叠石在水，渔唱一声人过桥	陶澍	陶澍
		亭内		渔烟千叠石在水，野笛一声人过桥		

醉白池文学性媒介（楹联） 附表2

子园	建筑/设施/小品	位置	楹联文字	撰写者	书写者
雪海堂区	西仪门	门两侧	寒依疏影萧萧竹，春催群芳冉冉香		盛庆庆
	雪海堂	堂内北墙	孙文总统演讲革命余音绕梁永世，雪海一堂会见松人殊荣传誉千秋	柯益烈	曹云歧
	东门楼	门两侧	竹送清溪月，松摇古谷风	董其昌	刘建民

续表

子园	建筑/设施/小品	位置	楹联文字	撰写者	书写者
醉白池区	池上草堂	檐下廊柱	秋月春光当前佳句，法书名画宿世良朋		
	四面厅	厅下南侧廊柱	卌年兴废池为鉴，异代风流石可扪	姚鹓雏	寿健人
	莲叶东南榭	榭内东侧廊柱	清池清水清心境清座赏清荷，幽树幽花幽静处幽窗观幽景		
	半山半水半书窗亭	亭外廊柱	竹树漏光藏曲径，亭台倒影落芳池		
		亭内西墙	十亩之宅，五亩之园。有水一池，有竹千竿。勿谓土狭，勿谓地偏。足以容膝，足以息肩。有堂有庭，有桥有船。有书有酒，有歌有弦。有叟在中，白须飘然。识分知足，外无求焉。如鸟择木，姑务巢安。如龟居坎，不知海宽。灵鹤怪石，紫菱白莲。皆吾所好，尽在吾前。时饮一杯，或吟一篇。妻孥熙熙，鸡犬闲闲。优哉游哉，吾将终老乎其间	白居易	
	乐天轩		画廉高卷迎新月，缃帙闲翻对古人		
	疑舫	六角门两侧	苍松奇柏窥颜色，秋水春山见性情		
玉兰院区	雪梅亭	亭外圆门两侧	梅逢瑞雪梅更白，雪伴寒梅雪亦香		
	晚香亭		幽香疏影宜摒俗，玉骨冰肌不染尘	沈元吉	

曲水园文学性媒介（楹联） 附表3

子园	建筑/设施/小品	位置	楹联文字	撰写者	书写者
凝和堂区	凝和堂	轩内	前杰联珠曲水留诗韵，时贤合璧芳园遗墨香	郝坞	余维廉
		轩南门柱	思往日小虫施虐敌寇欺凌千村薜荔万户萧疏庶黎运命何偃蹇，看今朝巨擘企筹人民创建百业兴隆九州欢乐祖国前程正炽昌	金七琴	施戈
		轩东门柱	凝重端庄礼士尊贤顺民意，和谐诚朴崇文尚义正世风	木夫	程振旅
		轩西门柱	世时稳定青城朱镇皆安谧，民众和谐白叟黄童并乐怡	江浸月	粹铎
	花神堂	轩南门柱	院径时时缘客扫，祠门日日为君开	天力	谢惠安
		轩南廊柱	青松寄志民安国泰，丹桂传情人寿年丰	戈贞木	戈贞木
植物庭院区	牡丹亭	柱上	红尘止步门墙外，野趣现身山水中	耕夫	周士胜
	水月亭	柱上	北望仲尼尊有道，西邻教祖论无为	贲青	晓鸽
	邀月廊	门柱	把酒邀明月，挥毫赞众芳	云开	舒明浩
荷花池区	恍对飞来亭	柱上	盈盈一水亭恍对，脉脉两情风月频传	东华	竹箫
	涌翠亭	门柱	池内好荷邀皓月，岸边嘉树集良禽	李恺	王春
	听橹阁	轩内墙	逆浪橹声传佳趣，穿林鸟影引遐思	虹桥居士	石禅
		门柱	阁临绿水夜听橹，廊傍清川朝看鱼	映竹轩主	孙建军

续表

子园	建筑/设施/小品	位置	楹联文字	撰写者	书写者
荷花池区	机云亭	门柱	闭门十载玉出昆冈，入狱一朝鹤唳华亭	周本清	谢惠安
	九峰一览	门柱	紫气东来沪渎风云呈眼底，瑞光西映淀湖烟霭敛胸襟	钱家祯	刘文刀
	佛谷亭	门柱	网开三面疏而密，石垒一山假亦真	周本清	汪凤刚
	小濠梁	现状无	人游濠上知鱼乐，客处山中悟鸟悠	陈孟华	李关清
	竹榭	轩北门柱	举目卧波莲叶异常碧，回眸映日荷花别样红		
		轩南门柱	榭内细研石鼓奇文，厅旁饱览竹林美景		
	写意亭	门柱	良辰美景摩肩入画，乐事赏心接踵来亭		
	迎曦亭	现状无	朝迎万缕阳光至，暮盼一行仙羽回	任意	冷泉
清籁山房区	镜心庐	门柱	野草闲花留春几日，苍藤古木着意千年	赵熹	赵熹
	衍圣亭		孔裔南迁衢州庙殿今犹在，圣苗东渐青邑门阁惟此亭	毓秀楼主	钟则均
	清籁山房	门柱	读圣贤书正心诚意志存高远，做平常事返朴归真冀清宁	三木	周士胜
		轩内	应时处世常三思，接物待人无两难	朱墅居士	陆长辉
西入口庭院区	茶室	轩内	品茗交友鸿儒雅士掀帘进，争宠传情奇木异花排闼来	宝良	唐伟明
	棋室	轩内	观棋犹阅世深悟弗言察灿烂，布阵即修身大赢如拙敛峥嵘	西井居士	赵福良
	石鼓亭	轩北	逢兽不栗为骛马，处災安宁方真贤	唐金海	唐金海
		轩南	马鹿永怜鸣硕树，鲤鲂同乐游清流	唐金海	唐金海
	西大门	门内	嘉树朝日秀，贤人逢时出	唐金海	唐金海
有觉堂区	玉字廊	轩内墙	曲水园纪游诗 彩云轮囷鹊噪屋，文星福星聚郁郁。 爱山已看横山横，恋水还寻曲水曲。 此间旧是青龙镇，创始钱由一文蓄。 年深土木焕神灵，九仞居然就新筑。 长廊互转客欲迷，仄径几穷路仍属。 亭前好鸟时一鸣，松竹雨馀净如沐。 方疑寂静即羲皇，岂料喧嚣在城郭。 流连胜赏不知暮，瑶席重开醉醽醁。 偶飘清吹叶宫商，空有妖伶艳罗縠。 兰镫错落千树悬，并与金波流穆穆。 满城士女走杂沓，神仙中人快瞻瞩。 向来佳构甲峰泖，春三二月多游躅。 洛社终因白傅传，习池那厌山公数。 却惭俗吏缚尘鞅，亦许追攀访林麓。 宾云会散鸿印爪，留得纱笼句争读。 至今花柳尚含情，再到不嫌幽兴熟		
	有觉堂	门柱	难得糊涂处，便为有觉时	瑞华	翁志勋
	舟居非水	门柱	脚下绝无狂狼起，眼前却有碧溪洄	梁帆	赵福良
	夕阳红半楼	轩内门柱	何嗟朝露闪一刻，但赏夕阳红半楼	王望	单震坤

秋霞圃文学性媒介（楹联） 附表 4

子园	建筑/设施/小品	位置	楹联文字	撰写者	书写者
桃花潭区	舟而不游轩	堂内南侧廊柱	池上春光早丽月迟迟天朗气清惠风和畅，草堂霜气晴秋飒飒水流花放疏雨相过	周承忠	张森
		堂内北侧廊柱	轩窗傍水琴书静，涧谷新晴草木香	周承忠	刘小晴
		轩南侧大方镜两侧	红藕香中一角雕栏临水出，绿杨荫里几双蜡屐过桥来	管廷祚/蒋伯亨	高式熊
		轩内庭柱	云树远涵青遍教十二阑凭波平水镜，山窗浓选翠恰受二三人坐屋小于舟		周慧
	丛桂轩	轩内庭柱	茶饮不系舟壶中得益，诗吟丛桂轩纸上留香	顾振乐	顾振乐
	即山亭	亭内庭柱	树老化龙易，亭高得月多	戴锷青	任政
	碧光亭	亭内屏风两侧	栏前观荷数鱼乐无穷，亭中吟诗赏月意更浓	忍夫	王仁元
		-	快哉此亭翼然临与池上，知者乐水从之宛在中央	周承忠/潘宗傅	刘一闻
	碧梧轩	轩内庭柱	四面围峦大地烟云此独静，十年树木洛阳花草与同春	冯诚求	刘小晴
		轩内庭柱	绿杨春蔼白苔夏香丹桂秋芳青松冬秀年年月月暮暮朝朝无古无今好景随时惬幽赏	周承忠	钱君匋
			霞阁东崇山亭西峙华池南绕镜塘北环左左右右前前后后可望可接清光满座绝尘怀		
	枕流漱石轩	轩内北墙	春色满园中有洞天蓄极则泄，幽亭枕水下临无地游以忘归	周承忠	周慧珺
		-	临溪而渔稻熟鱼肥信清美，凭阑遥瞩天光云影共徘徊	周承忠	张统良
	晚香居	轩内庭柱	涉趣溪边枕流漱石过砚室即山松风岭僻通幽径，碧光亭畔延绿归云沿草堂花树丛桂轩昂对曲桥	石凌鹤	顾廷龙
凝霞阁区	屏山堂	堂内廊柱	四季栽花雅兴名园通曲径，十年树木能支大厦有奇才	陈巽倩	李研吾
		室内屏门	芳草有情夕阳无语，流水今日明月前身	周承忠	袁寿连
		堂西墙	秋色满园古木寒潭堪入画，霞光遍地苍苔朱实促题诗	秦瘦鸥	单晓天
	依依小榭	阁内廊柱	艺柳五树归来可为栗里，有天一池优游不亚乐天	周承忠	俞尔科
	凝霞阁	阁内廊柱	楼高野兴多诉皓月而长歌但觉清风满堂，心超诗境外凭轩槛以遥望惟见远树含烟	周承忠	吴建贤
	环翠轩	阁内廊柱	馆宇清华竹木幽邃吟咏其间无复进取，碧藓丛绕翠微环列萧爽之气杜绝尘嚣	周承忠	周志高
	扶疏堂	阁内廊柱	花药分列林竹翳如每有会意，卉木繁荣和风清穆乐是幽居	周承忠	方传鑫
	彤轩	轩内东墙	赤为之小，禄在其中	周承忠	王壮弘
	聊淹堂	堂内廊柱	聊以拟伏腊，淹留忘宵晨	周承忠	胡考
	游骋堂	堂内北墙	古书有五车容终老优游艺圃，高才得八斗看后生驰骋文坛	周承忠	鞠晓枫
	闲研斋	斋内西墙	窗含远树通书幌，风飏残花落砚池	周承忠	韩天衡
清镜堂区	三隐堂	堂内屏风两侧	身居庙堂治国安邦平天下，隐归蒲川读书课子作文章	杨稼梁	杨稼梁
	补亭	亭内西墙	历尽风霜雨雪秋霞无恙，依然松竹梅兰旧圃逢春	王明珍	钱梦龙
	岁寒亭	亭西墙	翠竹绿柳鸟传话，红梅白李花中诗	白书章	白书章
邑庙区	城隍庙	殿内廊柱	为人固有良心初一月半何容烧香点烛，作事如违天理半夜三更须防我铁链钢叉		袁寿连

古猗园文学性媒介（楹联） 附表 5

子园	建筑/设施/小品	位置	楹联内容	撰写者	书写者
逸野堂区	逸野堂		古木葱笼飞鸟止，漪涟荡漾任鱼游	张森	
			径幽峰秀古槐送风超凡境，露冷风闲金桂飘香胜月宫		
	鸢飞鱼跃		石径漫步鸟传语，松下小憩花送香	秦昆	李研吾
竹枝子区	补缺亭		居安思危励精图治，盘游有度好乐无荒	李烈军	李赣驹
	南亭	檐下	风来满地水，雪到一天山		
柳带轩区	柳带轩		酒香留客住，诗好带风吟	钱元震	白书章
梅花厅区	微音阁		云表有奇翼，风声满清听	鞠国栋	苏渊雷
	梅花厅		池馆清幽多逸趣，梅花冷处得香遍	陈从周	
戏鹅池区	不系舟		十分春水双檐影，百叶荷花七里香	廖寿丰	
			欲问鹤何去，且看春满园	陆象贤	
	碑刻	白鹤亭旁水池	白鹤南翔去不归，惟留真迹在名基。可怜后代空王子，不绝重修享二时		
	浮筠阁		竹山映春色，鹅池寄情意	钱乃之	夏寿春

参考文献

[1] 陈从周. 说园 [M]. 上海：同济大学出版社，2002.

[2] POLO M. Travels in the Land of Kubilai Khan[M]. London：Penguin Books，2005.

[3] HUNT J D. The Genius of the place: the English Landscape Garden 1620-1820[M]. London：Paul Elek，1975.

[4] LANG S, Pevsner N, Sir William. Temple and Sharawadgi[J]. The Architectural Review. 1949（106）：391.

[5] 童寯. 东南园墅 [M]. 北京：中国建筑工业出版社，1999：206-210.

[6] HUNT J D. Garden History：Issue，Approaches，Methods[M]. Washington：Harvard University，1992.

[7] JENCKS C. Meanings of the Chinese Garden[M]. The Chinese Garden：History，Art and Architecture，Keswick M，New York:St. Martin's Press，1978，193-200.

[8] BRYANT S. The Classical Gardens of Shanghai[M]. Hong Kong: Hong Kong University Press，2016.

[9] 计成，陈植. 园冶注释 [M]. 北京：中国建筑工业出版社，1988.

[10] 彭一刚. 中国古典园林分析 [M]. 北京：中国建筑工业出版社，2008：53-57.

[11] 孙宇，冯仕达，刘世达. 苏州留园的非透视效果 [J]. 建筑学报，2016（1）：36-39.

[12] 鲁安东. 隐匿的转变：对20世纪留园变迁的空间分析 [J]. 建筑学报，2016（1）：17-23.

[13] HILLIER B. Space is The Machine：A Configurational Theory Of Architecture[J]. Journal of Urban Design，2007（3）：333-335.

[14] 陈从周. 园林谈丛 [M]. 上海：上海文化出版社，1980：116-125.

[15] 王伯伟主编. 建筑弦柱：冯纪忠论稿 [M]. 上海：上海科学技术出版社，2003.

[16] 程绪珂，王焘. 上海园林志 [M]. 上海：上海社会科学院出版社，2000：261.

[17] 朱宇晖. 上海传统园林研究 [D]. 上海：同济大学建筑与城市规划学院，2003.

[18] 上海市人民政府参事室文史资料工作委员会. 历史文化名城 - 上海（上海地方史资料6）[M]. 上海：上海社会科学院出版社，1988：65-91.

[19] 杨嘉祐. 古园重光五十年——修复豫园的一段回忆 [J]. 上海文博论丛，2006（4）：72-75.

[20] 唐明生. 海派园林 [M]. 上海：文汇出版社，2010.

[21] 陈喆华，周向频. 上海古典私家花园的近代嬗变——以晚清经营性私家花园为例 [J]. 城市规划学刊. 2007（2）：87-92.

[22] STINY G, Gips J. 'Shape Grammars and the Generative Specification of Painting and Sculpture' [J]. Segmentation of Buildings Fordgeneralisation in Proceedings of the Workshop on Generalisation & Multiple Representation Leicester，1972，71：1460-1465.

[23] Andrew I-Kang LI. Expressing Parametric Dependence in Shape Grammars，with an Example from Traditional Chinese Architecture[C]. CAADRIA，Proceedings of the Fourth Conference on Computer Aided Architectural Design Research in Asian,

Shanghai (China): 5-7 May, 1999, pp265-274.

[24] 刘滨谊. 风景景观工程体系化[J]. 建筑学报, 1990 (08): 47-53.

[25] HILLIER B. Space is the Machine[M]. Cambridge: Cambridge University Press, 1996: 65.

[26] 王伯伟, 王松. 中国传统建筑的组构图解——空间句法动线网络分析[J]. 建筑师, 2013 (2): 84-90.

[27] 陈烨. Depthmap软件在园林空间结构分析中的应用[J]. 实验技术与管理, 2009 (09): 87-89.

[28] CHOMSKY N. Syntactic Structures[M]. The Hague:Mouton, 1957.

[29] ARISTOTLE. Poetics[M]. Ann Arbor: The University of Michigan Press, 1967.

[30] 托多罗夫. 从《十日谈》看叙事作品语法[M]// 张寅德. 叙事学研究. 北京: 中国社会科学出版社, 1989:178.

[31] POTTEIGER M, Purinton J. Landscape Narratives: Design Practices for Telling Stories[M]. Chichester: John Wiley, 1998.

[32] 童寯. 江南园林志[M]. 北京: 中国建筑工业出版社, 1984.

[33] 陆邵明. 建筑叙事学的缘起[J]. 同济大学学报（社会科学版）. 2012 (05): 25-31.

[34] MOORE C W. The Poetics of Gardens[M]. Cambridge:MIT Press, 2012: 117-119.

[35] FRANCIS M, HESTER R T. The Meaning of Gardens: Idea, Place, and Action[M]. Cambridge: MIT Press, 1990.

[36] HERNAN D. Narratologies: New Perspectives on Narrative Analysis[M]. Columbus: Ohio State University Press, 1999.

[37] 申丹. 西方叙事学: 经典与后经典[M]. 北京: 北京大学出版社, 2010.

[38] HERMAN D. Narratologies: New Perspectives on Narrative Analysis[M]. Ohio State University Press, 1999.

[39] 索绪尔. 普通语言学教程[M]. 高名凯, 译. 北京: 商务印书馆, 1982: 26.

[40] 格雷马斯 A J. 结构语义学[M]. 蒋梓骅, 译. 北京: 百花文艺出版社, 2001: 2, 108.

[41] BARTHES R. Image-Music-Text. Trans, Stephen Heath[M]. New York: Hill and Wang, 1977: 5-10.

[42] 张隆溪. 故事下面的故事——论结构主义叙事学[J]. 读书. 1983 (11): 107-108.

[43] RAINEY H. The garden as narrative: Lawrence Halprin's Franklin Delano Roosevelt Memorial[M]. Places of Commemoration: Search for Identity and Landscape Design, Wolschkebulmahn J, in 19th Dumbarton Oaks Colloquium on the History of Landscape Architecture.Washington D.C.:1999, 377-416.

[44] 束晨阳. 富兰克林·德拉诺·罗斯福总统纪念公园[J]. 中国园林, 1988 (03): 59-61.

[45] 木青. 戴安娜王妃纪念园[J]. 中国园林, 2005, 21 (8): 54-55.

[46] 陆邵明. 当代建筑叙事学的本体建构——叙事视野下的空间特征、方法及其对创新教育的启示[J]. 建筑学报, 2010 (04): 1-7.

[47] 莫尔. 风景: 诗化般的园艺为人类再造乐园[M]. 李斯, 译. 北京: 光明日报出版社, 2000.

[48] TSCHUMI B. Event-Cities 3: Concept vs. Context vs. Content[M]. Cambridge, Massachusetts: MIT, 2005.

[49] CHILDERS J, HENTZI G eds. The Columbia Dictionary of Modern Literary and Cultural Criticism[M]. New York: Columbia University Press, 1995: 186.

[50] CRIPPA M A, Rykwert J. Carlo Scarpa: Theory, Design, Projects[J]. Design, 1986.

[51] CHANG L S, BISGROVE R J, Liao M Y. Improving Educational Functions in Botanic Gardens by Employing Landscape Narratives[J]. Landscape & Urban Planning, 2008, 86（3-4）: 233-247.

[52] WHITEMAN S H. From Upper Camp to Mountain Estate: recovering historical narratives in Qing imperial landscapes[J]. Studies in the History of Gardens & Designed Landscapes, 2013, 33（4）: 249-279.

[53] 俞孔坚, 刘向军, 李鸿. 田: 人民景观叙事南北案例[M]. 中国建筑工业出版社, 2005.

[54] 冯炜. 景观叙事与叙事景观——读《景观叙事：讲故事的设计实践》[J]. 风景园林, 2008（02）: 116-118.

[55] 杨茂川, 李沁茹. 当代城市景观叙事性设计策略[J]. 新建筑, 2012（01）: 118-122.

[56] SZABO L. New Period of Memorial Places? The Possibilities of Architectural Thinking that form Individual and Collective Process of Remembrance[J]. New Arch-International Journal of Contemporary Architecture, 2016（3）: 17-25.

[57] CURTO G. Chaos and Borges: A Map of Infinite Bifurcations[J]. Anuari De Filologia-Literatures Contemporanies, 2017（7）: 33-47.

[58] BAUDRILLARD J, NOUVEL J. The Singular Objects of Architecture[M]. Twin City: University Of Minnesota Press, 2005: 9-13.

[59] ALRAGAM A. Critical nostalgia: Kuwait Urban Modernity and Alison and Peter Smithson's Kuwait Urban Study and Mat-Building[J]. Journal of Architecture, 2015, 20（1）: 1-20.

[60] 王东昱. 上海与苏州古典园林的比较分析[J]. 中国园林, 2011（04）: 78-82.

[61] 吴为廉. 海派园林漫谈: 苦难的历程[J]. 人文园林, 2012（6）: 27-29.

[62] 罗小未. 上海建筑风格与上海文化[M]. 上海: 上海人民美术出版社, 1996.

[63] 上海市南市区志编纂委员会编. 南市区志[M]. 上海: 上海社会科学院出版社, 1997: 262-892.

[64] 曹晟. 夷患备尝志[M]. 上海: 上海古籍出版社, 1989: 130.

[65] 顾炳权. 上海风俗古迹考[M]. 上海: 华东师范大学出版社, 1993: 138.

[66] 中国地方志集成. 上海府县志辑2[M]. 上海: 上海书店出版社, 2010: 781.

[67] 上海市青浦县县志编纂委员会编. 上海府县志辑6[M]. 上海: 上海人民出版社, 1990: 695.

[68] 崔勇. "真"的感悟品读秋霞圃[J]. 园林, 2000（5）: 10-11.

[69] 中国地方志集成. 上海府县志辑7[M]. 上海: 上海书店出版社, 2010: 692.

[70] 中国地方志集成. 上海府县志辑8[M]. 上海: 上海书店出版社, 2010: 618.

[71] 沈福煦. "上海园林赏析"之三: 嘉定园林赏析[J]. 园林, 1998（3）: 12-13.

[72] 郭风平. 中国园林史[M]. 西安: 西安地图出版社, 2002: 5.

[73] 杜力. 传统园林文学物象的视觉认知解析——以海派古典园林为例[D]. 上海: 上海交通大学, 2017.

[74] COLLINS P. Changing Ideals in Modern Architecture（1750-1950）[M]. Kingston,

Ontario: McGill-Queen's University Press, 1998.

[75] 王振超, 胡继光, 夏冰. 园林设计 [M]. 北京: 中国轻工业出版社, 2014: 203.

[76] 王爱民, 李新国. 上海古猗园竹造景与竹文化 [J]. 竹子研究汇刊, 2009, 28 (2): 59-62.

[77] 陈继儒纂. 松江府志 [M]. 北京: 书目文献出版社, 1991: 1226.

[78] 应宝时, 俞樾, 方宗诚. 同治上海县志 [G]: 6.

[79] 朱宇晖. 江南名园指南 [M]. 上海: 上海科学技术出版社, 2002: 141.

[80] NORBERG-SCHULZ C. 场所精神——迈向建筑现象学 [M]. 施植明, 译. 台湾: 田园城市文化事业有限公司, 1995.

[81] 王琪森. 老城隍庙豫园的楼匾楹联 [J]. 新华月报（上半月）, 2007 (09): 102.

[82] 郭俊纶. 上海豫园 [J]. 建筑学报, 1964 (6): 19.

[83] 陆琦. 上海松江醉白池 [J]. 广东园林, 2017 (5): 93-96.

[84] 中国地方志集成. 上海府县志辑 6[M]. 上海: 上海书店出版社, 2010: 212.

[85] 彭正飞. 上海古猗园发展与保护 [J]. 河南科技, 2010 (8X): 207-208.

[86] 夏寿春, 罗漫, 何天缘. 南翔古猗园 [G]. 上海: 园林杂志出版社, 1999: 29.

[87] 薛理勇. 文以兴游——豫园匾对、碑文赏析 [M]. 上海: 同济大学出版社, 1987: 17-18.

[88] 上海豫园办公室. 上海豫园 [M]. 上海: 上海人民出版社, 1982: 6.

[89] 文志英, 井竹君. 分形几何和分维数简介 [J]. 数学的实践与认识, 1995 (4): 20-34.

[90] 陈萧枫, 蔡秀云. 分形图在装饰工程中的应用 [J]. 图学学报, 2001 (3): 114-119.

[91] MARTIGNONI J. Fractals of nature (Botanical Gardens of Medellin) [J]. Landscape Architecture, 2008, 98 (9): 52.

[92] LU S. Hidden orders in Chinese gardens: Irregular Fractal Structure and its generative rules[J]. Environment & Planning B Planning & Design, 2010, 37 (6): 1076-1094.

[93] TONDER G J V. Recovery of visual structure in illustrated Japanese gardens[J]. Pattern Recognition Letters, 2007, 28 (6): 728-739.

[94] POWERS M J. Garden rocks, fractals, and freedom: Tao Yuanming comes home (The importance of the handscroll 'Tao Yuanming Returning to Seclusion' for documenting the visual expressions of personal freedom in mid-Song times) [C]. 1998.

[95] 热拉尔·热纳特, 王文融. 新叙事话语 [M]. 北京: 中国社会科学出版社, 1990.

[96] 谢雪梅. 虚构叙事中时间的分形 [D]. 浙江大学, 2006.

[97] LEGGE J. The I Ching: Book of Changes[M]. In Sacred Books of the East, Oxford: Clarendon Press, 1899: 16.

[98] HILL J. Actions of Architecture: Architects and Creative Users[M]. London: Routledge, 2003.

[99] BATTY M. Cities and Complexity: Understanding Cities with Cellular Automata, Agent-Based Models, and Fractals[M]. Cambridge, MA: MIT Press, 2005.

[100] 宋吉涛, 方创琳, 宋敦江. 中国城市群空间结构的稳定性分析 [J]. 地理学报, 2006, 61 (12): 1311-1325.

[101] 柯文前, 陆玉麒, 陈伟等. 高速交通网络时空结构的阶段性演进及理论模型-——以江苏省高速公路交通流网络为例 [J]. 地理学报, 2016, 71 (2): 281-292.

[102] GHOSE R, PETTYGROVE M. Actors and Networks in Urban Community garden Development[J]. Geoforum, 2014, 53 (53): 93-103.

[103] 上海园林绿化管理局. 曲水园（导游指南）[G]. 1988.

[104] 陆邵明. 海派园林空间生态美学特征及其逻辑分析——以嘉定秋霞圃为例 [J]. 上海交通大学学报（农业科学版），2010（03）：195-203.

[105] 朱光亚. 拓扑同构与中国园林 [J]. 建筑学报, 1998（8）：33-36.

[106] LU S. From Syntax to Plot: The Spatial Language of a Chinese Garden[M]. Stockholm: KTH: 2009: 067, 1-15.

[107] 吴厚信. 电影的空间思维与设计 [J]. 电影艺术, 1986（5）：25-29.

[108] 陆邵明. 建筑体验：空间中的情节 [M]. 北京：中国建筑工业出版社, 2007：36-42.

[109] HILLIER B, Tzortzi K. 'Spatial Syntax: the language of museum space', in A Companion to Museum[M]. StudiesChapter 17. Space Syntax, Macdonald S, Oxford:Blackwell Publishing Ltd, 2007, 282-301.

[110] BARABASI A. Linked: The New Science of Networks[M]. London: Cambridge Perseus Publishing, 2002.

[111] PASSINI R. Wayfinding in Architecture[M]. Van Nostrand Reinhold, 1984.

[112] DEWEY J. Art as Experience, 13th[M]. New York: Capricorn Books, 1958.

[113] THIIS-EVENSEN T. Archetypes in Architecture[M]. Oslo: Norwegian University Press, 1987.

[114] MARTIN W. Recent Theories of Narrative[M]. New York: Cornell University Press, 2005.

[115] 曹雪芹，高鄂. 红楼梦 [M]. 北京：人民文学出版社, 1998.

[116] HUNT J D. Greater Perfections: practice of garden theory[M]. London: Thames & Hudson Ltd, 2000.

[117] 张华. 生态美学及其在当代中国的建构 [M]. 北京：中华书局, 2006.

[118] SHACKLETON C. Aesthetic and Spiritual Ecosystem Services Provided by Urban Sacred Sites[J]. Sustainability, 2017, 9（9）.

[119] 章海荣. 生态伦理与生态美学 [M]. 上海：复旦大学出版社, 2005.

[120] PRIGANN H. Ecological Aesthetics[M]. Berlin: Birkhauser, 2004: 10-13.

[121] 陆邵明，张慧姝. 情结空间——传统园林艺术在现代都市聚居环境中的再现 [J]. 规划师, 2001（04）：58-62.

[122] 南怀瑾. 易经系别讲 [M]. 上海：复旦大学出版社, 1997：300-329.

[123] 陈植. 园冶注释（第2版）[M]. 北京：中国建筑工业出版社, 2009.

[124] MEHRABIAN A, Russell J A. An Approach to Environmental Psychology[M]. Cambridge, MA: MIT Press, 1974.

[125] 园林杂志制. 申城明代园林——古漪园导游册 [G].

[126] SIMPSON J A, Weiner E S C. The Oxford English Dictionary, 2nd ed.[M]. Oxford: Clarendon Press, 1989: 1120.

[127] BATTY M. Whither network science[J]. Environment and Planning B:Planning and Design, 2008, 35（4）：569-571.

[128] 王伯伟主编. 建筑弦柱：冯纪忠论稿 [M]. 上海：上海科学技术出版社, 2003.

[129] JUBENVILLE A. Outdoor Recreation Management-Visual Resource Management[M]. London/Philadelphia/Toronto：W B Saunders Company，1978.

[130] ULRICH R S. Aesthetic and Affective Response to Natural Environment[M]. New York：Springer US，1983：85-125.

[131] SERVICES D A P. Rousham（including Lower& Upper Heyford）Conversation Area Appraisal[R]. Oxford：Cherwell District Council，1996.

[132] BATEY M. The Way to View Rousham by Kent's Gardener[J]. Garden History，1983，11（2）：125-132.

[133] SIMON P. Garden，nature，language[J]. Manchester：Manchester University Press，1988.

[134] LE C, VEGESACK A V, HAUß B, et al. Le Corbusier：the art of architecture[M]. Berlin/Weilam Rhein：Vitra Design Museum，2007.

[135] BISSELL G. Rousham Inside and Out[J]. Studies in the History of Gardens & Designed Landscapes，2009，29（1-2）：33-43.

[136] SERLE J, BROWNELL M R. A plan of Mr. Pope's garden（1745）[M]. William Andrews Clark Memorial Library，Los Angeles:University of California，1982.

[137] WOODBRIDGE. William Kent's gardening：the Rousham lette[J]. Apollo，1974，100：282-291，286.

[138] JOURDAIN M. The Work of William Kent：artist, painter, designer and landscape gardener[M]. London：Country Life Limited，1948.

[139] FABER R. The Brave Courtier：Sir William Temple[M]. London：Faber and Faber，1983：139.

[140] 喜龙仁（Dsvald Sirén）. 西洋镜：中国园林 [M]. 赵省伟，邱丽媛编译. 北京：台海出版社，2017.

[141] TEMPLE W. Of Peotry[M]. Miscellanea, Cambridge：Cambridge University，1690.

[142] HILLER B，Stutz Chris. 空间句法的新方法 [J]. 世界建筑，2005：54-55.

[143] CHANG H. The Spatial Structure Form of Traditional Chinese Garden－A Case Study on The Lin Family Garden[D]. Tainan：Chenggong University，2007.

[144] 林辉，肖旋. 拙政园空间结构的演变与空间句法分析 [J]. 园林，2012（1）：60-63.

[145] 丁顺，周晓文，于亮. 句法点的视觉可达性分析与寻路行为 [J]. 建筑与文化，2008（5）：85.

[146] 张愚. 空间的可见性分析 [J]. 室内设计与装修，2005（1）：14-17.

[147] 比尔·希利尔，杨滔. 场所艺术与空间科学 [J]. 世界建筑，2005（11）：24-34.

[148] 侯旭，吴义. 秋霞圃志 [M]. 上海：三联书店上海分店，1990：36-49.

[149] HILLIER B. The Social Logic of Space[M]. Cambridge：Cambridge University Press，1984.

[150] MACKWORTH N H, Morandi A J. The Gaze Selects Informative Details within Pictures[J]. Attention, Perception, & Psychophysics，1967，2（11）：547-552.

[151] YARBUS A L. Eye movements and vision[M]. New York：Springer，1967：179-180.

[152] DUPONT L, OOMS K, ANTROP M, et al. Comparing Saliency Maps and Eye-tracking Focus Maps：The potential use in visual impact assessment based on landscape

[153] LEE S H, LEE C N. A Study on the Priorities of Urban Street Environment Components-Focusing on An Analysis of AOI (Area of Interest) Setup through An Eye-tracking Experiment -[J]. Jounal of the Korean in Stitute of interior Design, 2016, VOL. 25（1）（2）：73-81.

[154] CHO H. A Study on the Comparison of the Visual Attention Characteristics on the Facade Image of a Detached House Due to the Features on Windows[J]. Journal of Asian Architecture and Buiding Engineering, 2016, 15（2）：209-214.

[155] 姚干勤, 薛澄岐, 王海燕, 等. 基于意象认知的客车造型设计方法 [J]. 东南大学学报（自然科学版）, 2016（06）：1198-1203.

[156] 李义娜, 蔡壮, 郑先隽, 等. 应用特征整合理论优化基于图像符号的信息可视化设计 [J]. 计算机辅助设计与图形学学报, 2016（01）：16-24.

[157] 周毅, 申黎明, 方菲. 明式座椅的比例尺度对现代家具设计的启示 [J]. 家具, 2015（01）：42-46.

[158] 陆邵明, 朱佳维, 杜力. 基于形态语言的地域民居建筑差异性分析——以云南怒江流域怒族传统民居为例 [J]. 建筑学报, 2016（S1）：6-12.

[159] 于闻, 张珍, 王飒. 当代非线性建筑与线性建筑形态的视觉注视行为比较研究——以四座知名建筑为例：2016年全国建筑院系建筑数字技术教学研讨会 [C]. 中国辽宁沈阳：20168.

[160] 胡大勇. 运用传统建筑元素的动画场景设计方法 [J]. 重庆工商大学学报, 2016（1）：103-107.

[161] 张卫东, 梁倩, 方海兰, 等. 城市绿化景观观赏性的眼动研究 [J]. 心理科学, 2009（04）：801-803.

[162] 李学芹, 赵宁曦, 王春钊, 等. 眼动仪应用于校园旅游标志性景观初探——以南京大学北大楼为例 [J]. 江西农业学报, 2011（06）：148-151.

[163] 陆邵明. 空间—记忆—重构：既有建筑改造设计探索——以上海交通大学学生宿舍为例 [J]. 建筑学报, 2017（2）：57-62.

[164] MCHARG I L. Design with nature[M]. New York：John Wiley and Sons Ltd., 1995.

[165] RAPOPORT A. 'Designing for People-Some Implications'：Conference Steering Committee[C]. 2008：3.

[166] 胡菲菲. 纵话横说"波特曼作品"——上海商城 [J]. 时代建筑, 1991（1）：5-8.

[167] 珍妮芙·许. 现代与传统的完美结合：谈上海商城波特曼丽嘉酒店大堂设计 [J]. 室内设计与装修, 2000（1）：34-39.

[168] 凌本立. 上海商城 [J]. 世界建筑, 1993（4）：42-43.

[169] 约翰·波特曼. 献给当代中国的建筑 [J]. 室内设计与装修, 1999（3）：12-19.

[170] 薛求理, 李颖春. "全球——地方"语境下的美国建筑输入——以波特曼建筑设计事务所在上海的实践为例 [J]. 建筑师, 2007（4）：25-32.

后记

海派古典园林中的复杂性与艺术性一直吸引着我，总想去琢磨清楚。1995年以来，在节假日空闲时，就想着去看那5个园林。春节去，暑假去，秋天也去。一方面是因为四季的景色不一样，另一方面因为这些园林经常举办各种各样的活动。

小时候游园林时，对假山、池鱼等景物感兴趣，在园子里到处乱跑，觉得那里像迷宫一样好玩；上中学时去游园林，会停下来看那些园林景点的文字介绍，特别想听里面的故事，觉得园林有意思。学了建筑之后看豫园，不断去学习景观建筑的建造技艺，不断去发现新的空间场景与使用者的活动，同时不断在探寻这些园林意境与要素之间的内在关系。而现在每一次陪朋友参观豫园，特别想介绍里面的各种故事以及故事中的故事。

想写一本关于海派古典园林的书起因是2002年的事。一次全程游玩方塔园之后，感觉冯纪忠先生的思想并不局限在"何陋轩"这样一个单体建筑的塑造上，而是一系列空间的组合，并且对既有的传统要素进行了保护与创新传承，非常巧妙。于是有一种想法要把这些东西解释清楚。当年，应住房和城乡建设部信息中心的邀请，参加了全国的景观设计论坛，并作专题报告《当前我国城市环境景观建设中的文化艺术问题》，该报告引起一些与会者的共鸣。于是，增强了我研究海派古典园林的欲望；研究了这个园子，再写另一个园子。这样陆陆续续把5个园子理了一遍。

2008年我在伦敦大学学院（UCL）巴特雷特建筑学院作博士后研究期间，参观大英博物馆中国馆区时，发现那里陈列着一张豫园照片；官方借此照片来展现中国的宇宙观。这张照片一直深深地印在我的脑海中，挥之不去。回国之后，抽时间于2012年写了书的框架与初稿，想申请教育部的出版基金。其中，应用了一些叙事与空间句法等方法。然而，还是没有把其中隐藏的复杂性说清楚，特别是如何理性地评测那种只能意会不能言传的文化意境。

后来，接触到了认知心理学的一些方法与工具，特别是眼动实验。我就不断尝试去应用。2014年开始有了突破：将眼动实验与句法结合，应用到海派古典园林的研究中去。于是，我设计了一个关于海派古典园林空间的视觉认知方面的题目，作为硕士学位论文的备选方向。结果杜力同学非常感兴趣，选择了这一方向。他克服了种种困难，最后完成了相关的实验与课题研究，获得了一些有价值的数据。但是，这些数据研究与质性研究没有完美地整合起来。

近两年来，不断地凝练问题、方法与目的，应用自己总结的一套叙事理论，把以往关于海派古典园林的研究纳入一个较为完整的系统之中。期间几易稿子，最终确定：从叙事的基本要素出发，围绕叙事结构、线索及其评测来解析海派古典园林中的文化基因与其特征密码。

整本书试图系统地阐述了海派古典园林景观叙事中的要素、结构、特征及其评测；从整体到局部，从纵向到横向，理性分析了海派古典园林中的复杂性与艺术性——园中园、景中景、画中画、故事中的故事，并探讨叙事系统在空间体验、视觉认知中的价值与意义。目的是为上海在都市现代化进程中创新传承海派文化基因、维系特色魅力提供方略。

尤其是，当今的城镇人居环境日益恶化，面临着生态与文化两大危机与挑战，亟待从传统智慧中找到出路。钱学森先生曾在20世纪90年代提出了建设园林城市、山水城市的设想与相应策略。他问，"能不能把中国的山水诗词、中国古典园林建筑和中国山水画融合在一起"（钱学森，1990年7月31日），进而规避毫无文化特色的钢筋混凝土方盒子的到处蔓延。本书的研究试图为钱老的问题提供一种注解。

在整个研究与撰写过程中，特别感谢陶聪、杜力、刁嘉辉、谭正等团队成员的协助；衷心感谢东南大学王建国院士多年来的鼓励与支持；感谢蒋宏教授、杨晓虎教授、韩廷副教授、董占勋副教授、汪玉霞老师以及王倩等的支持与帮助；感谢同济大学陈从周先生、朱宇晖等学者的启示；感谢所有被引用作者的学术贡献；此外，真诚感谢中国建筑工业出版社的合作与支持！

尽管专著已经面市，但相关的研究还需继续推进完善。例如，海派古典园林文化的特征与其他地区的差异性需要进一步深入挖掘；空间认知与视觉认知仅是人们感知园林的部分维度，如何科学系统地认知评测文化意境或者叙事效果还是极具挑战的；眼动追踪关注度只是被试者对叙事信息的一种偏好，未能触及它的语义内涵与情感。此外，景观叙事的方法在都市环境中的创新应用需要更多案例与实践来进一步印证与充实。因此，欢迎感兴趣的专家、学者共同来研究，也希望学界给予批评与指正。

不管怎样，非常期待我们栖居的人居环境越来越具有文化魅力、越来越富有诗意和故事！

陆邵明
2018年2月于上海

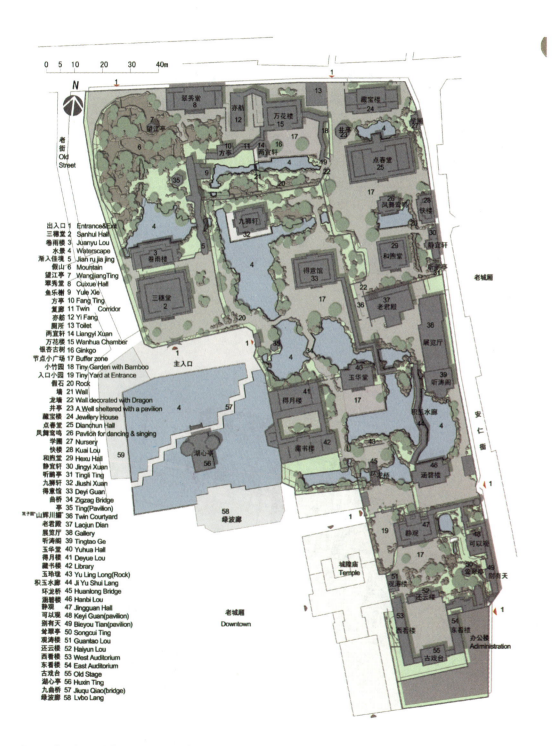

彩图 1　豫园总平面图（见图 3.22、图 4.38）

彩图 4 豫园空间结构示意（见图 0.25）

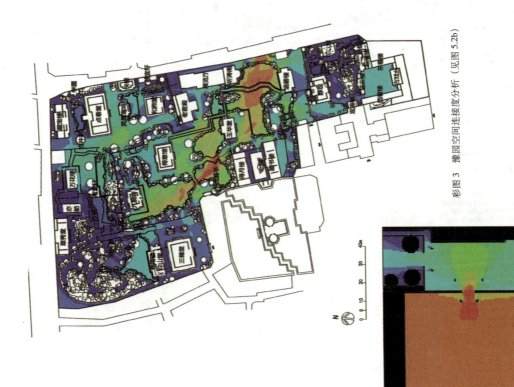

彩图 3 豫园空间连接度分析（见图 5.2b）

彩图 2 空间句法分析示意图（见图 5.1）

彩图 5　古猗园总平面图（见图 4.24）

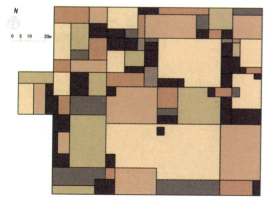

彩图 6　古猗园空间结构示意

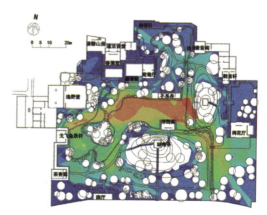

彩图 7　古猗园空间连接度分析（见图 5.11）

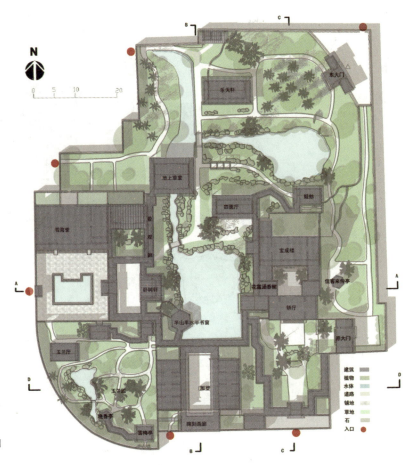

彩图 8 醉白池总平面图
（见图 3.1）

彩图 9 醉白池空间结构示意

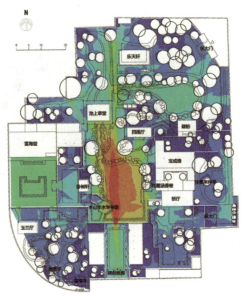

彩图 10 醉白池空间连接度分析（见图 5.4b）

彩图 11　曲水园总平面图
（见图 3.12）

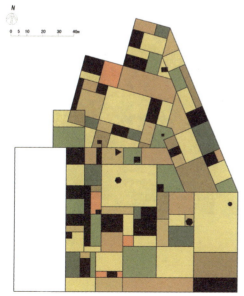

彩图 12　曲水园空间结构示意

彩图 13　曲水园空间连接度分析（见图 5.7）

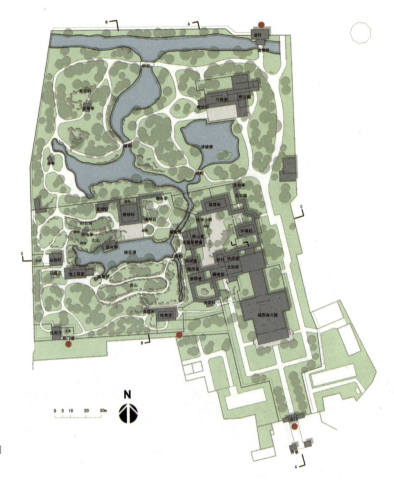

彩图 14　秋霞圃总平面图
（见图 4.1）

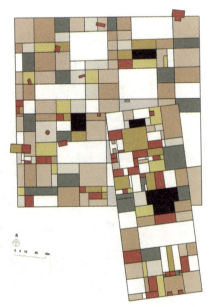

彩图 15　秋霞圃空间结构示意

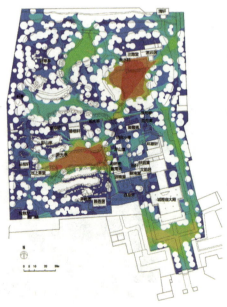

彩图 16　秋霞圃空间连接度分析（见图 5.9）

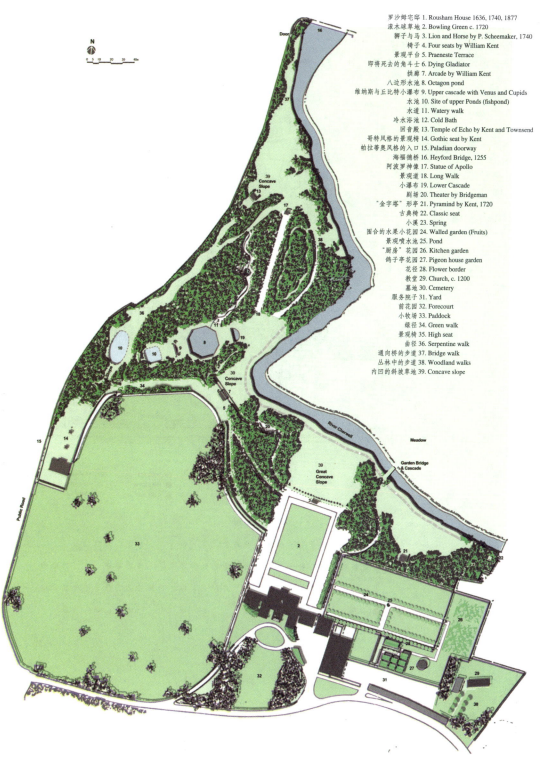

彩图 17 罗沙姆园总平面图（见图 4.39）

彩图 18 曲水园中的主要景观道路（见图 3.17）

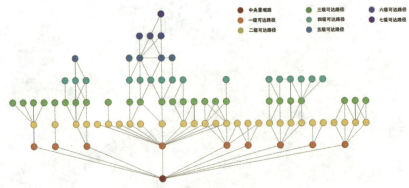

彩图 19 曲水园主要景观道路的关联性与可达性分析（见图 3.18）

彩图 20 曲水园体验路径中的景物与其分布格律

彩图 21　豫园中心路径的连接（见图 3.25）

彩图 22　豫园中心庭院的可达性（见图 3.26）

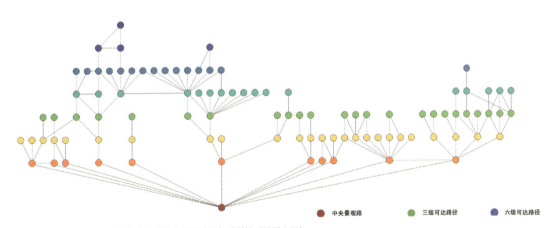

彩图 23　豫园中心路径在整体步行系统中的可达性与关联性（见图 3.28）

彩图 24　豫园体验路径中的景物与其分布格律

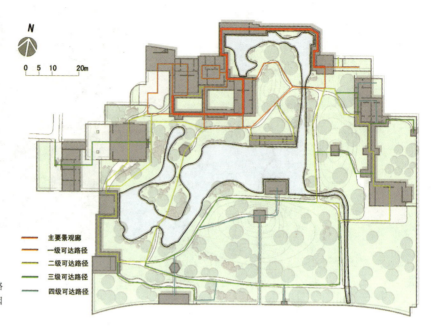

彩图 25 游园认知体验路径选择（红色线条为古猗园北侧曲廊）（见图 4.37a）

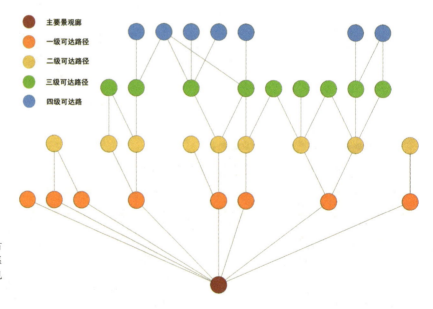

彩图 26 认知体验路径古猗园北侧曲廊在整个步行系统中的可达性与关联性（见图 4.37b）

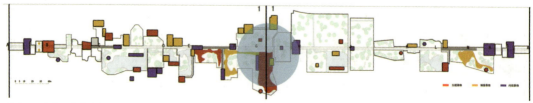

彩图 27 古猗园体验路径中的景物与其分布格律

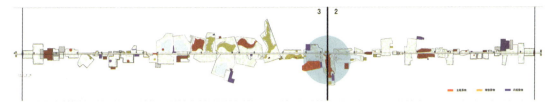

彩图 28　秋霞圃体验路径中的景物与其分布格律

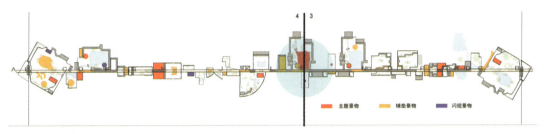

彩图 29　醉白池体验路径中的景物与其分布格律

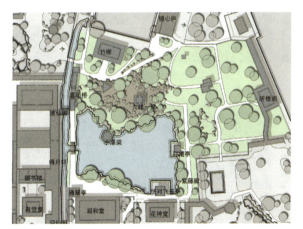

彩图 30　曲水园荷花池局部平面

彩图 31　秋霞圃桃花潭局部平面

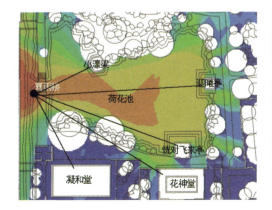

彩图 32　曲水园荷花池场景连接度与叙事载体关系分析（见图 5.18）

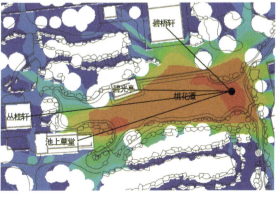

彩图 33　秋霞圃桃花潭场景连接度与叙事载体关系分析（见图 5.20）

彩图 34　场景 1-1 实景照片（见图 6.9）

彩图 35　场景 1-2 实景照片（见图 6.11）

彩图 36　场景 2-1 实景照片（见图 6.15）

彩图 37　场景 2-2 实景照片（见图 6.17）

彩图 38　场景 3-1 实景照片（见图 6.21）

彩图 39　场景 3-2 实景照片（见图 6.23）

彩图 40　场景 4-1 实景照片（见图 6.27）

彩图 41　场景 4-2 实景照片（见图 6.29）

彩图 42　场景 5-1 实景照片（见图 6.33）

彩图 43　场景 5-2 实景照片（见图 6.35）

彩图 44　场景 1-1 眼动研究实验结果（见图 6.37）
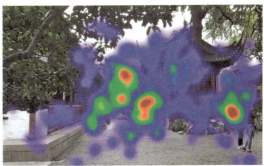
彩图 45　场景 1-2 眼动研究实验结果（见图 6.38）

彩图 46　场景 2-1 眼动研究实验结果（见图 6.39）

彩图 47　场景 2-2 眼动研究实验结果（见图 6.40）

彩图 48　场景 3-1 眼动研究实验结果（见图 6.41）

彩图 49　场景 3-2 眼动研究实验结果（见图 6.42）

彩图 50　场景 4-1 眼动研究实验结果（见图 6.43）

彩图 51　场景 4-2 眼动研究实验结果（见图 6.44）

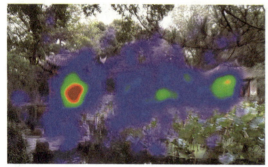
彩图 52　场景 5-1 眼动研究实验结果（见图 6.45）

彩图 53　场景 5-2 眼动研究实验结果（见图 6.46）

彩图 54　场景 2-1 眼动实验 A 组实验结果（见图 6.47）

彩图 55　场景 2-1 眼动实验 B 组实验结果（见图 6.48）

彩图 56　场景 2-2 眼动实验 A 组实验结果（见图 6.49）

彩图 57　场景 2-2 眼动实验 B 组实验结果（见图 6.50）